海南省"十四五"职业教育省级规划教材

经 济 法

主审 王晓丽
主编 张 晓

时代出版传媒股份有限公司
安徽科学技术出版社

图书在版编目（CIP）数据

经济法 / 张晓主编. -- 合肥：安徽科学技术出版社，2025.1. -- ISBN 978-7-5337-9258-9

Ⅰ. D922.29

中国国家版本馆CIP数据核字第20250C5H14号

JINGJIFA

经济法

主编 张 晓

| 出 版 人：王筱文 | 选题策划：王 利 | 责任编辑：李 春 |
| 责任校对：张 枫 | 责任印制：梁东兵 | 装帧设计：北京金企鹅 |

出版发行：安徽科学技术出版社　　http://www.ahstp.net

（合肥市政务文化新区翡翠路1118号出版传媒广场，邮编：230071）

电话：（0551）63533330

印　　制：北京时代华都印刷有限公司　　电话：（010）61015014

（如发现印装质量问题，影响阅读，请与印刷厂商联系调换）

开本：787×1092　1/16　　印张：19　　字数：462千

版次：2025年1月第1版　　印次：2025年1月第1次印刷

ISBN 978-7-5337-9258-9　　　　　　　　　　　定价：59.80元

版权所有，侵权必究

QIANYAN 前　言

随着我国法治建设步伐的不断加快，社会主义市场经济法律体系日益完善。经济法知识已经成为财经专业学生知识结构中不可或缺的组成部分。"经济法"作为专业基础课，在财经、法律等专业的整个课程体系中具有重要地位。

为了提升学生的实践能力和职业素养，本书创新性地采用了"课证深度融合"的编写理念，旨在通过紧密结合助理会计师（初级会计证书）的国家职业标准，重塑经济法课程的教学体系。具体而言，本书将教材大纲与初级会计证书的考试大纲相衔接，力求做到教材内容与职业证书考试内容相融合，学习实践与工作应用相匹配，最终形成"课证深度融合、任务仿真模拟""工学结合、知行合一"的编写模式，既符合职业证书考试要求，又贴近实际工作需求。

整体而言，本书具有以下特点。

育人为本，德育为先

党的二十大报告指出："育人的根本在于立德。"本书有机融入党的二十大精神，秉承素质教育与能力教育同向同行的理念，将立德树人的根本任务贯穿于教学活动，同时在"法海拾贝"模块中设置了"案例启示录"栏目，引领学生树立法律意识和法治观念。

校企合作，课证融通

本书在编写过程中得到了各类企业的大力支持，书中的案例与企业实际经济业务或个人实际生活紧密相关，不仅可以促使学生学法、守法，还可以促使学生学会运用法律手段解决经济纠纷，使其培养法治思维和法治观念。

此外，本书还选取了部分历年初级会计专业技术资格考试的真题，使学生能够随学随练，加深对相关知识的理解和掌握，为其顺利通过考试提供有力的支持。

全新形态，全新理念

为强化理实一体，突出"做中学、做中教"的职业教育特色，本书秉持活页式理念，采用"项目、任务"式编写方式。每个项目包含多个任务，每个任务均设有"以案启思""法海拾贝""学业测评""实训育才"模块，先通过"以案启思"引出各任务的主题，然后通过"法海拾贝"精讲各任务涉及的理论知识，再通过"学业测评"让学生巩固所学知识，最后通过"实训育才"让学生学以致用。

此外，本书还在"法海拾贝"中添加了"思维互动坊""举案说法""小贴士""法律充电站""敲黑板""案例启示录"等栏目，增强了互动性、可读性和趣味性。

数字资源，丰富多彩

本书配有丰富的数字资源。学生可以借助手机或其他移动设备扫描二维码获取微课视频，也可登录文旌综合教育平台"文旌课堂"查看和下载本书配套资源，如课后习题答案、优质课件等。

此外，本书还提供了在线题库，支持"教学作业，一键发布"，教师只需要通过微信或"文旌课堂"App扫描扉页二维码，即可迅速选题、一键发布、智能批改，并查看学生的作业分析报告，提高教学效率、提升教学体验。学生可在线完成作业，巩固所学知识，提高学习效率。

本书由王晓丽担任主审，张晓担任主编，陈方敏担任副主编。在编写过程中，我们参考了大量的文献资料，未能一一列明来源。在此，我们向所有参考文献的作者表示诚挚的谢意。

由于编写人员水平有限，书中难免存在疏漏与不当之处，敬请广大读者批评指正。

特别说明：

（1）本书所选案例均为编者自编或者根据真实事件改编。

（2）本书例题所署人名、公司名，以及所设的发票号码、纳税人识别号、账号等号码均为虚构。

本书配套资源下载网址和联系方式

网址：https://www.wenjingketang.com

电话：400-117-9835

邮箱：book@wenjingketang.com

目 录

项目一　经济法基础知识
　　——揭开经济法的面纱………… 1

任务一　法和法律：规范社会秩序…… 2
　以案启思……………………………… 2
　法海拾贝……………………………… 2
　　一、法和法律的含义………………… 2
　　二、法的形式………………………… 3
　　三、法律关系………………………… 4
　　四、法律事实………………………… 6
　　五、法律责任………………………… 7
　学业测评……………………………… 9
　实训育才　社会良好秩序的形成靠什么…… 10

任务二　经济纠纷的解决途径：
　　　　保障合法权益……………… 11
　以案启思…………………………… 11
　法海拾贝…………………………… 11
　　一、仲裁…………………………… 11
　　二、民事诉讼……………………… 14
　　三、行政复议……………………… 18
　　四、行政诉讼……………………… 20
　学业测评…………………………… 25
　实训育才　聚焦法院庭审现场…… 26

项目二　劳动合同与社会保险法律制度
　　——保护劳动者的权益………… 27

任务一　劳动合同法律制度：
　　　　保障合法权益……………… 28
　以案启思…………………………… 28
　法海拾贝…………………………… 28
　　一、劳动合同的订立……………… 28
　　二、劳动合同的主要内容………… 31
　　三、劳动合同的变更……………… 36
　　四、劳动合同的解除和终止……… 36
　　五、特殊劳动合同………………… 40
　　六、劳动争议的解决……………… 42
　学业测评…………………………… 47
　实训育才　草拟一份劳动合同…… 48

任务二　社会保险法律制度：
　　　　应对预期风险……………… 49
　以案启思…………………………… 49
　法海拾贝…………………………… 49
　　一、基本养老保险………………… 49
　　二、基本医疗保险………………… 51
　　三、工伤保险……………………… 53
　　四、失业保险……………………… 55
　学业测评…………………………… 57
　实训育才　以案说法：劳动者的
　　　　　　权益保障……………… 58

项目三　会计法律制度
　　——规范会计行为的准则……… 59

任务一　会计核算与会计监督：
　　　　服务于经济管理目标……… 60
　以案启思…………………………… 60
　法海拾贝…………………………… 60
　　一、会计核算……………………… 60
　　二、会计档案管理………………… 65
　　三、会计监督……………………… 67
　学业测评…………………………… 69
　实训育才　剖析会计案例，
　　　　　　深化知识理解………… 70

任务二　会计机构与会计人员：坚守底线 ……… 71

- 以案启思 …………………………… 71
- 法海拾贝 …………………………… 71
  - 一、会计机构 ……………………… 71
  - 二、会计岗位设置 ………………… 71
  - 三、会计人员 ……………………… 72
  - 四、会计工作交接 ………………… 73
  - 五、违反会计法律制度的法律责任 … 74
- 学业测评 …………………………… 77
- 实训育才　借案例之鉴，促知识理解 … 78

项目四　支付结算法律制度
——维护金融秩序的稳定 ……… 79

任务一　银行结算账户和非票据结算方式：资金运动的渠道 ……… 80

- 以案启思 …………………………… 80
- 法海拾贝 …………………………… 80
  - 一、银行结算账户 ………………… 80
  - 二、银行卡 ………………………… 85
  - 三、预付卡 ………………………… 86
  - 四、汇兑 …………………………… 87
  - 五、委托收款 ……………………… 87
- 学业测评 …………………………… 89
- 实训育才　以知识为引，探案例本质 … 90

任务二　票据：特殊的财产权利 …… 91

- 以案启思 …………………………… 91
- 法海拾贝 …………………………… 91
  - 一、票据的基础知识 ……………… 91
  - 二、票据的权利 …………………… 92
  - 三、票据行为 ……………………… 96
  - 四、支票 …………………………… 100
  - 五、银行本票 ……………………… 101
  - 六、银行汇票 ……………………… 102
  - 七、商业汇票 ……………………… 104
- 学业测评 …………………………… 107
- 实训育才　案例解析：知识为钥探真相 … 108

项目五　税收法律制度
——引导资源的合理配置 ……… 109

任务一　货物和劳务税法律制度：调节经济活动 ……………… 110

- 以案启思 …………………………… 110
- 法海拾贝 …………………………… 110
  - 一、税法基础知识 ………………… 110
  - 二、增值税 ………………………… 112
  - 三、消费税 ………………………… 123
  - 四、关税 …………………………… 129
  - 五、城市维护建设税和教育费附加 … 130
  - 六、车辆购置税 …………………… 131
- 学业测评 …………………………… 133
- 实训育才　诚信纳税，法律、道德谁为关键 ……………………… 134

任务二　所得税法律制度：调节收入差距 ………………………… 135

- 以案启思 …………………………… 135
- 法海拾贝 …………………………… 135
  - 一、企业所得税 …………………… 135
  - 二、个人所得税 …………………… 142
- 学业测评 …………………………… 153
- 实训育才　掌握个税算法，牢牢守住"钱袋子" ………………… 154

任务三　财产和行为税法律制度：实现协调发展 ……………… 155

- 以案启思 …………………………… 155
- 法海拾贝 …………………………… 155
  - 一、房产税 ………………………… 155
  - 二、城镇土地使用税 ……………… 157
  - 三、车船税 ………………………… 160
  - 四、契税 …………………………… 162
  - 五、印花税 ………………………… 163
  - 六、土地增值税 …………………… 166
  - 七、资源税 ………………………… 169
  - 八、耕地占用税 …………………… 170
  - 九、环境保护税 …………………… 171
  - 十、烟叶税 ………………………… 172

十一、船舶吨税…………………… 172
学业测评……………………………… 175
实训育才　房车赋税巧解,
　　　　　畅享品质生活…………… 176

项目六　市场主体法律制度
——规范市场主体行为的依据 …………177

任务一　个人独资企业法律制度:
　　　　鼓励个人创业 ………………… 178
以案启思………………………………… 178
法海拾贝………………………………… 179
　一、个人独资企业的概念与特征…… 179
　二、个人独资企业的设立条件……… 179
　三、个人独资企业的事务管理……… 180
　四、个人独资企业的解散和清算…… 181
学业测评………………………………… 183
实训育才　商海逐浪,梦想"企"航 … 184

任务二　合伙企业法律制度:
　　　　整合资源优势 ………………… 185
以案启思………………………………… 185
法海拾贝………………………………… 185
　一、合伙企业的概念、特征及类型… 185
　二、合伙企业的设立条件…………… 186
　三、合伙企业财产…………………… 187
　四、合伙事务执行与损益分配……… 189
　五、合伙企业与第三人关系………… 190
　六、入伙、退伙……………………… 192
　七、合伙企业的解散和清算………… 193
学业测评………………………………… 195
实训育才　草拟一份合伙协议………… 196

任务三　公司法律制度:
　　　　推动经济健康发展 …………… 197
以案启思………………………………… 197
法海拾贝………………………………… 197
　一、公司概述………………………… 197
　二、有限责任公司…………………… 198
　三、股份有限公司…………………… 202

　四、公司董事、监事和高级管理
　　　人员………………………………… 208
　五、公司债券………………………… 209
　六、公司财务、会计制度…………… 210
　七、公司合并、分立、解散和清算… 211
学业测评………………………………… 215
实训育才　合心铸业,创启新程……… 216

项目七　合同法律制度
——规范市场交易的根本 …… 217

任务一　合同的基本规定:
　　　　为交易保驾护航 ……………… 218
以案启思………………………………… 218
法海拾贝………………………………… 219
　一、合同的概念和分类……………… 219
　二、合同的内容……………………… 220
　三、合同的订立……………………… 220
　四、合同的成立……………………… 223
　五、合同的效力……………………… 223
　六、合同的履行……………………… 226
　七、合同的担保……………………… 228
　八、合同的变更和转让……………… 229
　九、合同的权利义务终止…………… 230
　十、合同违约责任…………………… 231
学业测评………………………………… 233
实训育才　磋商与订立合同…………… 234

任务二　常见的典型合同:
　　　　适配多元交易方式 …………… 235
以案启思………………………………… 235
法海拾贝………………………………… 235
　一、买卖合同………………………… 235
　二、赠与合同………………………… 237
　三、借款合同………………………… 238
　四、保证合同………………………… 239
　五、租赁合同………………………… 240
学业测评………………………………… 243
实训育才　以法为刃,斩合同
　　　　　纠纷乱麻………………… 244

项目八　企业破产法律制度
——维护市场经济秩序的稳定 ······ 245

任务一　破产的申请和受理：有序退出市场 ······ 246
以案启思 ······ 246
法海拾贝 ······ 246
一、破产的概念与特征 ······ 246
二、破产的申请 ······ 247
三、破产的受理 ······ 247
学业测评 ······ 251
实训育才　从法律视角解读企业破产风云 ······ 252

任务二　重整、和解与破产清算：解决财务困境 ······ 253
以案启思 ······ 253
法海拾贝 ······ 253
一、重整 ······ 253
二、和解 ······ 255
三、破产清算 ······ 256
学业测评 ······ 259
实训育才　剖析破产企业案例 ······ 260

项目九　知识产权法律制度
——保护智力劳动的成果 ······ 261

任务一　商标法律制度：促进企业健康发展 ······ 262
以案启思 ······ 262
法海拾贝 ······ 262
一、商标的概念和分类 ······ 262
二、商标注册 ······ 263
三、商标权的保护 ······ 265
学业测评 ······ 267
实训育才　商标点亮商海蓝图 ······ 268

任务二　专利法律制度：助力发明创造 ······ 269
以案启思 ······ 269
法海拾贝 ······ 269
一、专利权的概念 ······ 269
二、专利权的法律关系 ······ 269
三、专利权的取得 ······ 270
四、专利权的保护 ······ 272
学业测评 ······ 275
实训育才　以案说法，洞察专利侵权迷局 ······ 276

项目十　市场管理法律制度
——建立市场经济秩序的关键 ······ 277

任务一　反不正当竞争法律制度：维护市场公平 ······ 278
以案启思 ······ 278
法海拾贝 ······ 278
一、不正当竞争行为的概念与特征 ······ 278
二、不正当竞争行为的表现形式 ······ 278
学业测评 ······ 283
实训育才　解读案例，开启法治护航之旅 ······ 284

任务二　消费者权益保护法律制度：促进市场健康发展 ······ 285
以案启思 ······ 285
法海拾贝 ······ 285
一、消费者的界定 ······ 285
二、消费者的权利与经营者的义务 ······ 285
三、消费者权益的保护 ······ 288
学业测评 ······ 293
实训育才　捍卫权益，步履不停 ······ 294

参考文献 ······ 295

项目一

经济法基础知识
——揭开经济法的面纱

项目导读

我们常说要遵法守法，那么什么是法？如果违法我们要承担哪些责任？当发生纠纷时我们应该如何运用法律武器维护自己的权益？

本项目主要从法和法律、经济纠纷的解决途径两方面进行阐述，主要内容如图1-1所示。

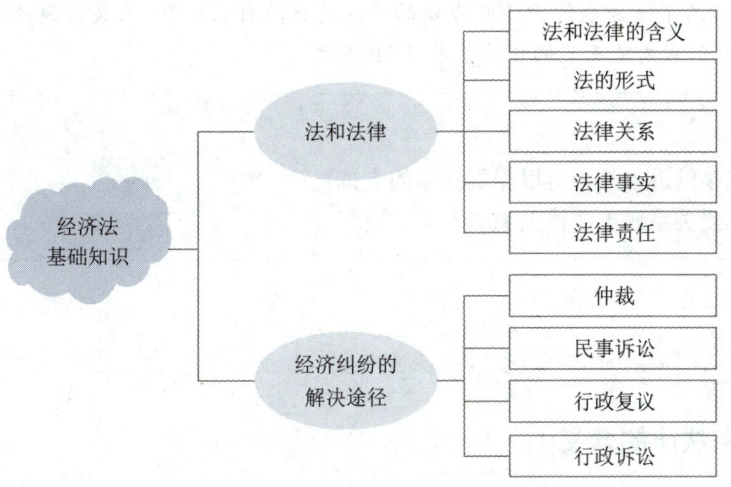

图1-1 知识框架图

学习目标

知识目标

（1）了解法和法律的含义、法律责任的概念。
（2）熟悉法律关系、法律事实、法的形式、法律责任的种类。
（3）掌握仲裁、民事诉讼、行政复议、行政诉讼的内容。

能力目标

知法、懂法，能够运用法律知识解决经济纠纷。

素质目标

正确认识法和法律，增强法律意识，树立遵法、学法、守法、用法的法治观念。

任务一　法和法律：规范社会秩序

以案启思

张某（男）与王某（女）于2022年3月底通过某网站认识并确立了恋爱关系，中间经过短暂的分手与复合，最终于2024年11月彻底分手。

恋爱期间，张某与王某签订了忠诚协议，保证恋爱期间忠诚于对方，若其中一方出轨，则出轨方名下所有财产归另一方所有。恋爱期间，在七夕节、中秋节等节假日，张某经常给王某发520元、1 314元等金额的红包表达爱意。

分手后，张某将王某诉至法院，并主张：① 恋爱期间王某多次出轨，王某应履行忠诚协议，将其名下一套市价为100万元的住房过户给自己；② 王某应返还恋爱期间张某以转账、红包形式发给王某的资金，累计30万元。

思考

（1）张某的诉求是否可以得到法律的支持？
（2）恋爱关系属于法律关系吗？

法海拾贝

一、法和法律的含义

（一）法和法律的概念

1. 法的概念

法是由国家制定或认可，以权利义务为主要内容，由国家强制力保证实施的社会行为规范及其相应的规范性文件的总称。

2. 法律的概念

法律一词可从狭义、广义两方面进行理解。狭义的法律专指拥有立法权的国家机关依照法定权限和程序制定颁布的规范性文件；广义的法律则指法的整体，即"法"。

（二）法的本质与特征

1. 法的本质

法是统治阶级的国家意志的体现。法所体现的统治阶级意志，不是随心所欲、凭空产生的，是由统治阶级的物质生活条件决定的，是社会客观需要的反映。法体现的是统治阶级的整体意志和根本利益，而不是统治阶级每个成员个人意志的简单相加。法体现的也不是一般的统治阶级意志，而是统治阶级的国家意志，这是法的本质。

2. 法的特征

法作为一种特殊的行为规则和社会规范，不仅具有行为规则、社会规范的一般共性，还具有自己的特征。其特征主要包括以下方面。

（1）法是经过国家制定或认可才得以形成的规范，具有国家意志性。
（2）法凭借国家强制力的保证而获得普遍遵行的效力，具有国家强制性。
（3）法是确定人们在社会关系中的权利和义务的行为规范，具有规范性。
（4）法是明确而普遍适用的规范，具有明确公开性和普遍约束性。

二、法的形式

法的形式，即法学上所称的法的形式渊源，是指法的具体的表现形态，即法是由何种国家机关，依照什么方式或程序创制出来，并表现为何种形式、具有何种效力等级的规范性法律文件。法的形式的种类，主要是依据创制法的国家机关和创制方式的不同划分的。

法的形式

（一）我国法的主要形式

我国法的主要形式及其制定机关如表 1-1 所示。

表 1-1　我国法的主要形式及其制定机关

法的形式		制定机关	示例
宪法		全国人民代表大会	《中华人民共和国宪法》
法律		全国人民代表大会及其常务委员会	《中华人民共和国民事诉讼法》
行政法规		国务院	《企业财务会计报告条例》
地方性法规、自治条例和单行条例		地方人民代表大会及其常务委员会	北京市人民代表大会常务委员会发布的《北京市城乡规划条例》
规章	部门规章	国务院各部、各委员会、中国人民银行、审计署和具有行政管理职能的直属机构	中国人民银行发布的《支付结算办法》
	地方政府规章	有地方立法权的地方人民政府	上海市人民政府发布的《上海市旅馆业管理办法》
国际条约		—	《国际民用航空公约》

人民法院所作的判决书不属于我国法的形式。

（二）法律效力等级及其适用规则

1. 上位法优于下位法

不同形式的规范性法律文件之间是有效力等级和位阶划分的，在适用时有不同的效力。居于效力等级上位的，称为上位法；居于效力等级下位的，称为下位法。上位法的效力优于下位法，即下位法与上位法冲突时，以上位法为据，不再适用下位法。我国法的效力等级为：宪法＞法律＞行政法规＞地方性法规＞同级或下级地方政府规章。

2．特别法优于一般法

同一机关制定的法律、行政法规、地方性法规、自治条例和单行条例、规章中，特别规定与一般规定不一致的，适用特别规定。

3．新法优于旧法

同一机关制定的法律、行政法规、地方性法规、自治条例和单行条例、规章中，新的规定与旧的规定不一致的，适用新的规定。

> 宪法属于国家的根本大法，具有最高的法律效力。一切法律、行政法规、地方性法规、自治条例和单行条例、规章都不得同宪法相抵触。

三、法律关系

法律关系是指被法律规范所调整的权利与义务关系，由法律关系的主体、法律关系的客体和法律关系的内容三个要素构成。缺少其中任何一个要素，都不能构成法律关系。

 法律充电站

> 法律关系是法律调整的关系，它不同于事实上存在的各种社会关系。如果法律对某些领域的社会关系不进行调整，那么人们之间也就不能形成法律上的权利和义务关系，因而人们之间也就不具有法律关系。例如，法律对恋爱中的情感关系一般是不会予以调整的，双方的情感纠葛一般不会纳入法律的范畴，因而恋爱双方自认为彼此之间存在的"情感权利"和"情感义务"是不被法律认可的，这种情感关系也不存在能够得到法律救济的途径。但是双方一旦结婚，那么法律就要对婚姻关系进行调整，从而使夫妻之间形成一系列的法律权利和义务关系。

（一）法律关系的主体

法律关系的主体是指参加法律关系，依法享有权利和承担义务的当事人。

1．主体的种类

根据我国法律的规定，能够参加法律关系的主体包括自然人、组织和国家，具体内容如图1-2所示。

 法律充电站

> 法人是指具有民事权利能力和民事行为能力，依法独立享有民事权利和承担民事义务的组织，即具有独立法律人格的组织。非法人组织是指不具有法人资格，但是能够依法以自己的名义从事民事活动的组织。
>
> 营利法人是指以取得利润并分配给股东等出资人为目的成立的法人。非营利法人是指为公益目的或者其他非营利目的成立，不向出资人、设立人或者会员分配所取得利润的法人。

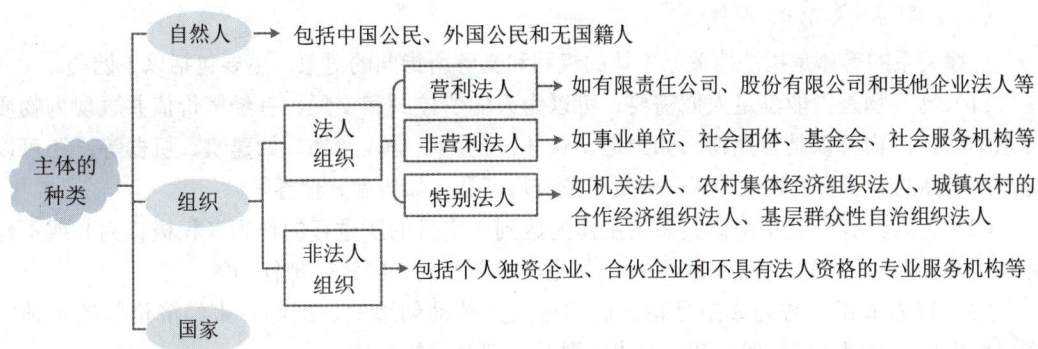

图 1-2 主体的种类

2. 主体的资格

法律关系的主体资格包括权利能力和行为能力。权利能力，是指法律关系主体能够参加某种法律关系，依法享有一定的权利和承担一定的义务的法律资格，它是任何个人或组织参加法律关系的前提条件。行为能力，是指法律关系主体能够通过自己的行为实际取得权利和履行义务的能力。

法人的权利能力和行为能力是一致的，自法人成立时产生，在法人注销或解散时终止。而自然人的行为能力不同于其权利能力，具有行为能力必须首先具有权利能力，但具有权利能力并不必然具有行为能力。例如，刚出生的婴儿具有权利能力，但不具有行为能力。

确定自然人有无行为能力，一看其能否认识自己行为的性质、意义和后果，二看其能否控制自己的行为并对自己的行为负责。

根据民事行为能力的类型，我国法律将自然人划分为完全民事行为能力人、限制民事行为能力人、无民事行为能力人，如图1-3所示。

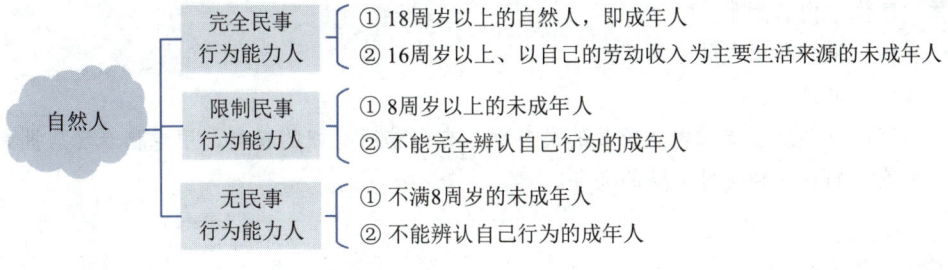

图 1-3 按民事行为能力划分的自然人类型

思维互动坊

下列自然人分别属于哪一类民事行为能力人？
① 杨某，13 周岁，系大学少年班在校大学生。
② 范某，20 周岁，有精神障碍，不能辨认自己的行为。
③ 孙某，7 周岁，系小学一年级学生。
④ 李某，17 周岁，系某饭店服务员，以自己的劳动收入为主要生活来源。
⑤ 王某，35 周岁，间歇性精神病患者，不能完全辨认自己的行为。

（二）法律关系的客体

法律关系的客体是指法律关系主体的权利和义务所指向的对象，主要包括以下四类。

（1）物。物是指能满足人们需要、可以为人们所控制和支配、有经济价值并表现为物质形态的物体。物可以是自然物，如土地、森林；也可以是人造物，如建筑、机器等；还可以是财产物品的一般价值表现形式——货币及有价证券，如股票、债券等。

（2）行为。行为是指法律关系的主体为达到一定目的所进行的作为（积极行为）或不作为（消极行为），是人的有意识的活动，如生产经营行为、经济管理行为等。

（3）智力成果。智力成果是指人们通过脑力劳动创造的、能够带来经济价值的精神财富，如作品、发明、商标等。智力成果主要是知识产权的客体。

（4）人身、人格。一方面，人身和人格是生命权、身体权、健康权等人身权指向的客体。另一方面，人身和人格是禁止非法拘禁他人、禁止侮辱或诽谤他人等法律义务所指向的客体。

> **小贴士**
>
> 人的整体只能是法律关系的主体，不能作为法律关系的客体。当人的头发、血液、骨髓或其他器官从身体中分离出去，成为与身体相分的外部之物时，在某些情况下也可视为法律上的"物"，成为法律关系的客体。

（三）法律关系的内容

法律关系的内容是指法律关系主体所享有的权利和承担的义务。

> **举案说法**
>
> 王某和甲电脑专卖店签订了一份购买电脑的合同，在这个合同法律关系中法律关系的主体、客体、内容如下。
>
> 主体：王某和甲电脑专卖店。
>
> 客体：电脑。
>
> 内容：王某拥有支付电脑价款的义务和享有电脑所有权的权利，甲电脑专卖店拥有收取电脑价款的权利和交付电脑的义务。

四、法律事实

任何法律关系的发生、变更和消灭，都要有法律事实的存在。法律事实是指由法律规范所确定的，能够产生法律后果，即能够直接引起法律关系发生、变更或者消灭的情况。法律事实包括法律事件和法律行为两类。

（一）法律事件

法律事件是指不以当事人的主观意志为转移的，能够引起法律关系发生、变更和消灭的法定情况或者现象。事件可以是自然现象，如地震、洪水、台风、森林大火等自然灾害或者生老病死、意外事故等；也可以是某些社会现象，如战争、重大政策的改变等。由自然现象引起的事件又称自然事件、绝对事件，由社会现象引起的事件又称社会事件、相对事件。这两种事件对于特定的法律关系主体（当事人）而言，都是不可避免、不以当事人的意志为转移的。

（二）法律行为

法律行为是指以法律关系主体的意志为转移，能够引起法律后果，即引起法律关系发生、变更和消灭的人们有意识的活动，如签订合同、书立遗嘱等。

法律行为的分类

五、法律责任

根据我国法律的有关规定，可将法律责任分为民事责任、行政责任和刑事责任三种。

（一）民事责任

民事责任是指民事主体违反了约定或法定的义务所应承担的不利后果。根据《中华人民共和国民法典》（以下简称《民法典》）的规定，承担民事责任的方式主要有11种，包括：停止侵害，排除妨碍，消除危险，返还财产，恢复原状，修理、重作、更换，继续履行，赔偿损失，支付违约金，消除影响、恢复名誉，赔礼道歉。

> **小贴士**
> 11种民事责任方式，可以单独适用，也可以合并适用。

（二）行政责任

行政责任是指违反法律法规规定的单位和个人所应承受的由国家行政机关或国家授权单位对其依行政程序所给予的制裁，如图1-4所示。行政责任包括行政处罚和行政处分。行政处罚是指行政主体（如税务机关）对行政管理相对人（公民、法人或者其他组织）违反行政法律规范尚未构成犯罪的行为所给予的行政制裁的具体行政行为。行政处分是指对违反法律规定的国家机关工作人员或被授权、委托的执法人员所实施的内部制裁措施。

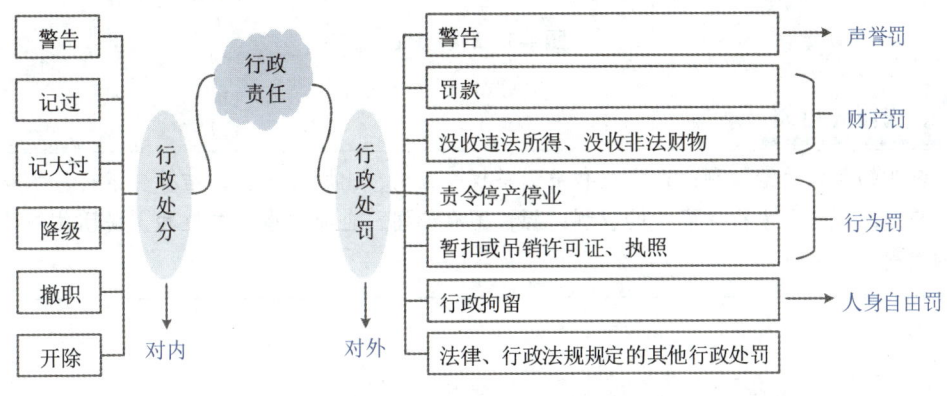

图1-4 行政责任

> **举案说法**
>
> 税务机关对税务机关工作人员王某给予记过处分,这属于行政处分;税务机关对纳税人甲公司给予罚款,这属于行政处罚。

(三)刑事责任

刑事责任是指犯罪人因实施犯罪行为所应承担的由国家司法机关(人民法院)依照刑事法律给予的制裁后果,是法律责任中最严厉的责任形式。刑事责任包括主刑和附加刑。主刑是对犯罪分子适用的主要刑罚方法。附加刑是补充、辅助主刑适用的刑罚方法。附加刑可以附加于主刑之后作为主刑的补充,同主刑一起适用;也可以独立适用。刑事责任的主要内容如图1-5所示。

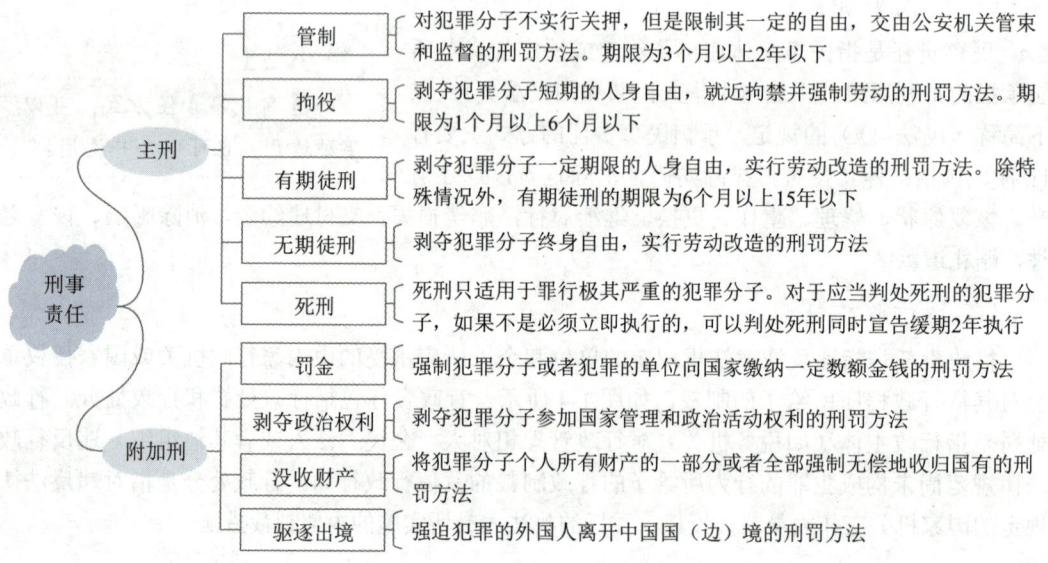

图1-5 刑事责任

> **法律充电站**
>
> 剥夺的具体政治权利:选举权和被选举权;言论、出版、集会、结社、游行、示威自由的权利;担任国家机关职务的权利;担任国有公司、企业、事业单位和人民团体领导职务的权利。

班级_____ 姓名_____ 学号_____

学业测评

1．【单选题】甲公司和乙公司签订购买20台办公电脑的买卖合同，总价款为20万元。该法律关系的主体是（　　）。
   A．甲公司和乙公司　　　　　　B．20台办公电脑
   C．20万元价款　　　　　　　　D．买卖合同

2．【单选题】下列规范性文件中，法律效力最高的是（　　）。
   A．全国人民代表大会常务委员会通过的《中华人民共和国劳动合同法》
   B．财政部发布的《会计基础工作规范》
   C．国务院发布的《中华人民共和国个人所得税法实施条例》
   D．全国人民代表大会通过的《中华人民共和国宪法》

3．【单选题】下列会直接影响法律关系发生、变更、消灭的是（　　）。
   A．法律事实　　B．客体　　C．主体　　D．行为

4．【单选题】下列各项法律责任中，属于民事责任的是（　　）。
   A．罚款　　　　　　　　　　　B．罚金
   C．赔偿损失　　　　　　　　　D．没收财产

5．【单选题】甲公司因生产的奶制品所含食品添加剂严重超标，被市场监督管理局责令停产停业。甲公司承担的该项法律责任属于（　　）。
   A．刑事责任　　　　　　　　　B．行政处分
   C．民事责任　　　　　　　　　D．行政处罚

6．【多选题】下列各项中，属于法的特征的有（　　）。
   A．国家意志性　　　　　　　　B．国家强制性
   C．规范性　　　　　　　　　　D．明确公开性和普遍约束性

7．【多选题】下列各项中，属于法律关系构成要素的有（　　）。
   A．主体　　B．内容　　C．客体　　D．法律事件

8．【多选题】下列自然人中，属于限制民事行为能力人的有（　　）。
   A．范某，20周岁，有精神障碍，不能辨认自己的行为
   B．孙某，7周岁，不能辨认自己的行为
   C．周某，15周岁，系体操队专业运动员
   D．杨某，17周岁，系在校大学生

9．【多选题】下列法律事实中，属于法律行为的有（　　）。
   A．暴发洪水　　B．台风登陆　　C．书立遗嘱　　D．买卖房屋

10．【多选题】下列刑事责任形式中，属于主刑的有（　　）。
    A．驱逐出境　　B．拘役　　C．无期徒刑　　D．罚金

班级_____ 姓名_____ 学号_____

实训育才

社会良好秩序的形成靠什么

一、实训目标

通过实训，强化学生对法的认识，使学生明确法的意义，树立遵法、学法、守法、用法的法治观念，锻炼学生的语言组织能力、语言表达能力和逻辑思维能力。

二、实训内容

针对以下两方观点进行辩论。

正方观点：社会良好秩序的形成主要靠法律。

反方观点：社会良好秩序的形成主要靠道德。

三、实训要求

表达清晰、语言流畅、逻辑合理。

四、实训流程

第一步：学生以 5 人一小组、10 人一大组自由分组。

第二步：分成两大组别，确立正反方，一组为正方，另一组为反方。

第三步：各组围绕议题展开辩论。

第四步：各组内部互相评议，教师点评、总结。

项目一　经济法基础知识——揭开经济法的面纱

任务二　经济纠纷的解决途径：保障合法权益

以案启思

张某与王某是多年的好朋友。2020年5月20日，王某向张某借钱1万元，并承诺过两天就还，张某毫不犹豫地将钱借给了王某。过了一个月，王某没有还钱，也未提及此事，张某心想王某肯定是现在没钱，如果有钱一定会第一时间还钱，所以也未主动要求王某还钱。

2024年8月1日，张某因买房需要用钱，向王某询问是否可以还钱。王某表示没钱，并对张某表示很不满，觉得张某很小气。张某多次催讨，王某均以没钱为借口不还，甚至拉黑了张某。

2024年12月2日，张某将王某告上法庭，但人民法院最终判决张某败诉。

思考

（1）张某为什么会败诉？
（2）发生经济纠纷时，可以通过哪些途径来维护自己的合法权益？

法海拾贝

在我国，解决经济纠纷的途径主要有仲裁、民事诉讼、行政复议和行政诉讼。仲裁和民事诉讼适用于解决平等民事主体的当事人之间发生的经济纠纷（如张某与王某之间的借款纠纷）。行政复议和行政诉讼适用于解决行政管理相对人和行政机关之间发生的经济纠纷（如纳税人和税务机关之间的纳税争议）。

一、仲裁

（一）仲裁的概念与特征

仲裁是指由经济纠纷的各方当事人共同选定仲裁机构，对纠纷依法定程序作出具有约束力的裁决的活动。

仲裁具有以下几个特征：① 仲裁以双方当事人自愿协商为基础；② 仲裁由双方当事人自愿选择的中立第三者（仲裁机构）进行裁判；③ 仲裁裁决对双方当事人都具有约束力。

（二）仲裁的适用范围

平等主体的公民、法人和其他组织之间发生的合同纠纷和其他财产权益纠纷，可以仲裁。

> **敲黑板**
>
> 下列纠纷不能仲裁或不适用《中华人民共和国仲裁法》(以下简称《仲裁法》)。
> (1) 婚姻、收养、监护、扶养、继承纠纷。
> (2) 依法应当由行政机关处理的行政争议。 } 不能提请仲裁
> (3) 劳动争议。
> (4) 农业集体经济组织内部的农业承包合同纠纷。 } 不属于《仲裁法》所规定的仲裁范围,而由其他法律予以调整

(三) 仲裁的基本原则

仲裁的基本原则主要有以下四点。

(1) 自愿原则。当事人采用仲裁方式解决纠纷,应当双方自愿,达成仲裁协议。没有仲裁协议,一方申请仲裁的,仲裁委员会不予受理。

(2) 依据事实和法律规定,公平合理地解决纠纷的原则。

(3) 独立仲裁原则。仲裁机关不依附于任何机关而独立存在,仲裁依法独立进行,不受任何行政机关、社会团体和个人的干涉。

(4) 一裁终局原则。仲裁实行一裁终局的制度,即仲裁庭作出的仲裁裁决为终局裁决。裁决作出后,当事人就同一纠纷再申请仲裁或者向人民法院起诉的,仲裁委员会或者人民法院不予受理。

(四) 仲裁机构

仲裁机构主要是指仲裁委员会,是指有权对当事人提交的经济纠纷进行审理和裁决的机构。仲裁机构是民间性的组织,不是国家的行政机关或司法机关,对经济纠纷案件没有强制管辖权。仲裁机构不按行政区划层层设立。仲裁机构之间没有隶属关系。

(五) 仲裁协议

1. 仲裁协议的概念

仲裁协议是指双方当事人自愿把他们之间可能发生或者已经发生的经济纠纷提交仲裁机构裁决的书面约定。仲裁协议应当以书面形式订立,以口头方式订立的仲裁协议无效。

2. 仲裁协议的内容

仲裁协议包括合同中订立的仲裁条款和以其他书面方式在纠纷发生前或者纠纷发生后达成的请求仲裁的协议。仲裁协议应当具有以下内容:① 请求仲裁的意思表示;② 仲裁事项;③ 选定的仲裁委员会。

> **小贴士**
>
> 没有约定仲裁事项和仲裁委员会或约定不明确的,当事人可以补充协议;达不成补充协议的,仲裁协议无效。

3. 仲裁协议的效力

仲裁协议一经依法成立,即具有法律约束力。仲裁协议独立存在,合同的变更、解除、终止或者无效,不影响仲裁协议的效力。

当事人对仲裁协议的效力有异议的,可以请求仲裁委员会作出决定或者请求人民法院作出裁定。一方请求仲裁委员会作出决定,另一方请求人民法院作出裁定的,由人民法院裁定。当事人对仲裁协议的效力有异议的,应当在仲裁庭首次开庭前提出。

当事人达成仲裁协议,一方向人民法院起诉时未声明有仲裁协议,人民法院受理后,另一方在首次开庭前提交仲裁协议的,人民法院应当驳回起诉,但仲裁协议无效的除外;另一方在首次开庭前未对人民法院受理该案提出异议的,视为放弃仲裁协议,人民法院应当继续审理。

思维互动坊

甲、乙因买卖货物发生合同纠纷,双方在纠纷发生前签订了有效的仲裁协议。甲就该纠纷向人民法院提起诉讼,未声明有仲裁协议。人民法院受理后,开庭审理时,乙提出双方签有仲裁协议,应通过仲裁方式解决。

思考:人民法院应当如何处理?

(六)仲裁程序

1. 组成仲裁庭

仲裁庭可以由3名仲裁员或者1名仲裁员组成(见图1-6)。由3名仲裁员组成的,设首席仲裁员。

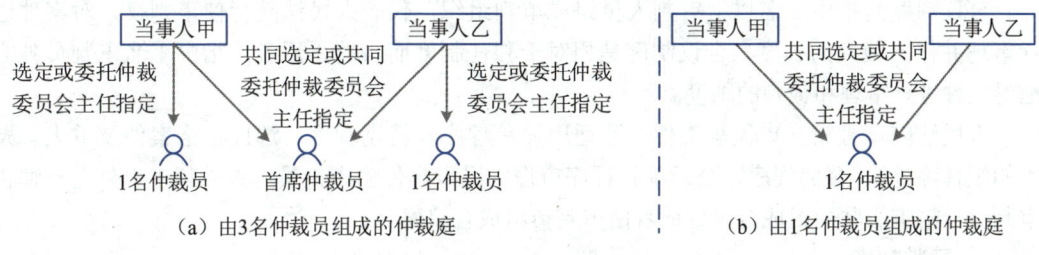

图1-6 组成仲裁庭

仲裁员有下列情形之一的,必须回避:① 是本案当事人或者当事人、代理人的近亲属;② 与本案有利害关系;③ 与本案当事人、代理人有其他关系,可能影响公正仲裁的;④ 私自会见当事人、代理人,或者接受当事人、代理人请客送礼的。

2. 开庭和裁决

仲裁应当开庭进行。当事人协议不开庭的,仲裁庭可以根据仲裁申请书、答辩书及其他材料作出裁决。所谓开庭审理,是指在仲裁庭的主持下,在双方当事人和其他仲裁参与人的参加下,按照法定程序,对案件进行审理并作出裁决的方式。

仲裁不公开进行。当事人协议公开的,可以公开进行,但涉及国家秘密的除外。所谓不公开进行,是指仲裁庭在审理案件时不对社会公开,不允许群众旁听,也不允许新闻记者采访和报道。

当事人申请仲裁后,可以自行和解。达成和解协议的,可以请求仲裁庭根据和解协议作出裁决书,也可以撤回仲裁申请。

仲裁庭在作出裁决前,可以先行调解。当事人自愿调解的,仲裁庭应当调解。调解不成的,仲裁庭应当及时作出裁决。调解达成协议的,仲裁庭应当制作调解书或者根据协议的结果制作裁决书。调解书与裁决书具有同等法律效力。调解书经双方当事人签收后,即发生法律效力。

裁决应当按照多数仲裁员的意见作出，少数仲裁员的不同意见可以记入笔录。仲裁庭不能形成多数意见时，裁决应当按照首席仲裁员的意见作出。裁决书自作出之日起发生法律效力。

二、民事诉讼

民事诉讼是指民事争议的当事人向人民法院提出诉讼请求，人民法院在当事人和其他诉讼参与人的参加下，依法审理和裁判民事争议的程序和制度。

（一）民事诉讼的适用范围

公民之间、法人之间、其他组织之间及他们相互之间因财产关系和人身关系发生纠纷，可以提起民事诉讼。

（二）民事诉讼的审判制度

民事诉讼的审判制度主要包括合议制度、回避制度、公开审判制度和两审终审制度。

1. 合议制度

合议制度是指由 3 名以上审判人员组成审判组织，代表人民法院行使审判权，对案件进行审理并作出裁判的制度。合议制度是相对于独任制度而言的，后者是指由 1 名审判员独立地对案件进行审理和裁判的制度。

人民法院审理第一审民事案件，除适用简易程序、特别程序（选民资格案件及重大、疑难的案件除外）、督促程序、公示催告程序审理的民事案件由审判员一人独任审理外，一律由审判员、陪审员共同组成合议庭或者由审判员组成合议庭。

2. 回避制度

回避制度是指审判人员和其他有关人员，遇有法律规定的情形时，退出对某一案件的审理活动的制度。审判人员、书记员、翻译人员、鉴定人、勘验人有下列情形之一的，应当回避：① 是本案当事人或者当事人、诉讼代理人近亲属的；② 与本案有利害关系的；③ 与本案当事人、诉讼代理人有其他关系，可能影响对案件公正审理的；④ 接受当事人、诉讼代理人请客送礼，或者违反规定会见当事人、诉讼代理人的。

3. 公开审判制度

公开审判制度是指人民法院的审判活动依法向社会公开的制度。法律规定，人民法院审理民事案件，除涉及国家秘密、个人隐私或者法律另有规定的外，应当公开进行。离婚案件、涉及商业秘密的案件，当事人申请不公开审理的，可以不公开审理。公开审判包括审判过程公开和审判结果公开两项内容。不论案件是否公开审理，一律公开宣告判决。

4. 两审终审制度

两审终审制度是指一个诉讼案件经过两级人民法院审判后即告终结的制度。按照两审终审制，一个案件经第一审人民法院审判后，当事人如果不服，有权在法定期限内向上一级人民法院提起上诉，由该上一级人民法院进行第二审。二审人民法院的判决、裁定是终审的判决、裁定。对终审判决、裁定，当事人不得上诉。如果发现终审裁判确有错误，可以通过审判监督程序予以纠正。

项目一　经济法基础知识——揭开经济法的面纱

（三）民事诉讼管辖

诉讼管辖是指各级人民法院之间及不同地区的同级人民法院之间，受理第一审民事案件、经济纠纷案件的职权范围和具体分工。管辖可以按照不同标准进行多种分类，其中最重要、最常用的是级别管辖和地域管辖。

1．级别管辖

级别管辖是根据案件性质、案情繁简、影响范围，来确定上、下级人民法院受理第一审案件的分工和权限。我国人民法院分为四级：最高人民法院、高级人民法院、中级人民法院、基层人民法院。大多数民事案件归基层人民法院管辖。

2．地域管辖

1）一般地域管辖

一般地域管辖是按照当事人所在地与人民法院辖区的隶属关系来确定案件管辖人民法院，也称普通管辖。通常实行"原告就被告"原则，即由被告住所地人民法院管辖。

被告住所地与经常居住地不一致的，由经常居住地人民法院管辖。

2）特殊地域管辖

特殊地域管辖是以诉讼标的所在地、法律事实所在地为标准确定管辖人民法院，也称特别管辖。特殊地域管辖的主要内容如表1-2所示。

表1-2　特殊地域管辖

诉讼类型	管辖法院
① 因合同纠纷提起的诉讼	由合同履行地或者被告住所地人民法院管辖
② 因保险合同纠纷提起的诉讼	由保险标的物所在地或者被告住所地人民法院管辖
③ 因票据纠纷提起的诉讼	由票据支付地或者被告住所地人民法院管辖
④ 因公司设立、确认股东资格、分配利润、解散等纠纷提起的诉讼	由公司住所地人民法院管辖
⑤ 因侵权行为提起的诉讼	由侵权行为地（包括侵权行为实施地、侵权结果发生地）或者被告住所地人民法院管辖
⑥ 因铁路、公路、水上、航空运输和联合运输合同纠纷提起的诉讼	由运输始发地、目的地或者被告住所地人民法院管辖
⑦ 因铁路、公路、水上和航空事故请求损害赔偿提起的诉讼	由事故发生地或者车辆、船舶最先到达地，航空器最先降落地或者被告住所地人民法院管辖
⑧ 因船舶碰撞或者其他海事损害事故请求损害赔偿提起的诉讼	由碰撞发生地、碰撞船舶最先到达地、加害船舶被扣留地或者被告住所地人民法院管辖
⑨ 因海难救助费用提起的诉讼	由救助地或者被救助船舶最先到达地人民法院管辖
⑩ 因共同海损提起的诉讼	由船舶最先到达地、共同海损理算地（即损失审核计算地）或者航程终止地的人民法院管辖

（1）信息网络侵权行为实施地包括实施被诉侵权行为的计算机设备所在地；侵权结果地包括被侵权人住所地。

（2）因产品、服务质量不合格造成他人财产、人身损害提起的诉讼，产品制造地、产品销售地、服务提供地、侵权行为地和被告住所地人民法院均有管辖权。

思维互动坊

甲企业得知竞争对手乙企业在 M 地的营销策略将会进行重大调整，于是从乙企业设在 N 地的分部窃取乙企业内部机密文件，随之采取相应对策，导致乙企业在 M 地的营销产生重大损失。乙企业经过调查掌握了甲企业的侵权证据，拟向人民法院提起诉讼。

思考：乙企业可以选择提起诉讼的人民法院有哪些？

两个以上人民法院都有管辖权的诉讼，原告可以向其中一个法院起诉；原告向两个以上有管辖权的法院起诉的，由最先立案的人民法院管辖。

3）专属管辖

专属管辖是指法律强制规定某类案件必须由特定的人民法院管辖，其他人民法院无权管辖，当事人也不得协议变更的管辖。专属管辖的案件主要有三类，如表 1-3 所示。

表 1-3　专属管辖

纠纷类型	管辖法院
不动产纠纷	由不动产所在地人民法院管辖
港口作业纠纷	由港口所在地人民法院管辖
继承遗产纠纷	由被继承人死亡时住所地或者主要遗产所在地人民法院管辖

（四）诉讼时效

诉讼时效是指权利人在法定期间内不行使权利而失去诉讼保护的制度。

1．诉讼时效期间

诉讼时效期间是指权利人请求法院或仲裁机关保护其民事权利的法定期间。除法律另有规定外，诉讼时效期间为 3 年，自权利人知道或者应当知道权利受到损害及义务人之日起计算。但是自权利受到损害之日起超过 20 年的，人民法院不予保护；有特殊情况的，人民法院可以根据权利人的申请决定延长。

诉讼时效

举案说法

2000 年 1 月 1 日，小强在回家的路上被蒙面人打伤。经过多年追查，小强得知隔壁老王打伤了自己。诉讼时效期间的计算如图 1-7 所示。

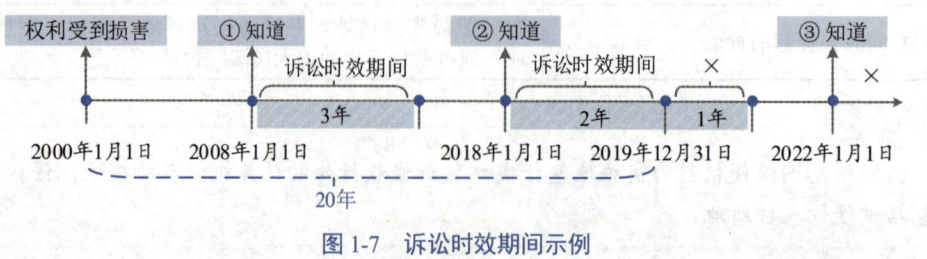

图 1-7　诉讼时效期间示例

① 如果小强是在 2008 年 1 月 1 日知道打伤自己的是隔壁老王，诉讼时效期间为 2008 年 1 月 1 日至 2010 年 12 月 31 日。

② 如果小强是在 2018 年 1 月 1 日知道打伤自己的是隔壁老王，诉讼时效期间为 2018 年 1 月 1 日至 2019 年 12 月 31 日（超过 20 年的部分无效）。

③ 如果小强是在 2022 年 1 月 1 日知道打伤自己的是隔壁老王，由于已经超过了 20 年，诉讼时效已经失效。

敲黑板

（1）诉讼时效期间届满，权利人丧失胜诉权，即丧失依诉讼程序强制义务人履行义务的权利。

（2）诉讼时效期间届满的，义务人可以提出不履行义务的抗辩。人民法院不得主动适用诉讼时效的规定。

（3）诉讼时效期间届满后，义务人同意履行的，不得以诉讼时效期间届满为由抗辩；义务人已自愿履行的，不得请求返还。

举案说法

接上例，如果小强超过了诉讼时效期间向人民法院提起诉讼，可能出现以下情形。

（1）人民法院可以依法受理，小强仍享有起诉权。

（2）隔壁老王可以提出已经超过诉讼时效期间进行抗辩，此时，人民法院会判决驳回小强的诉讼请求，即小强败诉。

（3）如果隔壁老王没有提出超过诉讼时效期间进行抗辩，此时，人民法院会继续审理。人民法院不主动适用诉讼时效的规定。

（4）如果隔壁老王同意对小强进行赔偿，事后反悔，又以超过诉讼时效期间进行抗辩，人民法院不予支持。

2. 诉讼时效的中止和中断

诉讼时效的中止是指在诉讼时效期间的最后 6 个月内，因特定情形而暂停计算诉讼时效期间，待中止的原因消除后继续计算。诉讼时效的中断是指发生特定情形后，原来计算的诉讼时效期间归零，重新计算。诉讼时效中止和中断的主要规定如表 1-4 所示。

表 1-4 诉讼时效的中止和中断

项目	中止	中断
发生时间	诉讼时效期间的最后 6 个月内	诉讼时效期间内任何时段
适用情形	因下列障碍，不能行使请求权的，诉讼时效中止： ① 不可抗力（指不能预见、不能避免并不能克服的客观情况，如地震、台风等） ② 无民事行为能力人或者限制民事行为能力人没有法定代理人，或者法定代理人死亡、丧失民事行为能力、丧失代理权	有下列情形之一的，诉讼时效中断： ① 权利人向义务人提出履行请求 ② 义务人同意履行义务 ③ 权利人提起诉讼或者申请仲裁 ④ 与提起诉讼或者申请仲裁具有同等效力的其他情形

续表

项目	中止	中断
适用情形	③ 继承开始后未确定继承人或者遗产管理人 ④ 权利人被义务人或者其他人控制 ⑤ 其他导致权利人不能行使请求权的障碍	
法律效果	暂停计算，待原因消除后继续计算	归零，重新计算

 思维互动坊

2000 年 1 月 1 日，小强在回家的路上被蒙面人打伤。2008 年 1 月 1 日，小强得知打伤自己的是隔壁老王。

思考：假设出现以下几种情形，其诉讼时效期间分别应如何计算？

（1）2009 年 9 月 1 日发生地震，10 月 1 日地震停止。

（2）2010 年 9 月 1 日发生地震，10 月 1 日地震停止。

（3）2009 年 11 月 1 日，小强到老王家，要求老王赔偿医药费，被老王拒绝。

（4）2010 年 11 月 1 日，小强被老王绑架。2011 年 5 月 1 日，小强获救。

3．不适用诉讼时效的情形

下列请求权不适用诉讼时效的规定：① 请求停止侵害、排除妨碍、消除危险；② 不动产物权和登记的动产物权的权利人请求返还财产；③ 请求支付抚养费、赡养费或者扶养费；④ 依法不适用诉讼时效的其他请求权。

（五）判决和执行

1．调解

人民法院审理民事案件，根据当事人自愿的原则，在事实清楚的基础上，分清是非，进行调解。当事人一方或者双方坚持不愿调解的，应当及时裁判。人民法院审理离婚案件，应当进行调解，但不应久调不决。适用特别程序、督促程序、公示催告程序的案件，婚姻等身份关系确认案件，以及其他根据案件性质不能调解的案件，不得调解。

2．判决

当事人不服地方人民法院第一审判决的，有权在判决书送达之日起 15 日内向上一级法院提起上诉。

3．执行

发生法律效力的民事判决、裁定、调解书和其他应当由人民法院执行的法律文书，当事人必须履行。一方拒绝履行的，对方当事人可以向人民法院申请执行。

三、行政复议

行政复议是指行政相对人认为行政主体的具体行政行为侵犯其合法权益，依法向行政复议机关提出复查该具体行政行为的申请，行政复议机关依照法定程序对引起争议的具体行政行为进行合法性、适当性审查，并作出相应决定的一种行政监督活动。

(一)行政复议范围

公民、法人或者其他组织认为行政机关的下列具体行政行为侵犯其合法权益的,可以申请行政复议。

(1) 对行政机关作出的警告、罚款、没收违法所得、没收非法财物、责令停产停业、暂扣或者吊销许可证、暂扣或者吊销执照、行政拘留等行政处罚决定不服的。

(2) 对行政机关作出的限制人身自由或者查封、扣押、冻结财产等行政强制措施决定不服的。

(3) 对行政机关作出的有关许可证、执照、资质证、资格证等证书变更、中止、撤销的决定不服的。

(4) 对行政机关作出的关于确认土地、矿藏、水流、森林、山岭、草原、荒地、滩涂、海域等自然资源的所有权或者使用权的决定不服的。

(5) 认为行政机关侵犯其合法的经营自主权的。

(6) 认为行政机关变更或者废止农业承包合同,侵犯其合法权益的。

(7) 认为行政机关违法集资、征收财物、摊派费用或者违法要求履行其他义务的。

(8) 认为符合法定条件,申请行政机关颁发许可证、执照、资质证、资格证等证书,或者申请行政机关审批、登记有关事项,行政机关没有依法办理的。

(9) 申请行政机关履行保护人身权利、财产权利、受教育权利的法定职责,行政机关没有依法履行的。

(10) 申请行政机关依法发放抚恤金、社会保险金或者最低生活保障费,行政机关没有依法发放的。

(11) 认为行政机关的其他具体行政行为侵犯其合法权益的。

下列事项不能申请行政复议:① 不服行政机关作出的行政处分或者其他人事处理决定的;② 不服行政机关对民事纠纷作出的调解或者其他处理的。

(二)行政复议申请

公民、法人或者其他组织认为具体行政行为侵犯其合法权益的,可以自知道该具体行政行为之日起60日内提出行政复议申请;但是法律规定的申请期限超过60日的除外。申请人申请行政复议,可以书面申请,也可以口头申请。

行政复议机关受理行政复议申请,不得向申请人收取任何费用。

(三)行政复议参加人和行政复议机关

1. 行政复议参加人

行政复议参加人包括申请人、被申请人和第三人。依法申请行政复议的公民、法人或者其他组织是申请人,作出具体行政行为的行政机关是被申请人。同申请行政复议的具体行政行为有利害关系的其他公民、法人或者其他组织，可以作为第三人参加行政复议。

2. 行政复议机关

履行行政复议职责的行政机关是行政复议机关。行政复议机关的确定规则如表1-5所示。

表1-5 行政复议机关的确定规则

复议情形	行政复议机关
对县级以上地方各级人民政府工作部门的具体行政行为不服	该部门的本级人民政府或上一级主管部门
对海关、金融、外汇管理等实行垂直领导的行政机关和国家安全机关的具体行政行为不服	上一级主管部门
对地方各级人民政府的具体行政行为不服	上一级地方人民政府
对省、自治区人民政府依法设立的派出机关所属的县级地方人民政府的具体行政行为不服	该派出机关
对国务院部门或者省、自治区、直辖市人民政府的具体行政行为不服	作出该具体行政行为的国务院部门或者省、自治区、直辖市人民政府 【提示】对行政复议决定不服的，可以向人民法院提起行政诉讼，也可以向国务院申请裁决，国务院裁决为最终裁决

思维互动坊

N市M县市场监督管理局对甲企业作出罚款的行政决定，甲企业对此不服。

思考：甲企业可以向哪些机关申请行政复议？

（四）行政复议审查和决定

行政复议原则上采取书面审查的方法，但是申请人提出要求或者行政复议机关负责法制工作的机构认为有必要时，可以向有关组织和人员调查情况，听取申请人、被申请人和第三人的意见。行政复议的举证责任，由被申请人承担。

行政复议机关应当自受理申请之日起60日内作出行政复议决定，法律另有规定的除外。情况复杂，不能在规定期限内作出行政复议决定的，经行政复议机关负责人批准，可以适当延长，并告知申请人和被申请人；但延长期限最多不得超过30日。

行政复议机关作出行政复议决定，应当制作行政复议决定书，并加盖印章。行政复议决定书一经送达，即发生法律效力。

四、行政诉讼

行政诉讼是指公民、法人或者其他组织认为行政机关和行政机关工作人员的行政行为侵犯其合法权益，向人民法院提起行政诉讼，人民法院依法予以受理、审理并作出裁判的活动。

（一）行政诉讼的适用范围

公民、法人或者其他组织认为行政机关的下列具体行政行为侵犯其合法权益的，可以申请行政诉讼。

（1）对行政拘留、暂扣或者吊销许可证和执照、责令停产停业、没收违法所得、没收非法财物、罚款、警告等行政处罚不服的。

（2）对限制人身自由或者对财产的查封、扣押、冻结等行政强制措施和行政强制执行不服的。

（3）申请行政许可，行政机关拒绝或者在法定期限内不予答复，或者对行政机关作出的有关行政许可的其他决定不服的。

（4）对行政机关作出的关于确认土地、矿藏、水流、森林、山岭、草原、荒地、滩涂、海域等自然资源的所有权或者使用权的决定不服的。

（5）对征收、征用决定及其补偿决定不服的。

（6）申请行政机关履行保护人身权、财产权等合法权益的法定职责，行政机关拒绝履行或者不予答复的。

（7）认为行政机关侵犯其经营自主权或者农村土地承包经营权、农村土地经营权的。

（8）认为行政机关滥用行政权力排除或者限制竞争的。

（9）认为行政机关违法集资、摊派费用或者违法要求履行其他义务的。

（10）认为行政机关没有依法支付抚恤金、最低生活保障待遇或者社会保险待遇的。

（11）认为行政机关不依法履行、未按照约定履行或者违法变更、解除政府特许经营协议、土地房屋征收补偿协议等协议的。

（12）认为行政机关侵犯其他人身权、财产权等合法权益的。

> 下列事项不能申请行政诉讼：① 国防、外交等国家行为；② 行政法规、规章或者行政机关制定、发布的具有普遍约束力的决定、命令；③ 行政机关对行政机关工作人员的奖惩、任免等决定；④ 法律规定由行政机关最终裁决的行政行为。

（二）行政诉讼管辖

1. 级别管辖

基层人民法院管辖第一审行政案件。中级人民法院管辖下列第一审行政案件：① 对国务院部门或者县级以上地方人民政府所作的行政行为提起诉讼的案件；② 海关处理的案件；③ 本辖区内重大、复杂的案件；④ 其他法律规定由中级人民法院管辖的案件。高级人民法院管辖本辖区内重大、复杂的第一审行政案件。最高人民法院管辖全国范围内重大、复杂的第一审行政案件。

2. 地域管辖

行政案件由最初作出行政行为的行政机关所在地（被告所在地）人民法院管辖。经复议的案件，也可以由复议机关所在地人民法院管辖。对限制人身自由的行政强制措施不服提起的诉讼，由被告所在地或者原告所在地人民法院管辖。因不动产提起的行政诉讼，由不动产所在地人民法院管辖。

（三）起诉和受理

对属于人民法院受案范围的行政案件，公民、法人或者其他组织可以先向行政机关申请复议，对复议决定不服的，再向人民法院提起诉讼；也可以直接向人民法院提起诉讼。

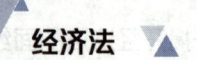

> 申请人对税务机关作出的征税行为不服的，应当先向复议机关申请行政复议，对行政复议决定不服的，可以再向人民法院提起行政诉讼。
>
> 征税行为包括：确认纳税主体、征税对象、征税范围、减税、免税、退税、抵扣税款、适用税率、计税依据、纳税环节、纳税期限、纳税地点和税款征收方式等具体行政行为，征收税款、加收滞纳金，扣缴义务人、受税务机关委托的单位和个人作出的代扣代缴、代收代缴、代征行为等。

法律、法规规定应当先向行政复议机关申请行政复议，对行政复议决定不服的公民、法人或者其他组织，可以在收到复议决定书之日起 15 日内向人民法院提起诉讼。行政复议机关逾期不作答复的，公民、法人或者其他组织可以自行政复议期满之日起 15 日内，依法向人民法院提起行政诉讼。法律另有规定的除外。

公民、法人或者其他组织直接向人民法院提起诉讼的，应当自知道或者应当知道作出行政行为之日起 6 个月内提出。法律另有规定的除外。因不动产提起诉讼的案件自行政行为作出之日起超过 20 年，其他案件自行政行为作出之日起超过 5 年提起诉讼的，人民法院不予受理。

（四）审理和判决

人民法院公开审理行政案件，但涉及国家秘密、个人隐私和法律另有规定的除外。涉及商业秘密的案件，当事人申请不公开审理的，可以不公开审理。人民法院审理行政案件，不适用调解。但是，行政赔偿、补偿及行政机关行使法律、法规规定的自由裁量权的案件可以调解。

当事人不服人民法院第一审判决的，有权在判决书送达之日起 15 日内向上一级人民法院提起上诉。当事人不服人民法院第一审裁定的，有权在裁定书送达之日起 10 日内向上一级人民法院提起上诉。逾期不提起上诉的，人民法院的第一审判决或者裁定发生法律效力。

🔊 小贴士

> 裁定解决的是诉讼过程中的程序性问题，目的是使人民法院有效地指挥诉讼，清除诉讼中的障碍，推进诉讼进程；判决解决的是当事人双方争执的权利义务问题，即实体法律关系，目的是解决权益纠纷，使当事人之间的争议得以解决。

案例启示录

先定后审

某公司（以下简称"A公司"）被指控侵犯了另一家公司（以下简称"B公司"）的专利权。在初步调查阶段，由于A公司与B公司之间存在商业竞争关系，且A公司的产品确实与B公司的专利产品相似，调查人员便初步认定A公司存在侵权行为。随后，在进一步的侦查和审理过程中，由于先入为主的思维定式，调查人员主要收集了证明A公司侵权的证据，而忽略了可能证明A公司不存在侵权行为的证据。

基于这些证据，法院一审认定A公司侵犯了B公司的专利权，并判处了相应的赔偿。然而，在案件进入二审程序后，A公司提供了新的证据，证明其产品的设计与B公司的专利产品存在显著差异，且A公司在设计过程中并未接触到B公司的专利技术。二审法院经过仔细审查新证据和原有证据，认为一审判决认定事实错误，遂撤销了一审判决，并依法改判A公司无罪。

启示：如果调查人员和法院在一开始就认定A公司有罪，并基于这一预设结论去收集证据和审理案件，那么很可能就会忽略掉对A公司有利的关键证据，导致错判。而在这个案例中，正是由于二审法院坚持公正、客观、严谨的司法原则，通过仔细审查新证据和原有证据，才最终纠正了一审的错误判决，维护了司法公正。因此，司法者在办理案件时，切不可先定后审，应查清案件事实后，才可最终定案。

班级_____ 姓名_____ 学号_____

学业测评

1．【单选题】甲公司长期拖欠乙公司货款，双方发生纠纷且一直未约定纠纷的解决方式。为解决纠纷，乙公司可采取的法律途径是（ ）。
　　A．提请仲裁　　　B．提起民事诉讼　　C．申请行政复议　　D．提起行政诉讼

2．【单选题】仲裁裁决书的生效时间是（ ）。
　　A．自作出之日　　B．自送达之日　　　C．自签收之日　　　D．自交付之日

3．【单选题】根据民事诉讼法律制度的规定，下列法院中，对因港口作业纠纷提起的诉讼享有管辖权的是（ ）。
　　A．原告与被告协议选择的人民法院　　　B．港口所在地人民法院
　　C．被告住所地人民法院　　　　　　　　D．原告住所地人民法院

4．【单选题】根据《中华人民共和国行政诉讼法》的规定，海关处理的第一审行政案件由（ ）人民法院审理。
　　A．中级　　　　　B．基层　　　　　　C．高级　　　　　　D．最高级

5．【单选题】根据《仲裁法》的规定，下列关于仲裁委员会的表述中正确的是（ ）。
　　A．相互间具有隶属关系　　　　　　　　B．隶属于行政机关
　　C．可由当事人自主选定　　　　　　　　D．按行政区划层层设立

6．【多选题】下列纠纷中，可以适用《仲裁法》解决的有（ ）。
　　A．郑某与王某的股权转让纠纷　　　　　B．赵某与钱某的租赁合同纠纷
　　C．周某与吴某的遗产继承纠纷　　　　　D．孙某与李某的监护权纠纷

7．【多选题】下列仲裁员中，必须回避审理案件的有（ ）。
　　A．李某，是案件当事人的股东　　　　　B．张某，是案件当事人的配偶
　　C．王某，是案件争议所属区域的专家　　D．赵某，是案件代理律师的父亲

8．【多选题】根据民事法律制度的规定，在诉讼时效期间的最后6个月内，因特定情形不能行使请求权的，诉讼时效中止。下列各项中，属于该特定情形的有（ ）。
　　A．权利人向义务人提出履行请求　　　　B．继承开始后未确定继承人
　　C．权利人提起诉讼或者申请仲裁　　　　D．无民事行为能力人没有法定代理人

9．【多选题】下列纠纷中，当事人可以向行政复议机关申请行政复议的有（ ）。
　　A．李某对公安机关作出的给予其行政拘留决定不服引起的纠纷
　　B．甲公司对行政机关作出的查封其财产的行政强制措施决定不服引起的纠纷
　　C．杨某对所任职的税务机关作出的免除其职务的决定不服引起的纠纷
　　D．乙公司对市场监督管理局作出的吊销其餐饮服务许可证决定不服引起的纠纷

10．【判断题】行政复议的举证责任，由申请人承担。　　　　　　　　　　　（ ）

11．【判断题】当仲裁庭不能形成多数意见时，裁决应当按照仲裁委员会主任的意见作出。
　　　　　　　　　　　　　　　　　　　　　　　　　　　　　　　　　　　（ ）

12．【判断题】审理民事案件，不论案件是否公开审理，一律公开宣告判决。　（ ）

13．【判断题】人民法院审理行政赔偿案件，可以对双方当事人进行调解。　　（ ）

班级_____ 姓名_____ 学号_____

实训育才

聚焦法院庭审现场

一、实训目标

通过实训，使学生更直观地了解法院庭审程序、法官及原被告角色定位、诉讼的相关知识，感受司法威严，培养法治思维。

二、实训内容

旁听法院庭审活动，并撰写文字小结。

三、实训要求

能够在规定的时间内完成实训内容。

四、实训流程

第一步：由教师介绍实训目标、内容、要求，调动学生实训的积极性。
第二步：学生自由分组，确定各小组的组长。
第三步：根据当地人民法院公布的公开开庭审理案件，选择本小组要旁听的案件。
第四步：各小组到人民法院旁听案件审理。
第五步：旁听庭审结束后，小组各成员撰写文字小结。
第六步：各小组相互评议，教师点评、总结。

项目二

劳动合同与社会保险法律制度
——保护劳动者的权益

项目导读

青年学生的求职道路上虽然充满了成功的机会和希望,但是其就业权益遭受侵害的事件也频频发生。刚离开校园的青年学生社会阅历不足,如果不熟悉劳动就业方面的法律规定,不了解企业用工方面常见的违法行为,就不能很好地维护自身权利。因此,青年学生要提前了解劳动就业方面的法律知识,避免遭受损失和伤害。

本项目主要从劳动合同法律制度和社会保险法律制度两方面进行介绍,主要内容如图2-1所示。

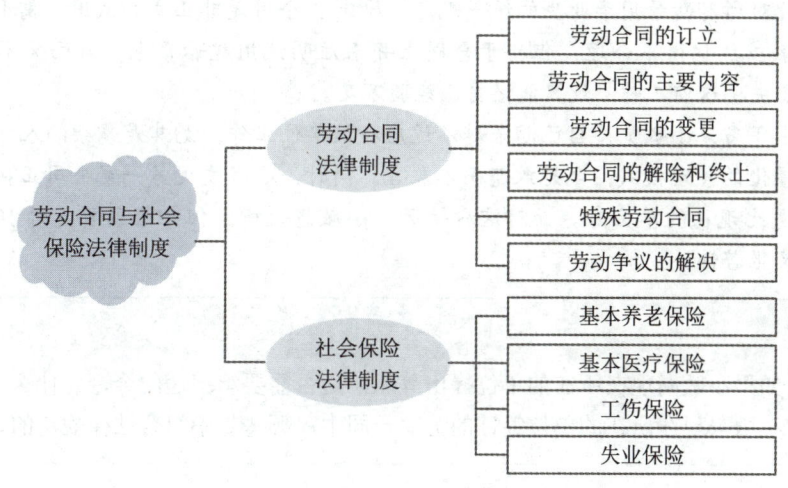

图2-1 知识框架图

学习目标

知识目标

(1) 了解非全日制用工合同、集体合同、劳务派遣、劳动合同的变更。

(2) 熟悉劳动争议的解决方法、工伤保险、失业保险。

(3) 掌握劳动合同的订立、劳动合同的主要内容、劳动合同的解除和终止、基本养老保险、基本医疗保险。

能力目标

能够识别各类就业陷阱,依法签订劳动合同,能够运用法律武器维护自身的合法权益。

素质目标

遵守职业规范、法律法规,培养良好的职业品德,强化维权意识。

任务一 劳动合同法律制度：保障合法权益

以案启思

大学毕业生小敏是一个性格较内向的女孩子，在求职过程中曾多次碰壁。终于有一天，某单位表示录用她，这令她兴奋不已，不过该单位要求先试用3个月再签合同，小敏欣然同意。转眼试用期就结束了，小敏与该单位如期签订了劳动合同，但该单位在劳动合同中备注了以下条款：① 试用期6个月；② 服务期5年，若5年内提出调动、考研等要求，需向用人单位支付违约金10 000元；③ 其他未尽事宜按本单位有关规定执行。小敏当时一心只想赶紧把工作定下来，根本没有仔细推敲这些条款，便毫不犹豫地在劳动合同上签了"同意"二字。

正式报到之后，小敏方知试用期要从她报到之日算起，且试用期只拿基本工资。据说这是该单位对所有新录用毕业生的统一规定，原先3个月是非正式的试用，属于实习考察性质。小敏虽然觉得不合理，但碍于合同上并未注明试用起始日期，自己又不想得罪单位，更不愿失去这份工作，故只能怪自己经验不足。

工作1年多，小敏觉得自己越来越不适应在该单位工作，尤其是复杂的人际关系及该单位某些僵化的管理模式，令她敢怒而不敢言。同时，小敏发现另一家公司正在招人，且提供的待遇比现在的单位好。面对这种情况，小敏想跳槽，但一想到要支付10 000元的违约金，又很苦恼。

思考

（1）如果小敏向现在所在的单位提出辞职，是否需要承担违约金，为什么？
（2）小敏与现在所在的单位签订的劳动合同中，哪些是不符合法律规定的？

法海拾贝

劳动合同是劳动者与用人单位之间依法确立劳动关系、明确双方权利义务的书面协议。

一、劳动合同的订立

（一）劳动合同订立的概念和原则

劳动合同的订立是指劳动者和用人单位经过相互选择与平等协商，就劳动合同的各项条款达成一致意见，并以书面形式明确规定双方权利、义务的内容，从而确立劳动关系的法律行为。

订立劳动合同，应当遵循合法、公平、平等自愿、

> **小贴士**
>
> 劳动者就业，不因民族、种族、性别、宗教信仰不同而受歧视。妇女享有与男子平等的就业权利。

项目二　劳动合同与社会保险法律制度——保护劳动者的权益

协商一致、诚实信用的原则。

（二）劳动合同订立的主体

1. 劳动合同订立主体的资格要求

劳动合同订立主体的资格要求如表 2-1 所示。

表 2-1　劳动合同订立主体的资格要求

主体	资格要求
用人单位	用人单位有用人权利能力和行为能力。用人单位设立的分支机构，依法取得营业执照或者登记证书的，可以作为用人单位与劳动者订立劳动合同；未依法取得营业执照或者登记证书的，受用人单位委托可以与劳动者订立劳动合同
劳动者	劳动者有劳动权利能力和行为能力。文艺、体育、特种工艺单位可以依国家有关规定招用未满 16 周岁的未成年人，且应保障其接受义务教育的权利；其他单位禁止招用未满 16 周岁的未成年人

2. 劳动合同订立主体的义务

劳动合同订立主体的义务如表 2-2 所示。

表 2-2　劳动合同订立主体的义务

主体	义务
劳动者	用人单位有权了解劳动者与劳动合同直接相关的基本情况（如专业能力、学历等），劳动者应当如实说明
用人单位	用人单位招用劳动者时，应当如实告知劳动者工作内容、工作条件、工作地点、职业危害、安全生产状况、劳动报酬，以及劳动者要求了解的其他情况。用人单位招用劳动者，不得扣押劳动者的居民身份证和其他证件，不得要求劳动者提供担保或者以其他名义向劳动者收取财物

敲黑板

用人单位违反规定扣押劳动者居民身份证等证件的，由劳动行政部门责令期限退还劳动者本人，并依照有关法律规定给予处罚。用人单位以担保或者其他名义向劳动者收取财物的，由劳动行政部门责令期限退还劳动者本人，并以每人 500 元以上 2 000 元以下的标准处以罚款；给劳动者造成损害的，应当承担赔偿责任。

（三）劳动关系建立的时间

用人单位自用工之日起即与劳动者建立劳动关系。

思维互动坊

2021 年 6 月 5 日，张某到甲公司工作。6 月 8 日甲公司与张某签订劳动合同，约定合同期限自 2021 年 6 月 9 日起至 2023 年 6 月 8 日止，每月 20 日发放工资。

思考：甲公司与张某劳动关系建立的时间是何时？

（四）劳动合同订立的形式

建立劳动关系，应当以书面形式订立劳动合同。已建立劳动关系，未同时订立书面劳动合同的，应当自用工之日起 1 个月内订立书面劳动合同；未及时订立书面劳动合同的，按表 2-3 所示规定处理。

表 2-3　未及时订立书面劳动合同的处理

自用工之日起未订立合同的时间	处理规定
1 个月内	经用人单位书面通知后，劳动者不与用人单位订立书面劳动合同的，用人单位应当书面通知劳动者终止劳动关系，无须向劳动者支付经济补偿，但是应当向劳动者支付其实际工作时间的劳动报酬
超过 1 个月不满 1 年	自用工之日起满 1 个月的次日起至补订书面劳动合同的前一日应当向劳动者每月支付 2 倍的工资，并与劳动者补订书面劳动合同。劳动者不与用人单位订立书面劳动合同的，用人单位应当书面通知劳动者终止劳动关系，并支付经济补偿
满 1 年	自用工之日起满 1 个月的次日至满 1 年的前一日（共 11 个月）应当向劳动者每月支付 2 倍的工资，并视为自用工之日起满 1 年的当日已经与劳动者订立无固定期限劳动合同，应当立即与劳动者补订书面劳动合同

 思维互动坊

2024 年 7 月 1 日，李某到甲公司工作，按月领取工资 3 000 元。2024 年 9 月 1 日，甲公司与李某签订书面劳动合同。已知，当地月最低工资标准为 1 800 元，当地上年度职工月平均工资为 3 500 元。

思考：根据劳动合同法律制度的规定，因未及时与李某签订书面劳动合同，甲公司应向其补偿的工资数额是多少？

（五）劳动合同的效力

1. 劳动合同的生效

劳动合同由用人单位与劳动者协商一致，并经双方在劳动合同文本上签字或者盖章生效。劳动合同文本由用人单位和劳动者各执一份。

2. 无效劳动合同

下列劳动合同无效或者部分无效：① 以欺诈、胁迫的手段或者乘人之危，使对方在违背真实意思的情况下订立或者变更劳动合同的；② 用人单位免除自己的法定责任、排除劳动者权利的；③ 违反法律、行政法规的强制性规定的。

 **小贴士**

劳动合同是否生效，不影响劳动关系的建立。

敲黑板

（1）无效劳动合同，从订立时起就没有法律的约束力。劳动合同部分无效，不影响其他部分效力的，其他部分仍然有效。

（2）劳动合同被确认无效，劳动者已经付出劳动的，用人单位应当向劳动者支付劳动报酬。劳动合同被确认无效，给对方造成损害的，有过错的一方应当承担赔偿责任。

二、劳动合同的主要内容

（一）劳动合同必备条款

劳动合同必备条款是指劳动合同必须具备的内容。《中华人民共和国劳动合同法》（以下简称《劳动合同法》）第17条规定，劳动合同应当具备的条款有：用人单位的名称、住所和法定代表人或者主要负责人，劳动者的姓名、住址和居民身份证或者其他有效身份证件号码，劳动合同期限，工作内容和工作地点，工作时间和休息、休假，劳动报酬，社会保险，劳动保护、劳动条件和职业危害防护，以及法律、法规规定应当纳入劳动合同的其他事项。

1．劳动合同期限

劳动合同分为固定期限劳动合同、无固定期限劳动合同和以完成一定工作任务为期限的劳动合同。

1）固定期限劳动合同

固定期限劳动合同是指用人单位与劳动者明确约定合同终止时间的劳动合同。劳动合同期限届满，劳动关系即告终止。如果双方协商一致，还可以续订劳动合同。

2）无固定期限劳动合同

无固定期限劳动合同是指用人单位与劳动者约定无确定终止时间的劳动合同。有下列情形之一，劳动者提出或者同意续订、订立劳动合同的，除劳动者提出订立固定期限劳动合同外，应当订立无固定期限劳动合同。

（1）劳动者在该用人单位连续工作满10年的。

（2）用人单位初次实行劳动合同制度或者国有企业改制重新订立合同时，劳动者在该用人单位连续工作满10年且距法定退休年龄不足10年的。

> **小贴士**
>
> 无确定终止时间，是指劳动合同没有一个确切的终止时间，劳动合同的期限长短不能确定，只要没有出现法定解除情形或者双方协商一致解除的，双方当事人就要继续履行劳动合同。

（3）连续订立2次固定期限劳动合同，且劳动者没有下述情形，续订劳动合同的：① 严重违反用人单位的规章制度的；② 严重失职，营私舞弊，给用人单位造成重大损害的；③ 劳动者同时与其他用人单位建立劳动关系，对完成本单位的工作任务造成严重影响，或者经用人单位提出，拒不改正的；④ 劳动者以欺诈、胁迫的手段或者乘人之危，使用人单位在违背真实意思的情况下订立或者变更劳动合同，致使劳动合同无效的；⑤ 被依法追究刑事责任的；⑥ 劳动者患病或者非因工负伤，在规定的医疗期满后不能从事原工作，也不能从事由用人单位另行安排的工作的；⑦ 劳动者不能胜任工作，经过培训或者调整工作岗位，仍不能胜任工作的。

3）以完成一定工作任务为期限的劳动合同

以完成一定工作任务为期限的劳动合同，是指用人单位与劳动者约定以某项工作的完成为合同期限的劳动合同。一般在以下几种情况下，用人单位与劳动者可以签订以完成一定工作任务为期限的劳动合同：① 以完成单项工作任务为期限的劳动合同；② 以项目承包方式完成承包任务的劳动合同；③ 因季节性用工的劳动合同；④ 其他双方约定的以完成一定工作任务为期限的劳动合同。

2. 工作时间和休息休假

1）工作时间

目前我国实行的工时制度主要有标准工时制、不定时工作制和综合计算工时制三种类型，具体内容如表2-4所示。

表2-4 工时制度

分类	内容
标准工时制	是指法律统一规定的劳动者从事工作或劳动的时间 ① 法定标准：每日8小时，每周40小时 ② 特殊标准：因工作性质和生产特点不能实行标准工时制度的，每日不超过8小时，每周不超过40小时，每周至少休息1天 ③ 延长标准：需要延长工作时间的，一般每日不得超过1小时；因特殊原因需要延长的，每日不得超过3小时，每月不得超过36小时
不定时工作制	是指没有固定工作时间限制的工作制度，主要适用于一些因工作性质或工作条件不受标准工作时间限制的工作岗位
综合计算工时制	是指以周、月、季、年等为周期，综合计算劳动者工作时间，但其平均日工作时间和平均周工作时间仍与法定标准工作时间基本相同的一种工时形式

2）休息、休假

休息包括工作日内的间歇时间（如午休）、工作日之间的休息时间和公休假日（如周六、周日）。休假包括法定假日和年休假。

机关、团体、企业、事业单位、民办非企业单位、有雇工的个体工商户等单位的职工连续工作1年以上的，享受带薪年休假。年休假的天数如图2-2所示。

职工新进用人单位且符合享受带薪年休假条件的，当年度年休假天数按照在本单位剩余日历天数折算确定，折算后不足1整天的部分不享受年休假。

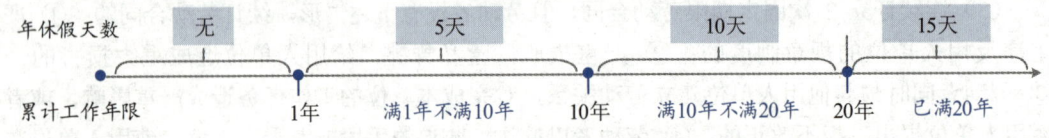

图2-2 年休假的天数

💬 举案说法

小张累计工作已满15年，2021年7月1日调到甲公司工作，当年的年休假尚未使用。若小张提出在甲公司补休年休假，则可以在甲公司享受的年休假天数为：（当年度在本单位剩余日历天数÷365）×应当享受的年休假天数=184÷365×10≈5天。

敲黑板

不享受当年年休假的情形如图 2-3 所示。

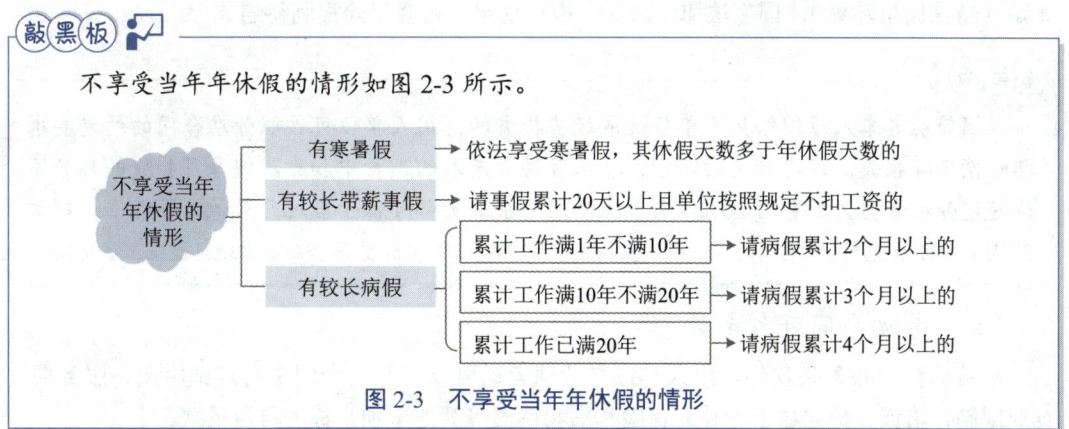

图 2-3　不享受当年年休假的情形

3．劳动报酬

劳动报酬是指用人单位根据劳动者劳动的数量和质量，以货币形式支付给劳动者的工资。

1）工资的支付

根据国家有关规定，工资应当以法定货币支付，不得以实物及有价证券替代货币支付。工资必须在用人单位与劳动者约定的日期支付。如遇节假日或休息日，则应提前在最近的工作日支付。工资至少每月支付一次，实行周、日、小时工资制的可按周、日、小时支付。对完成一次性临时劳动或某项具体工作的劳动者，按有关协议或合同规定在其完成劳动任务后即支付工资。

2）加班工资

用人单位在劳动者完成劳动定额或规定的工作任务后，根据实际需要安排劳动者在法定标准工作时间以外工作的，应按照图 2-4 的标准支付加班工资。

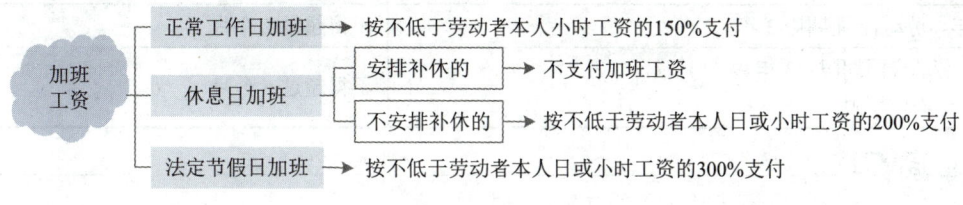

图 2-4　加班工资的支付标准

小贴士

在部分公民放假的节日期间（如妇女节和青年节），对参加社会活动或单位组织的庆祝活动和照常工作的职工，单位应支付工资报酬，但不支付加班工资。如果该节日恰逢周六、周日，单位安排职工加班工作，则应支付休息日的加班工资。

3）最低工资制度

用人单位支付劳动者的工资不得低于当地最低工资标准。最低工资的具体标准由省、自治区、直辖市人民政府规定，报国务院备案。

最低工资不包括延长工作时间的工资报酬、以货币形式支付的住房补贴和用人单位支付的伙食补贴，中班、夜班、高温、低温、井下、有毒、有害等特殊工作环境和劳动条件下的津贴（特殊岗位津贴），国家法律、法规、规章规定的社会保险福利待遇。

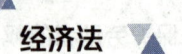

因劳动者本人原因给用人单位造成经济损失的，用人单位可按照劳动合同的约定要求其赔偿经济损失。经济损失的赔偿，可从劳动者本人的工资中扣除。但每月扣除的部分不得超过劳动者当月工资的20%。若扣除后的剩余工资部分低于当地月最低工资标准，则按最低工资标准支付。(① 扣除部分≤当月工资的20%；② 实际支付金额≥当地月最低工资标准)

（二）劳动合同可备条款

除劳动合同必备条款外，用人单位与劳动者还可以在劳动合同中约定试用期、服务期、竞业限制、培训、保守秘密、补充保险和福利待遇等其他事项，称为可备条款。

1．试用期

试用期是指用人单位和劳动者双方为相互了解、确定对方是否符合自己的招聘条件或求职意愿而约定的考察期间。

1）试用期期限

试用期期限根据劳动合同期限的不同而不同，具体期限如表2-5所示。

表2-5 试用期期限

劳动合同期限	试用期期限
① 劳动合同期限<3 个月 ② 非全日制用工 ③ 以完成一定工作任务为期限的	不得约定试用期
3 个月≤劳动合同期限<1 年	不得超过 1 个月
1 年≤劳动合同期限<3 年	不得超过 2 个月
① 劳动合同期限≥3 年 ② 无固定期限	不得超过 6 个月

同一用人单位与同一劳动者只能约定一次试用期。试用期包含在劳动合同期限内。劳动合同仅约定试用期的，试用期不成立，该期限为劳动合同期限。

2）试用期工资

劳动者在试用期的工资不得低于本单位相同岗位最低档工资或者劳动合同约定工资的80%，并不得低于用人单位所在地的最低工资标准。(① 试用期工资≥最低档工资或合同约定工资的80%；② 试用期工资≥最低工资标准)

3）用人单位违反相关规定的法律责任

用人单位违反规定与劳动者约定试用期的，由劳动行政部门责令改正。违法约定的试用期已经履行的，由用人单位以劳动者试用期满月工资为标准，按已经履行的超过法定试用期的期间向劳动者支付赔偿金。

思维互动坊

林某应聘到甲公司工作,与甲公司签订了 2 年期劳动合同,试用期 4 个月,试用期工资 3 500 元,试用期满月工资 4 000 元。

思考:林某得知自己权益受到损害后可以主张的试用期赔偿金是多少?

2. 服务期

1)服务期的适用范围

用人单位为劳动者提供专项培训费用,对其进行专业技术培训的,可以与该劳动者订立协议,约定服务期。劳动合同期满,但用人单位与劳动者约定的服务期尚未到期的,劳动合同应当延续至服务期满,双方另有约定的,从其约定。

2)劳动者违反服务期约定的违约责任

劳动者违反服务期约定的,应当按照约定向用人单位支付违约金。违约金的数额不得超过用人单位提供的培训费用。用人单位要求劳动者支付的违约金不得超过服务期尚未履行部分所应分摊的培训费用。

 思维互动坊

吴某受甲公司委派去德国参加技术培训,公司为此支付培训费用 10 万元。培训前双方签订协议,约定吴某自培训结束后 5 年内不得辞职,否则应支付违约金 10 万元。吴某培训完毕后,在甲公司连续工作满 2 年时辞职。

思考:甲公司依法要求吴某支付的违约金数额最高是多少?

3. 竞业限制

对负有保密义务的劳动者,用人单位可以在劳动合同或者保密协议中与劳动者约定竞业限制条款,并约定在解除或者终止劳动合同后,在竞业限制期限内按月给予劳动者经济补偿。竞业限制的主要内容如表 2-6 所示。

表 2-6　竞业限制

项目		内容
适用人员		竞业限制的人员限于用人单位的高级管理人员、高级技术人员和其他负有保密义务的人员,而非所有的劳动者
限制期限		不得超过 2 年
经济补偿的金额		有约定的,按约定;未约定的,每月按劳动者在劳动合同解除或者终止前 12 个月平均工资的 30% 支付,且不低于劳动合同履行地的最低工资标准
违约责任	劳动者违约	劳动者违反竞业限制约定的,应当按照约定向用人单位支付违约金。支付违约金后,用人单位可以要求劳动者按照约定继续履行竞业限制义务
	用人单位违约	因用人单位的原因导致 3 个月未支付经济补偿的,劳动者可以解除竞业限制的约定
提前解除		在竞业限制期限内,用人单位随时可以解除竞业限制协议。在解除竞业限制协议时,劳动者可以请求用人单位额外支付劳动者 3 个月的竞业限制经济补偿

> **敲黑板**
>
> 禁止用人单位对劳动合同服务期和竞业限制之外的其他事项与劳动者约定由劳动者承担违约金。

三、劳动合同的变更

劳动合同的变更是指劳动合同依法订立后，在合同尚未履行或者尚未履行完毕之前，经用人单位和劳动者双方当事人协商同意，对劳动合同内容作部分修改、补充或者删减的法律行为。

用人单位与劳动者协商一致，可以变更劳动合同约定的内容。变更劳动合同，应当采用书面形式；未采用书面形式，但已经实际履行了口头变更的劳动合同超过1个月，且变更后的劳动合同内容不违反法律、行政法规、国家政策及公序良俗，当事人以未采用书面形式为由主张劳动合同变更无效的，人民法院不予支持。

四、劳动合同的解除和终止

（一）劳动合同的解除

劳动合同解除是指在劳动合同订立后，劳动合同期限届满之前，因双方协商提前结束劳动关系，或因出现法定的情形，一方单方通知对方结束劳动关系的法律行为。劳动合同解除分为协商解除和法定解除两种情况。

劳动合同的解除和终止

1. 协商解除

用人单位与劳动者协商一致，可以解除劳动合同。

（1）应当支付经济补偿的情形：由用人单位提出解除劳动合同而与劳动者协商一致的，必须依法向劳动者支付经济补偿。

（2）不支付经济补偿的情形：由劳动者主动辞职而与用人单位协商一致解除劳动合同的，用人单位无须向劳动者支付经济补偿。

2. 法定解除

法定解除可分为劳动者的单方解除和用人单位的单方解除。

1）劳动者的单方解除

劳动者可单方面解除劳动合同的情形又分为提前一定期限通知解除、随时通知解除和不需通知即可解除三种，具体内容如表2-7所示。

表2-7 劳动者可单方面解除劳动合同的情形

类型	补偿	适用情形
提前通知解除	无经济补偿	① 劳动者在试用期内提前3日通知用人单位，可以解除劳动合同 ② 劳动者提前30日以书面形式通知用人单位，可以解除劳动合同

项目二 劳动合同与社会保险法律制度——保护劳动者的权益

续表

类型	补偿	适用情形
随时通知解除	有经济补偿	① 用人单位未按照劳动合同约定提供劳动保护或者劳动条件的 ② 用人单位未及时足额支付劳动报酬的 ③ 用人单位未依法为劳动者缴纳社会保险费的 ④ 用人单位的规章制度违反法律、法规的规定,损害劳动者权益的 ⑤ 用人单位在劳动合同中免除自己的法定责任、排除劳动者权利的 ⑥ 用人单位以欺诈、胁迫的手段或者乘人之危,使劳动者在违背真实意思的情况下订立或者变更劳动合同的 ⑦ 用人单位违反法律、行政法规强制性规定的 ⑧ 法律、行政法规规定劳动者可以解除劳动合同的其他情形
不需通知即可解除	有经济补偿	① 用人单位以暴力、威胁或非法限制人身自由的手段强迫劳动者劳动的 ② 用人单位违章指挥、强令冒险作业危及劳动者人身安全的

2)用人单位的单方解除

用人单位可单方面解除劳动合同的情形分为随时通知解除、提前通知或额外支付补偿解除和经济性裁员三种,具体内容如表 2-8 所示。

表 2-8 用人单位可单方面解除劳动合同的情形

类型	补偿	适用情形
随时通知解除	无经济补偿	① 劳动者在试用期间被证明不符合录用条件的 ② 劳动者严重违反用人单位的规章制度的 ③ 劳动者严重失职,营私舞弊,给用人单位造成重大损害的 ④ 劳动者同时与其他用人单位建立劳动关系,对完成本单位的工作任务造成严重影响,或者经用人单位提出,拒不改正的 ⑤ 劳动者以欺诈、胁迫的手段或者乘人之危,使用人单位在违背真实意思的情况下订立或者变更劳动合同的 ⑥ 劳动者被依法追究刑事责任的
提前通知或额外支付补偿解除	有经济补偿	下列情形,用人单位提前 30 日以书面形式通知劳动者本人或者额外支付劳动者 1 个月工资后,可以解除劳动合同: ① 劳动者患病或者非因工负伤,在规定的医疗期满后不能从事原工作,也不能从事由用人单位另行安排的工作的 ② 劳动者不能胜任工作,经过培训或者调整工作岗位,仍不能胜任工作的 ③ 劳动合同订立时所依据的客观情况发生重大变化,致使劳动合同无法履行,经用人单位与劳动者协商,未能就变更劳动合同内容达成协议的

续表

类型	补偿	适用情形
经济性裁员	有经济补偿	用人单位有下列情形之一，需要裁减人员20人以上或者裁减不足20人但占企业职工总数10%以上的，用人单位提前30日向工会或者全体职工说明情况，听取工会或者职工的意见后，裁减人员方案经向劳动行政部门报告，可以裁减人员： ① 依照企业破产法规定进行重整的 ② 生产经营发生严重困难的 ③ 企业转产、重大技术革新或者经营方式调整，经变更劳动合同后，仍需裁减人员的 ④ 其他因劳动合同订立时所依据的客观经济情况发生重大变化，致使劳动合同无法履行的

敲黑板

（1）经济性裁员应当优先留用下列人员：① 与本单位订立较长期限的固定期限劳动合同的；② 与本单位订立无固定期限劳动合同的；③ 家庭无其他就业人员，有需要扶养的老人或未成年人的。

（2）用人单位裁减人员后，在6个月内重新招用人员的，应当通知被裁减的人员，并在同等条件下优先招用被裁减的人员。

（二）劳动合同的终止

劳动合同终止是指用人单位与劳动者之间的劳动关系因某种法律事实的出现而自动归于消灭，或导致劳动关系的继续履行成为不可能而不得不消灭的情形。

劳动合同终止的情形主要有：① 劳动合同期满的；② 劳动者开始依法享受基本养老保险待遇的；③ 劳动者死亡，或者被人民法院宣告死亡或者宣告失踪的；④ 用人单位被依法宣告破产的；⑤ 用人单位被吊销营业执照、责令关闭、撤销或者用人单位决定提前解散的；⑥ 法律、行政法规规定的其他情形。

小贴士

劳动合同的解除是一方或者双方"主动""人为"地提前结束合同；劳动合同的终止是出现法定事实后，"被动"地提前或如期结束合同。

（三）对劳动合同解除和终止的限制性规定

劳动者有下列情形之一的，用人单位既不得解除劳动合同，也不得终止劳动合同，劳动合同应当延续至相应的情形消失时终止。

（1）从事接触职业病危害作业的劳动者未进行离岗前职业健康检查，或者疑似职业病病人在诊断或者医学观察期间的。

（2）在本单位患职业病或者因工负伤并被确认丧失或者部分丧失劳动能力的。

（3）患病或者非因工负伤，在规定的医疗期内的。

（4）女职工在孕期、产期、哺乳期的。

（5）在本单位连续工作满 15 年，且距法定退休年龄不足 5 年的。

（6）法律、行政法规规定的其他情形。

若符合因劳动者过错解除劳动合同的情形，则不受上述限制性规定的影响。

（四）劳动合同解除和终止的经济补偿

1. 经济补偿的概念

劳动合同法律关系中的经济补偿是指按照劳动合同法律制度的规定，在劳动者无过错的情况下，用人单位与劳动者解除或者终止劳动合同时，应一次性给予劳动者的经济上的补助，也称经济补偿金。

法律充电站

劳动合同中的经济补偿金与违约金、赔偿金是不同的，主要区别如表 2-9 所示。

表 2-9 劳动合同中的经济补偿金与违约金、赔偿金的区别

项目	经济补偿金	违约金	赔偿金
含义	主要是针对劳动关系的解除和终止，在劳动者无过错的情况下，用人单位给予劳动者一定数额的经济上的补偿	是指劳动者违反了服务期和竞业限制的约定而向用人单位支付的违约补偿	是指用人单位和劳动者由于自己的过错给对方造成损害时，所承担的不利的法律后果
产生原因	法定的	约定的	法定的
适用情形	解除和终止劳动关系时	劳动者违反服务期约定或竞业限制约定时	由于自己的过错给对方造成损害时
支付主体	用人单位	劳动者	用人单位或劳动者

2. 经济补偿的计算

经济补偿根据劳动者在本单位工作的年限，以每满 1 年支付 1 个月工资的标准由用人单位向劳动者支付，具体计算标准如图 2-5 所示。

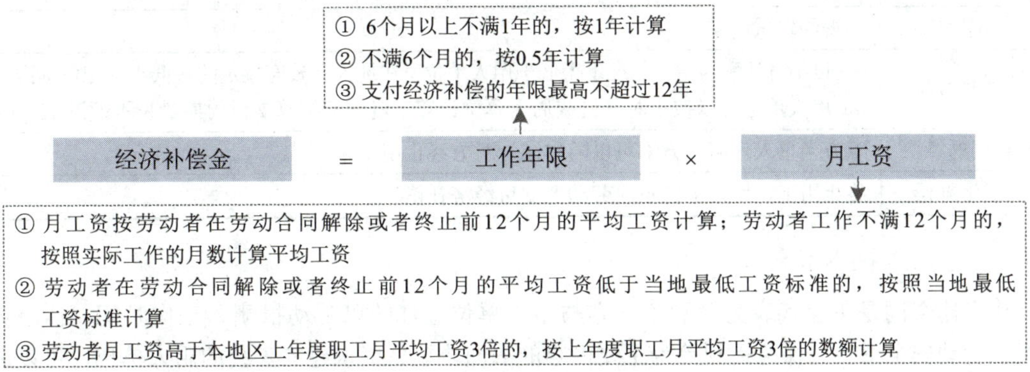

① 6个月以上不满1年的，按1年计算
② 不满6个月的，按0.5年计算
③ 支付经济补偿的年限最高不超过12年

经济补偿金 ＝ 工作年限 × 月工资

① 月工资按劳动者在劳动合同解除或者终止前12个月的平均工资计算；劳动者工作不满12个月的，按照实际工作的月数计算平均工资
② 劳动者在劳动合同解除或者终止前12个月的平均工资低于当地最低工资标准的，按照当地最低工资标准计算
③ 劳动者月工资高于本地区上年度职工月平均工资3倍的，按上年度职工月平均工资3倍的数额计算

图 2-5 经济补偿的计算

思维互动坊

2020年11月1日，郑某到甲公司工作。2021年1月30日，郑某因公司未及时足额向其支付劳动报酬而解除劳动合同。已知郑某离职时月平均工资为11 000元，当地上年度职工平均工资为3 200元。

思考：劳动合同解除时甲公司应向郑某支付的经济补偿金额是多少？

（五）劳动合同解除和终止的法律后果及双方义务

用人单位违反规定解除或者终止劳动合同，劳动者要求继续履行劳动合同的，用人单位应当继续履行；劳动者不要求继续履行劳动合同或者劳动者已经不能继续履行的，用人单位应当按照规定的经济补偿标准的2倍向劳动者支付赔偿金。用人单位支付了赔偿金的，不再支付经济补偿。赔偿金的计算年限自用工之日起计算。

劳动合同解除或终止的，用人单位应当在解除或者终止劳动合同时出具解除或终止劳动合同的证明（离职证明），并在15日内为劳动者办理档案和社会保险关系转移手续。用人单位对已经解除或终止的劳动合同的文本，至少保存2年备查。

五、特殊劳动合同

（一）非全日制用工合同

非全日制用工是指以小时计酬为主，劳动者在同一用人单位一般平均每日工作时间不超过4小时，每周工作时间累计不超过24小时的用工形式。非全日制用工合同的相关规定如表2-10所示。

表2-10 非全日制用工合同

项目	内容
订立形式	可以书面，可以口头
合同数量	劳动者可以与一个或者一个以上用人单位订立非全日制用工合同
工作时间	一般平均每日工作时间不超过4小时，每周工作时间累计不超过24小时
试用期	不得约定试用期
劳动报酬	① 以小时计酬为主，标准不得低于用人单位所在地人民政府规定的最低小时工资标准 ② 用人单位可以按小时、日或周为单位计算工资，但结算支付周期最长不超过15日
合同的终止	双方当事人任何一方都可以随时通知对方终止用工
经济补偿	终止用工，用人单位不向劳动者支付经济补偿

（二）集体合同

集体合同是工会代表企业职工一方与用人单位签订的以劳动报酬、工作时间、休息休假、劳动安全卫生、保险福利等为主要内容的书面协议。尚未建立工会的用人单位，可以由上级工会指导劳动者推举的代表与用人单位订立集体合同。

集体合同内容由用人单位和职工各自派出集体协商代表通过集体协商（会议）的方式协

商确定。集体合同订立后，应当报送劳动行政部门；劳动行政部门自收到集体合同文本之日起 15 日内未提出异议的，集体合同即行生效。集体合同中劳动报酬和劳动条件等标准不得低于当地人民政府规定的最低标准；用人单位与劳动者订立的劳动合同中劳动报酬和劳动条件等标准不得低于集体合同规定的标准。

（三）劳务派遣

1. 劳务派遣的概念和特征

劳务派遣是指由劳务派遣单位与劳动者订立劳动合同，与用工单位订立劳务派遣协议，将被派遣劳动者派往用工单位给付劳务。派遣单位、用工单位与劳动者的关系如图 2-6 所示。

劳务派遣

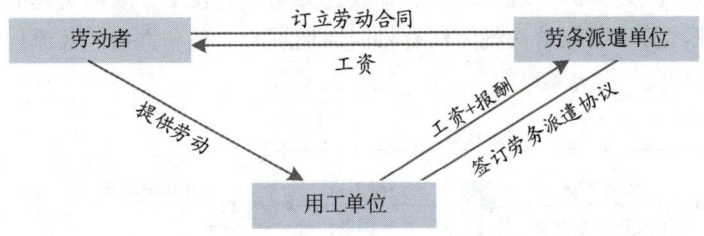

小贴士

劳动力的雇用和劳动力的使用分离，这是劳务派遣最显著的特征。

图 2-6　派遣单位、用工单位与劳动者的关系

2. 劳务派遣的适用范围

劳动合同用工是我国的企业基本用工形式，劳务派遣用工是补充形式。劳务派遣用工只能在临时性（存续时间不超过 6 个月）、辅助性或者替代性的工作岗位上实施。用工单位使用的被派遣劳动者数量不得超过其用工总量的 10%。

（1）用人单位不得设立劳务派遣单位向本单位或者所属单位派遣劳动者。
（2）用工单位不得将被派遣劳动者再派遣到其他用人单位。
（3）劳务派遣单位不得以非全日制用工形式招用被派遣劳动者。

3. 劳务派遣单位、用工单位与被派遣劳动者的权利和义务

劳务派遣单位、用工单位与被派遣劳动者的权利和义务如表 2-11 所示。

表 2-11　劳务派遣单位、用工单位与被派遣劳动者的权利和义务

主体	权利和义务
劳务派遣单位	① 劳务派遣单位是用人单位，应当履行用人单位对劳动者的义务 ② 劳务派遣单位与被派遣劳动者订立的劳动合同，除应当载明劳动合同必备的条款外，还应当载明被派遣劳动者的用工单位，以及派遣期限、工作岗位等情况 ③ 劳务派遣单位应当与被派遣劳动者订立 2 年以上的固定期限劳动合同，按月支付劳动报酬；被派遣劳动者在无工作期间，劳务派遣单位应当按照所在地人民政府规定的最低工资标准，向其按月支付报酬 ④ 劳务派遣单位不得向被派遣劳动者收取费用

续表

主体	权利和义务
用工单位	① 用工单位应当根据工作岗位的实际需要与劳务派遣单位确定派遣期限，不得将连续用工期限分割订立数个短期劳务派遣协议 ② 用工单位不得向被派遣劳动者收取费用
被派遣劳动者	被派遣劳动者享有与用工单位的劳动者同工同酬的权利。被派遣劳动者有权在劳务派遣单位或者用工单位依法参加或者组织工会，维护自身的合法权益

六、劳动争议的解决

劳动争议是指劳动关系当事人之间因实现劳动权利、履行劳动义务发生分歧而引起的争议，也称劳动纠纷、劳资争议。劳动争议解决的方法有协商、调解、仲裁和诉讼，其流程如图 2-7 所示。

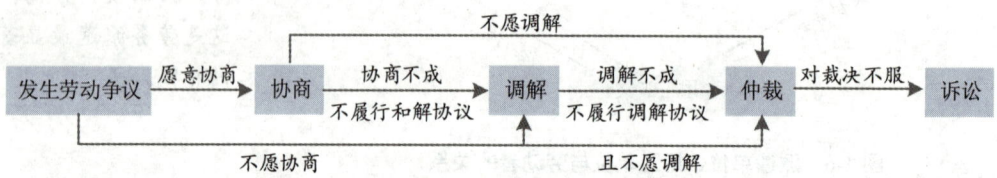

图 2-7　劳动争议的解决方法及流程

> 小贴士
>
> 发生劳动争议后，双方可以不经协商直接申请调解，或不经协商、调解直接申请仲裁，但劳动仲裁是提起劳动诉讼的必经前置程序，即必须"先仲裁、再诉讼"。

（一）协商

协商是指劳动关系当事人双方彼此互谅、互让，通过自行协商解决纠纷的一种争议解决方式。发生劳动争议，劳动者可以与用人单位协商，也可以请工会或者第三方共同与用人单位协商，达成和解协议。协商不是解决劳动争议的必经程序。

（二）调解

调解是指劳动争议调解组织介入劳动争议，在查明事实和明确责任的基础上，依法通过民主协商的方式推动劳动争议双方互谅、互让，达成协议，消除争议的一种争议解决方式。调解的主要规定如表 2-12 所示。

表 2-12　调解

项目	内容
可受理劳动争议的调解组织	① 企业劳动争议调解委员会 ② 依法设立的基层人民调解组织 ③ 在乡镇、街道设立的具有劳动争议调解职能的组织

续表

项目	内容
申请方式	可以书面申请，也可以口头申请
调解协议的生效	经调解达成协议的，应当制作调解协议书。调解协议书由双方当事人签名或盖章，经调解员签名并加盖调解组织印章后生效
未及时达成调解协议的处理	自劳动争议调解组织收到调解申请之日起 15 日内未达成调解协议的，当事人可依法申请仲裁
达成调解协议后却不履行的处理	① 一方当事人在协议约定期限内不履行的，另一方当事人可依法申请仲裁 ② 因支付拖欠劳动报酬、工伤医疗费、经济补偿或者赔偿金事项达成调解协议，用人单位在协议约定期限内不履行的，劳动者可以持调解协议书依法向人民法院申请支付令

（三）劳动仲裁

1. 劳动仲裁机构与仲裁案件的管辖

劳动仲裁机构与仲裁案件管辖的主要规定如表 2-13 所示。

> 小贴士
> 劳动争议仲裁不收费。

表 2-13 劳动仲裁机构与仲裁案件的管辖

项目	内容
劳动仲裁机构	劳动争议仲裁委员会
劳动仲裁案件的管辖	① 劳动争议由劳动合同履行地或者用人单位所在地的劳动争议仲裁委员会管辖 ② 双方当事人分别向劳动合同履行地和用人单位所在地的劳动争议仲裁委员会申请仲裁的，由劳动合同履行地的劳动争议仲裁委员会管辖 ③ 有多个劳动合同履行地的，由最先受理的劳动争议仲裁委员会管辖 ④ 劳动合同履行地不明确的，由用人单位所在地的劳动争议仲裁委员会管辖

2. 劳动仲裁的申请和受理

劳动仲裁申请和受理的主要流程如图 2-8 所示。

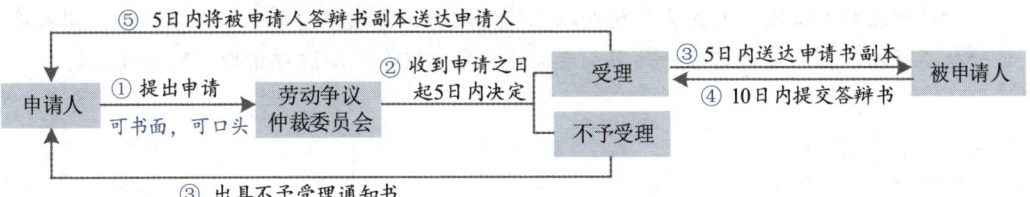

图 2-8 劳动仲裁申请和受理的主要流程

（1）劳动争议申请仲裁的时效期间为 1 年。仲裁时效期间从当事人知道或者应当知道其权利被侵害之日起计算。

（2）劳动关系存续期间因拖欠劳动报酬发生争议的，劳动者申请仲裁不受 1 年仲裁时效期间的限制；但是，劳动关系终止的，应当自劳动关系终止之日起 1 年内提出。

3. 劳动仲裁的裁决

劳动仲裁裁决的主要规定如表 2-14 所示。

表 2-14　劳动仲裁的裁决

项目	内容
作出裁决的时限	仲裁庭裁决劳动争议案件，应当自劳动争议仲裁委员会受理仲裁申请之日起 45 日内结束；案情复杂需要延期的，经劳动争议仲裁委员会主任批准，可以延期并书面通知当事人，但是延长期限不得超过 15 日。逾期未作出仲裁裁决的，当事人可以就该劳动争议事项向人民法院提起诉讼
一裁终局的案件	劳动争议的裁决一般不是终局的，但下列劳动争议，除另有规定外，仲裁裁决为终局裁决：① 追索劳动报酬、工伤医疗费、经济补偿金或者赔偿金，不超过当地月最低工资标准 12 个月金额的争议；② 因执行国家的劳动标准在工作时间、休息休假、社会保险等方面发生的争议
仲裁裁决的撤销	用人单位有证据证明终局裁决有下列情形之一的，可以自收到裁决书之日起 30 日内向劳动争议仲裁委员会所在地的中级人民法院申请撤销裁决：① 适用法律、法规确有错误的；② 劳动争议仲裁委员会无管辖权的；③ 违反法定程序的；④ 裁决所根据的证据是伪造的；⑤ 对方当事人隐瞒了足以影响公正裁决的证据的；⑥ 仲裁员在仲裁该案件时有索贿受贿、徇私舞弊、枉法裁决行为的

（四）劳动诉讼

（1）对劳动争议仲裁委员会不予受理或逾期未作出决定的，申请人可以就该劳动争议事项提起诉讼。

（2）劳动者对劳动争议终局裁决不服的，可以自收到仲裁裁决书之日起 15 日内提起诉讼。

（3）当事人对终局裁决情形之外的其他劳动争议案件的仲裁裁决不服的，可以自收到仲裁裁决书之日起 15 日内提起诉讼。

（4）终局裁决被人民法院裁定撤销的，当事人可以自收到裁定书之日起 15 日内就该劳动争议事项提起诉讼。

> **小贴士**
>
> 劳动仲裁终局裁决并非完全不能向人民法院起诉，劳动者不服的，可以起诉，用人单位一般不可以。在满足特定条件时用人单位可以向中级人民法院申请撤销终局裁决。

案例启示录

劳动者与用人单位订立放弃加班费协议后，能否主张加班费

张某入职某科技公司，月工资 20 000 元。该科技公司在与张某订立劳动合同时，要求其签订了一份协议作为合同附件，协议内容包括"我自愿申请加入公司奋斗者计划，放弃加班费"。半年后，张某因个人原因提出解除劳动合同，并要求支付加班费。该科技公司认可张某加班事实，但以其自愿签订了放弃加班费协议为由拒绝支付。张某向仲裁委员会申请仲裁，请求裁决该科技公司向其支付加班费 24 000 元。

仲裁委员会认为，本案中，该科技公司利用在订立劳动合同时的主导地位，要求张某在其单方制定的格式条款上签字放弃加班费，既违反法律规定，也违背公平原则，侵害了张某的工资报酬权益。故依法裁决该科技公司支付张某加班费24 000元。

启示： 崇尚奋斗无可厚非，但这不能成为用人单位规避法定责任的挡箭牌。谋求企业发展、塑造企业文化都必须守住不违反法律规定、不侵害劳动者合法权益的底线，应在坚持按劳分配原则的基础上，通过科学合理的措施激发劳动者的主观能动性和创造性，统筹促进企业发展与维护劳动者权益。

班级_____ 姓名_____ 学号_____

学业测评

1.【单选题】2025 年 1 月，赵某应聘到甲公司工作，双方口头约定了一个月的试用期，但未订立书面劳动合同。下列关于双方劳动关系建立的表述中，正确的是（   ）。

　　A．甲公司应当与赵某补签劳动合同，双方之间的劳动关系自合同补签之日起建立

　　B．赵某与甲公司未订立劳动合同，双方之间未建立劳动关系

　　C．赵某与甲公司之间的劳动关系自赵某进入公司开始工作时建立

　　D．赵某与甲公司之间的劳动关系自试用期满时建立

2.【单选题】2016 年 5 月，甲公司安排李某于 5 月 1 日（国际劳动节）、5 月 7 日（周六）分别加班 1 天，事后未安排补休。已知甲公司实行标准工时制，李某的日工资为 200 元。计算甲公司应支付李某 5 月最低加班工资的下列算式中，正确的是（   ）。

　　A．200×300%+200×200%=1 000 元　　　B．200×200%+200×150%=700 元

　　C．200×100%+200×200%=600 元　　　　D．200×300%+200×300%=1 200 元

3.【单选题】刘某在甲公司工作 3 年。已知刘某累计工作 18 年且符合享受年休假条件。根据劳动合同法律制度的规定，刘某可享受的当年年休假天数为（   ）。

　　A．5　　　　　　　B．10　　　　　　　C．15　　　　　　　D．20

4.【单选题】2018 年 12 月 31 日，甲公司与孙某的劳动合同期满，甲公司不再与其续订。已知孙某在甲公司工作年限为 5 年，劳动合同终止前 12 个月的平均工资为 13 000 元。甲公司所在地上年度职工月平均工资为 4 000 元，当地月最低工资标准为 2 000 元。劳动合同终止时，甲公司依法应向孙某支付的经济补偿数额为（   ）。

　　A．20 000 元　　　B．10 000 元　　　C．65 000 元　　　D．60 000 元

5.【多选题】用人单位招用未满 16 周岁的未成年人应按规定履行审批手续并保障其接受义务教育的权利。下列用人单位中，可招用未满 16 周岁的未成年人的有（   ）。

　　A．文艺单位　　　B．餐饮单位　　　C．体育单位　　　D．物流配送单位

6.【多选题】下列各项中，用人单位与劳动者应订立无固定期限劳动合同的有（   ）。

　　A．劳动者在该单位连续工作满 10 年

　　B．自用工之日起满 1 年用人单位不与劳动者订立书面合同的

　　C．国有企业改制重新订立合同时，劳动者在该单位连续工作满 10 年且距法定退休年龄不足 10 年的

　　D．连续订立 2 次固定期限劳动合同，且劳动者不存在违反规定情形的

7.【多选题】下列劳动者中，可以随时通知用人单位解除劳动合同的有（   ）。

　　A．所在单位规章制度违法，损害其利益的王某

　　B．所在单位未依法为其缴纳社会保险费的李某

　　C．所在单位未及时足额向其支付劳动报酬的张某

　　D．所在单位未按照劳动合同约定为其提供劳动保护的赵某

8.【判断题】劳动合同经双方协商一致，并经双方在合同文本上签字或盖章生效。劳动合同文本由用人单位保存。（   ）

班级_____ 姓名_____ 学号_____

实训育才

草拟一份劳动合同

一、实训目标

通过实训,强化学生对劳动合同法律制度相关知识的理解,使学生掌握劳动合同的具体形式和主要条款,为以后签订劳动合同积累一些经验。

二、实训内容

制作劳动合同。

三、实训要求

(1)了解劳动合同的主要条款。

(2)编写的劳动合同规范、准确。

四、实训流程

第一步:学生自由分成若干小组,每组 6~8 人。每组设组长 1 名。
第二步:各小组根据所学内容并结合《劳动合同法》,制作一份劳动合同。
第三步:每组组长进行作品展示。
第四步:各小组相互评议,教师点评、总结。

任务二 社会保险法律制度：应对预期风险

以案启思

2024年12月1日，彭某到某塑料公司面试会计职位，公司要求他第二天就开始上班。12月2日，彭某到塑料公司工作。意外的是，彭某在工作了数小时后突然晕倒，经抢救无效后死亡。根据居民死亡医学证明（推断）书记载，彭某为猝死，死亡时间为2024年12月2日16时16分。

思考

彭某第一天上班猝死，是否属于工伤？

法海拾贝

社会保险是指国家依法建立的，由国家、用人单位和个人共同筹集资金、建立基金，使个人在年老（退休）、患病、工伤（因工伤残或者患职业病）、失业、生育等情况下获得物质帮助和补偿的一种社会保障制度。目前我国的社会保险项目如图2-9所示。

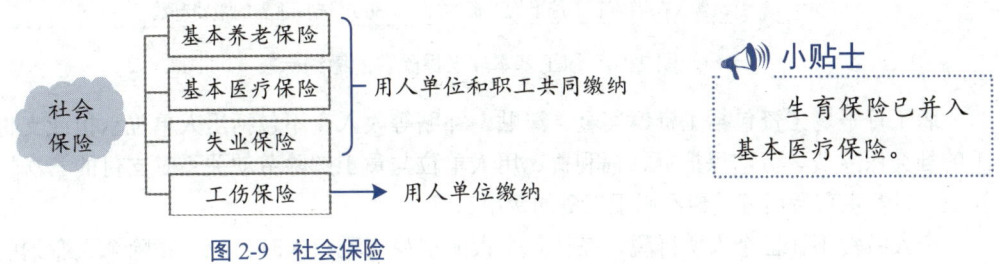

图2-9 社会保险

小贴士

生育保险已并入基本医疗保险。

一、基本养老保险

（一）基本养老保险的含义

基本养老保险是指缴费达到法定期限并且个人达到法定退休年龄后，国家和社会提供物质帮助以保证因年老而退出劳动领域者有稳定、可靠的生活来源的社会保险制度。

职工应当参加基本养老保险，由用人单位和职工共同缴纳基本养老保险费。无雇工的个体工商户、未在用人单位参加基本养老保险的非全日制从业人员，以及其他灵活就业人员可以参加基本养老保险，由个人缴纳基本养老保险费。

（二）职工基本养老保险基金的组成和来源

基本养老保险实行社会统筹与个人账户相结合。基本养老保险基金由用人单位和个人缴费及政府补贴等组成。

用人单位应当按照国家规定的本单位职工工资总额的比例缴纳基本养老保险费，记入基本养老保险统筹基金。职工应当按照国家规定的本人工资的比例缴纳基本养老保险费，记入个人账户。无雇工的个体工商户、未在用人单位参加基本养老保险的非全日制从业人员，以及其他灵活就业人员参加基本养老保险的，应当按照国家规定缴纳基本养老保险费，分别记入基本养老保险统筹基金和个人账户。基本养老保险基金出现支付不足时，政府给予补贴。

个人账户不得提前支取，记账利率不得低于银行定期存款利率，免征利息税。个人死亡的，个人账户余额可以继承。个人跨统筹地区就业的，其基本养老保险关系随本人转移，缴费年限累计计算。个人达到法定退休年龄时，基本养老金分段计算、统一支付。

（三）职工基本养老保险费的缴纳

职工基本养老保险费的缴纳标准如图 2-10 所示。

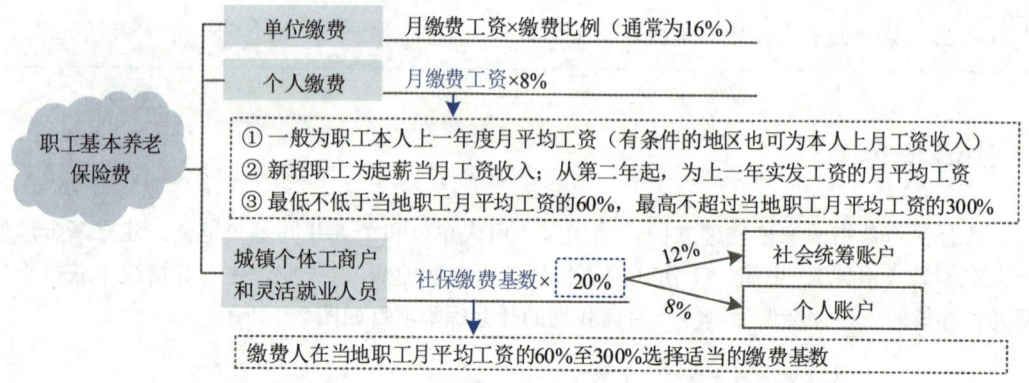

图 2-10　职工基本养老保险费的缴纳标准

职工月平均工资包括工资、奖金、津贴、补贴等收入；不包括用人单位承担或支付给员工的社会保险费、劳动保护费、福利费、用人单位与员工解除劳动关系时支付的一次性补偿计划，以及生育费用等其他不属于工资的费用。

个人缴费不计征个人所得税，在计算个人所得税应税收入时，应当扣除个人缴纳的养老保险费。

> **思维互动坊**
>
> 甲公司职工孙某已参加职工基本养老保险，月工资 15 000 元。已知甲公司所在地职工月平均工资为 4 000 元，月最低工资标准为 2 000 元。
> 思考：甲公司每月应从孙某工资中扣缴的基本养老保险费是多少？

（四）职工基本养老保险享受条件和待遇

1. 职工基本养老保险享受条件

职工达到法定退休年龄时累计缴费满 15 年可享受基本养老保险，按月领取基本养老金。法定退休年龄如表 2-15 所示。

表 2-15 法定退休年龄

类别			法定退休年龄
普通岗位	男		年满 60 周岁
	女	干部	年满 55 周岁
		工人	年满 50 周岁
从事井下、高温、高空、特别繁重体力劳动或其他有害身体健康工作的	男		年满 55 周岁
	女		年满 45 周岁
因病或非因工致残，鉴定确认完全丧失劳动能力的	男		年满 50 周岁
	女		年满 45 周岁

2．职工基本养老保险待遇

（1）职工基本养老金。符合基本养老保险享受条件的人员，国家按月支付养老金。

（2）丧葬补助金和遗属抚恤金。参加基本养老保险的个人，因病或者非因工死亡的，其遗属可以领取丧葬补助金和抚恤金，所需资金从基本养老保险基金中支付。

（3）病残津贴。参加基本养老保险的个人，在未达到法定退休年龄时因病或者非因工致残完全丧失劳动能力的，可以领取病残津贴，所需资金从基本养老保险基金中支付。

> 📢 **小贴士**
> 基本养老金根据个人累计缴费年限、缴费工资、当地职工平均工资、个人账户金额、城镇人口平均预期寿命等因素确定。

二、基本医疗保险

（一）基本医疗保险的含义

基本医疗保险是指参保人按照国家规定缴纳一定比例的医疗保险费，因患病和意外伤害而就医诊疗时，由医疗保险基金支付其一定医疗费用的社会保险制度。

职工应当参加职工基本医疗保险，由用人单位和职工按照国家规定共同缴纳基本医疗保险费。无雇工的个体工商户、未在用人单位参加职工基本医疗保险的非全日制从业人员，以及其他灵活就业人员可以参加职工基本医疗保险，由个人按照国家规定缴纳基本医疗保险费。

（二）职工基本医疗保险的缴纳

基本医疗保险与基本养老保险一样，分别设立社会统筹基金和个人账户基金。保险费由用人单位和职工按照国家规定共同缴纳，具体内容如图 2-11 所示。

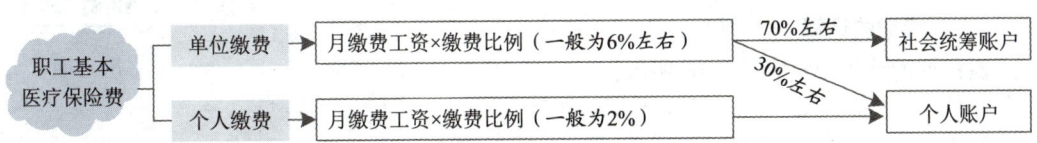

图 2-11 职工基本医疗保险的缴纳

个人跨区就业的，其基本医疗保险关系随本人转移，缴费年限累计计算。

（三）职工基本医疗费用的结算

如图 2-12 所示，参保人员符合基本医疗保险支付范围的医疗费用中，在社会医疗统筹基金起付标准以下的费用部分，由个人账户资金支付或个人自付；统筹基金起付线以上至封顶线以下的费用部分，由社会医疗统筹基金按一定比例支付，一般为 90%；参保人员在封顶线以上的医疗费用部分，可以通过单位补充医疗保险或参加商业保险等途径解决。

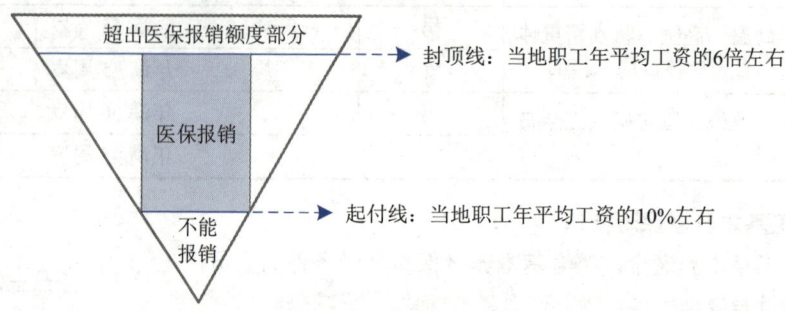

图 2-12　职工基本医疗费用的结算

举案说法

吴某在定点医院做外科手术，共发生医疗费用 25 万元，其中在规定医疗目录内的费用为 22 万元，目录以外的费用为 3 万元。

已知当地职工平均工资为 3 000 元/月，起付标准为当地职工年平均工资的 10%，最高支付限额为当地职工年平均工资的 6 倍，报销比例为 90%。分析如下。

（1）目录以外的 3 万元由吴某自理，不符合报销标准。

（2）起付标准=3 000 元/月×12 个月×10%=3 600 元。即 3 600 元以下的部分，由吴某自理。

（3）最高支付限额=3 000 元/月×12 个月×6 倍=216 000 元。超过限额的部分 220 000−216 000=4 000 元，由吴某自理。

（4）可以从统筹账户中报销的金额=（216 000−3 600）×90%=191 160 元。剩余由吴某自理的金额=（216 000−3 600）×10%=21 240 元。

（四）医疗期

医疗期是指职工因患病或非因工负伤停止工作，治病休息，但不得解除劳动合同的期限。

1. 医疗期的计算

医疗期的计算规定如表 2-16 所示。

医疗期

表 2-16 医疗期的计算

实际工作年限	在本单位工作年限	医疗期	医疗期的计算方法
10 年以下	5 年以下	3 个月	按 6 个月内累计病休时间计算
	5 年以上	6 个月	按 12 个月内累计病休时间计算
10 年以上	5 年以下	6 个月	按 12 个月内累计病休时间计算
	5 年至 10 年	9 个月	按 15 个月内累计病休时间计算
	10 年至 15 年	12 个月	按 18 个月内累计病休时间计算
	15 年至 20 年	18 个月	按 24 个月内累计病休时间计算
	20 年以上	24 个月	按 30 个月内累计病休时间计算

> 敲黑板
>
> 计算医疗期时，病休期间，公休、假日和法定节日包括在内。

2. 医疗期内的待遇

医疗期内工资标准可以低于当地最低工资标准，但最低不能低于最低工资标准的 80%。

医疗期内，除劳动者有以下情形外，用人单位不得解除或终止劳动合同：① 在试用期间被证明不符合录用条件的；② 严重违反用人单位的规章制度的；③ 严重失职，营私舞弊，给用人单位造成重大损害的；④ 劳动者同时与其他用人单位建立劳动关系，对完成本单位的工作任务造成严重影响，或经用人单位提出，拒不改正的；⑤ 以欺诈、胁迫的手段或者乘人之危，使用人单位在违背真实意思的情况下订立或者变更劳动合同致使劳动合同无效的；⑥ 被依法追究刑事责任的。

如医疗期内遇合同期满，合同必须延续至医疗期满，职工在此期间仍然享受医疗期内待遇。对医疗期满尚未痊愈者，或者医疗期满后不能从事原工作，也不能从事用人单位另行安排的工作，被解除劳动合同的，用人单位需按经济补偿规定给予其经济补偿。

三、工伤保险

（一）工伤保险的含义

工伤保险是指劳动者在职业工作中或规定的特殊情况下遭遇意外伤害或患职业病，导致暂时或永久丧失劳动能力及死亡时，劳动者或其遗属从国家和社会获得物质帮助的社会保险制度。职工应当参加工伤保险，由用人单位缴纳工伤保险费，职工不缴纳工伤保险费。

（二）工伤认定与劳动能力鉴定

职工因工作原因受到事故伤害或者患职业病，且经工伤认定的，享受工伤保险待遇；其中，经劳动能力鉴定丧失劳动能力的，享受伤残待遇。

1. 工伤认定

应当认定工伤的情形、视同工伤的情形及不认定为工伤的情形如表 2-17 所示。

表 2-17 工伤认定

类别	内容
应当认定为工伤的情形	① 在工作时间和工作场所内,因工作原因受到事故伤害的;② 工作时间前后在工作场所内,从事与工作有关的预备性或收尾性工作受到事故伤害的;③ 在工作时间和工作场所内,因履行工作职责受到暴力等意外伤害的;④ 患职业病的;⑤ 因工外出期间,由于工作原因受到伤害或者发生事故下落不明的;⑥ 在上下班途中,受到非本人主要责任的交通事故或者城市轨道交通、客运轮渡、火车事故伤害的;⑦ 法律、行政法规规定应当认定为工伤的其他情形
视同工伤的情形	① 在工作时间和工作岗位,突发疾病死亡或者在 48 小时内经抢救无效死亡的;② 在抢险救灾等维护国家利益、公共利益活动中受到伤害的;③ 原在军队服役,因战、因公负伤致残,已取得革命伤残军人证,到用人单位后旧伤复发的
不认定为工伤的情形	① 故意犯罪的;② 醉酒或者吸毒的;③ 自残或者自杀的;④ 法律、行政法规规定的其他情形

思维互动坊

劳动者发生伤亡的下列情形中,视同工伤的有(　　)。

A. 吴某在车间工作期间因醉酒导致自身受伤

B. 赵某在外地出差期间登山游玩时摔伤

C. 张某在工作时间和工作岗位,突发疾病在 48 小时内经抢救无效死亡

D. 李某在抢险救灾活动中因维护国家利益、公共利益而受伤

2. 劳动能力鉴定

职工发生工伤,经治疗伤情相对稳定后存在残疾、影响劳动能力的,应当进行劳动能力鉴定。劳动能力鉴定是指劳动功能障碍程度和生活自理障碍程度的等级鉴定。

劳动功能障碍分为十个伤残等级,最重的为一级,最轻的为十级。生活自理障碍分为三个等级:生活完全不能自理、生活大部分不能自理和生活部分不能自理。劳动能力鉴定标准由国务院社会保险行政部门会同国务院卫生行政部门等部门制定。

(三) 工伤保险待遇

工伤保险待遇的主要规定如图 2-13 所示。

(1) 工伤职工符合领取基本养老金条件的,停发伤残津贴,享受基本养老保险待遇。基本养老保险待遇低于伤残津贴的,由工伤保险基金补足差额。

(2) 如果个人死亡同时符合领取基本养老保险丧葬补助金、工伤保险丧葬补助金和失业保险丧葬补助金条件的,其遗属只能选择领取其中的一项。

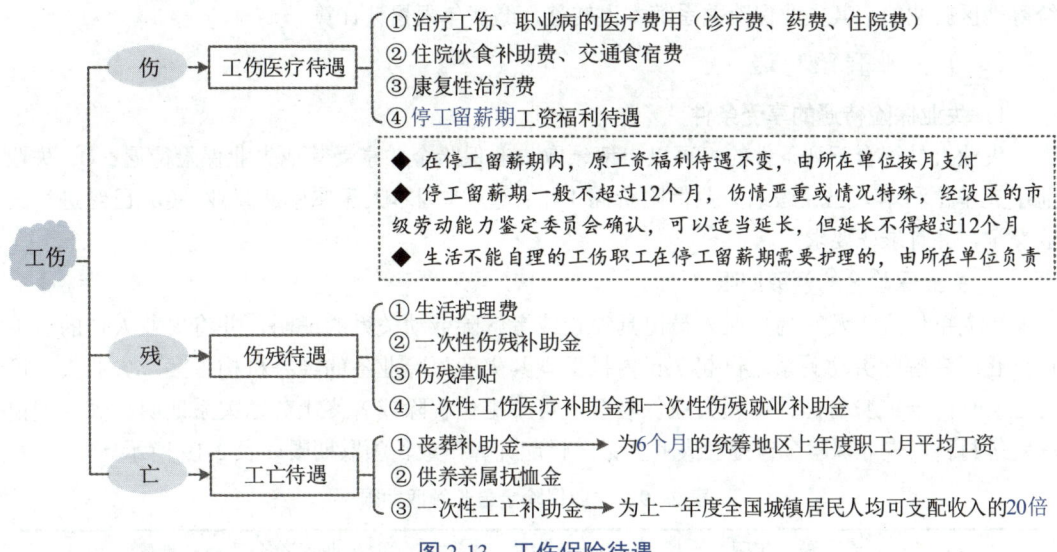

图2-13 工伤保险待遇

（四）工伤保险待遇负担

工伤保险待遇负担的主要规定如表2-18所示。

表2-18 工伤保险待遇负担

负担方	具体费用
从工伤保险基金中支付	① 治疗工伤的医疗费用和康复费用；② 住院伙食补助费；③ 到统筹地区以外就医的交通食宿费；④ 安装配置伤残辅助器具所需费用；⑤ 生活不能自理的，经劳动能力鉴定委员会确认的生活护理费；⑥ 一次性伤残补助金和一级至四级伤残职工按月领取的伤残津贴；⑦ 终止或解除劳动合同时，应当享受的一次性医疗补助金；⑧ 因工死亡的，其遗属领取的丧葬补助金、供养亲属抚恤金和因工死亡补助金；⑨ 劳动能力鉴定费
由用人单位支付	① 治疗工伤期间的工资福利；② 五级、六级伤残职工按月领取的伤残津贴；③ 终止或解除劳动合同时，应当享受的一次性伤残就业补助金

职工所在用人单位未依法缴纳工伤保险费，发生工伤事故的，由用人单位支付工伤保险待遇。职工（包括非全日制从业人员）在两个或者两个以上用人单位同时就业的，各用人单位应当分别为职工缴纳工伤保险费。职工发生工伤，由职工受到伤害时工作的单位依法承担工伤保险责任。

四、失业保险

（一）失业保险的含义

失业是指处于法定劳动年龄阶段的劳动者，有劳动能力和劳动愿望，但却没有劳动岗位的一种状态。失业保险是指国家通过立法强制实行的，由社会集中建立基金，对因失业而暂时中断生活来源的劳动者提供物质帮助进而保障失业人员失业期间的基本生活，促进其再就业的社会保险制度。

职工应当参加失业保险，由用人单位和职工按照国家规定共同缴纳失业保险费。职工跨统筹地区就业的，其失业保险关系随本人转移，缴费年限累计计算。

（二）失业保险待遇

1. 失业保险待遇的享受条件

失业人员符合下列条件的，可以申请领取失业保险金并享受其他失业保险待遇：① 失业前用人单位和本人已经缴纳失业保险费满1年；② 非因本人意愿中断就业；③ 已经进行失业登记，并有求职要求。

2. 失业保险金的领取期限

用人单位应当及时为失业人员出具终止或者解除劳动关系的证明，并将失业人员的名单自终止或者解除劳动关系之日起7日内报受理其失业保险业务的经办机构备案。失业人员可凭社会保障卡或身份证件申领失业保险金，可不提供解除或者终止劳动关系证明、失业登记证明等材料。失业保险金自办理失业登记之日起计算，最长领取期限如表2-19所示。

表2-19 失业保险金最长领取期限

累计缴费年限	领取失业保险金的最长期限
满1年不足5年	12个月
满5年不足10年	18个月
10年以上	24个月

失业人员重新就业后，再次失业的，缴费时间重新计算，领取失业保险金的期限与前次失业应当领取而尚未领取的失业保险金的期限合并计算，最长不超过24个月。

自2019年12月起，对领取失业保险金期满仍未就业且距法定退休年龄不足1年的失业人员，可继续发放失业保险金至法定退休年龄。

3. 失业保险金的发放标准

失业保险金的标准，不得低于城市居民最低生活保障标准，一般也不高于当地最低工资标准。

4. 其他失业保险待遇

（1）领取失业保险金期间享受基本医疗保险待遇。失业人员在领取失业保险金期间，参加职工基本医疗保险，享受基本医疗保险待遇。失业人员应当缴纳的基本医疗保险费从失业保险基金中支付，个人不缴纳基本医疗保险费。

（2）领取失业保险金期间的死亡补助。失业人员领取失业保险金期间死亡的，按照当地对在职职工的规定，向其遗属发放一次性丧葬补助金和抚恤金。所需资金从失业保险基金中支付。

（3）职业介绍与职业培训补贴。

（4）国务院规定或者批准的与失业保险有关的其他费用。

（三）停止享受失业保险待遇的情形

失业人员在领取失业保险金期间有下列情形之一的，停止领取失业保险金，并同时停止享受其他失业保险待遇：① 重新就业的；② 应征服兵役的；③ 移居境外的；④ 享受基本养老保险待遇的；⑤ 被判刑收监执行的；⑥ 无正当理由，拒不接受当地人民政府指定部门或者机构介绍的适当工作或者提供的培训的；⑦ 有法律、行政法规规定的其他情形的。

社会保险费的征缴与管理

班级_____ 姓名_____ 学号_____

学业测评

1. 【单选题】下列关于职工基本养老保险个人账户的表述中，不正确的是（　　）。
   A. 个人账户记账利息计征利息税
   B. 参保职工死亡后，其个人账户中的余额可以全部依法继承
   C. 个人账户不得提前支取
   D. 职工按照国家规定缴纳的基本养老保险费记入个人账户

2. 【单选题】参加职工基本养老保险的个人，达到法定退休年龄时累计缴费满一定年限的，可按月领取基本养老金。该年限为（　　）。
   A. 12年　　　　B. 15年　　　　C. 5年　　　　D. 10年

3. 【单选题】甲公司职工赵某实际工作年限为6年，在甲公司工作年限为2年。赵某因患病住院治疗，其依法可享受的医疗期期限为（　　）。
   A. 3个月　　　B. 6个月　　　C. 9个月　　　D. 12个月

4. 【单选题】职工因工死亡，其近亲属可按照上一年度全国城镇居民人均可支配收入的一定倍数领取一次性工亡补助金，该倍数为（　　）。
   A. 20倍　　　　B. 10倍　　　　C. 15倍　　　　D. 5倍

5. 【单选题】用人单位应当自用工之日起（　　）内为其职工向社会保险经办机构申请办理社会保险登记。
   A. 60日　　　　B. 30日　　　　C. 45日　　　　D. 90日

6. 【多选题】参加职工基本养老保险的下列人员中，基本养老保险费全部由个人缴纳的有（　　）。
   A. 城镇私营企业的职工
   B. 无雇工的个体工商户
   C. 未在用人单位参加基本养老保险的非全日制从业人员
   D. 实行企业化管理的事业单位职工

7. 【多选题】下列社会保险项目中，由用人单位和职工共同缴纳社会保险费的有（　　）。
   A. 工伤保险　　　　　　　　　B. 职工基本医疗保险
   C. 失业保险　　　　　　　　　D. 职工基本养老保险

8. 【多选题】下列关于职工基本养老保险待遇的表述中，正确的有（　　）。
   A. 对符合基本养老保险享受条件的人员，国家按月支付基本养老金
   B. 参保职工因病死亡的，其遗属可以领取丧葬补助金
   C. 参保职工非因工死亡的，其遗属可以领取抚恤金
   D. 参保职工在未达到法定退休年龄时因病致残而完全丧失劳动能力的，可以领取病残津贴

9. 【判断题】职工发生工伤事故，但所在用人单位未依法缴纳工伤保险费的，不享受工伤保险。（　　）

班级_____ 姓名_____ 学号_____

实训育才

以案说法：劳动者的权益保障

一、实训目标

通过实训，强化学生对社会保险法律制度相关知识的理解，使学生能够用法律知识维护自身合法权益。

二、实训内容

阅读案例并讨论问题。

> 甲公司职工张某在工作中因先天性心脏病突发住院治疗3个月，住院期间甲公司按月向其支付病假工资。出院后，张某回公司上班。因该疾病导致活动受限，张某已不能从事原工作。甲公司拟单方解除与张某之间尚未到期的劳动合同，张某拒绝，双方由此发生争议。
> 已知，张某月工资3 000元，实际工作年限8年，在甲公司工作3年；甲公司所在地月工资最低标准为2 000元。
> 思考：
> (1) 张某在工作中突发先天性心脏病是否属于工伤？请说明理由。
> (2) 张某可享受的医疗期是多久？
> (3) 张某住院期间，甲公司每月向其支付的病假工资最低金额是多少？
> (4) 甲公司是否可以单方面解除与张某的劳动合同？需要满足哪些条件？

三、实训要求

(1) 提交案例讨论记录。学生以3～5人为一组，设组长1名、记录员1名，每组必须有小组讨论、工作分工的详细记录，以此作为评定考核成绩的依据。

(2) 能够在规定的时间内完成相关的讨论，撰写文字小结。

四、实训流程

第一步：由教师介绍实训的目标、内容、要求，调动学生实训的积极性。

第二步：学生自由分组，确定各小组的组长和人员分工，制订小组实施计划，明确团队要做什么，要达到什么目的。

第三步：由教师介绍相关案例及讨论的话题。

第四步：各小组对教师布置的问题展开讨论，并记录小组成员的发言。

第五步：根据小组讨论记录撰写讨论小结。

第六步：各小组相互评议，教师点评、总结。

项目三

会计法律制度
——规范会计行为的准则

项目导读

我们在网上经常会看到有人因为财务犯罪锒铛入狱的新闻,在这些犯罪案件中,有的人是知法而犯法,有的人则是因为不懂法而犯法。因此,青年学生应提前了解会计法律知识,避免因不懂法而误入歧途。

本项目主要从会计核算与会计监督、会计机构与会计人员两方面进行介绍,主要内容如图3-1所示。

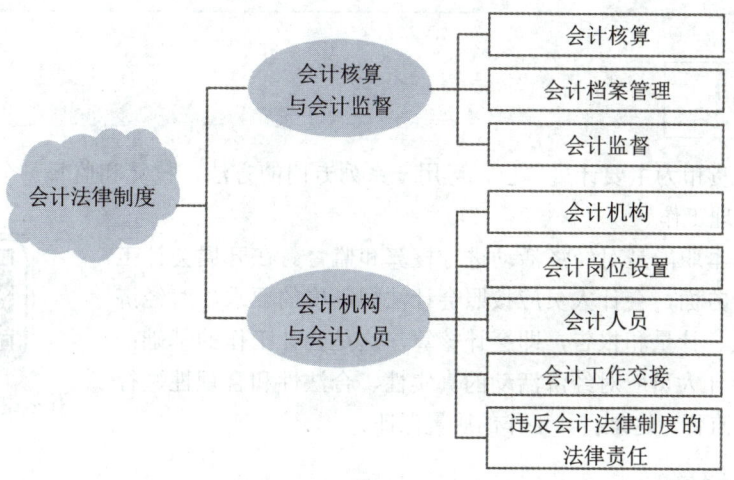

图 3-1 知识框架图

学习目标

知识目标

(1) 了解违反会计法律制度的法律责任。
(2) 熟悉会计核算、会计机构、会计人员。
(3) 掌握会计档案管理、会计监督、会计岗位的设置。

能力目标

能够辨别哪些行为符合会计法律制度,哪些行为不符合会计法律制度。

素质目标

正确认识会计人员与会计工作的基本法律制度,强化恪守职业道德、坚守法律底线的意识。

任务一　会计核算与会计监督：服务于经济管理目标

以案启思

会计张某贪污的新闻曾引起舆论热议。张某生于 1992 年 9 月，于 2016 年 9 月参加工作，是某社会保险事业局的会计兼出纳。工作不到一年，她就利用职务之便贪污了 40 余万元民生领域资金，案发时还不到 25 岁。最终，张某被判处有期徒刑 1 年零 6 个月，并处罚金人民币 10 万元。

思考
（1）什么是会计？
（2）会计工作过程中需要遵守哪些法律制度？

法海拾贝

会计是以货币为主要计量单位，运用一系列专门的方法，核算和监督一个单位经济活动的一种经济管理工作。

会计的基本职能是对经济活动进行核算和监督。在开展会计工作过程中，一方面，会计人员应按照会计法规制度的要求，对经济活动进行确认、计量和报告，即会计核算，这是会计工作的基础；另一方面，会计人员应对经济活动的真实性、合法性和合理性进行审查，即会计监督，这是会计工作的质量保证。

什么是会计法律制度

一、会计核算

（一）会计核算的基本要求

会计核算的基本要求如表 3-1 所示。

表 3-1　会计核算的基本要求

基本要求	具体内容
① 依法建账	各单位不得违反规定私设会计账簿进行登记核算
② 根据实际发生的经济业务进行会计核算	会计核算以实际发生的经济业务为依据，体现了会计核算的真实性和客观性要求
③ 保证会计资料的真实性和完整性	会计资料的真实性和完整性是会计资料最基本的质量要求，是会计工作的生命。任何单位和个人不得伪造、变造会计凭证、会计账簿及其他会计资料，不得提供虚假的财务会计报告

续表

基本要求	具体内容
④ 正确采用会计处理方法	各单位采用的会计处理方法前后各期应当一致，不得随意变更；确有必要变更的，应当按照国家统一的会计制度的规定变更，并将变更的原因、情况及影响在财务会计报告中说明
⑤ 正确使用会计记录文字	会计记录的文字应当使用中文；在民族自治地方，会计记录可以同时使用当地通用的一种民族文字（汉字+民族文字）；在中国境内的外商投资企业、外国企业和其他外国组织，会计记录可以同时使用一种外国文字（中文+外文）
⑥ 使用电子计算机进行会计核算必须符合法律规定	使用的会计软件及其生成的会计凭证、会计账簿、财务会计报告和其他会计资料，必须符合国家统一的会计制度的规定

 **易错易混点** 伪造会计资料与变造会计资料的含义和区别，如图3-2所示。

```
伪造会计   以虚假的经济业务为前提编制会计凭证和会计账簿，旨在以假充真
资料      例如，会计人员伪造销售合同、收款单等凭证虚增收入        无中生有
                                                              ⎫
                                                              ⎬ 二者都是
变造会计   用涂改、挖补等手段来改变会计凭证和会计账簿的真实内容，以歪曲事实真相  ⎭ 故意为之
资料      例如，把发票金额100元涂改为1 000元                     歪曲事实
```

图 3-2 伪造会计资料与变造会计资料

【提示】会计人员因过失、错误更正等更改会计资料的，不属于伪造、变造会计资料。

思维互动坊

下列行为中，属于伪造会计资料的是（　　）。
A．用挖补的手段改变会计凭证和会计账簿的真实内容
B．由于过失导致会计凭证与会计账簿记录不一致
C．以虚假的经济业务编制会计凭证和会计账簿
D．用涂改的手段改变会计凭证和会计账簿的真实内容

（二）会计核算的内容

会计核算的内容，是指应当进行会计核算的经济业务事项。下列经济业务事项，应当办理会计手续，进行会计核算：① 资产的增减和使用；② 负债的增减；③ 净资产（所有者权益）的增减；④ 收入、支出、费用、成本的增减；⑤ 财务成果的计算和处理；⑥ 需要办理会计手续、进行会计核算的其他事项。

（三）会计年度

我国以公历年度为会计年度，即以每年公历的1月1日起至12月31日止为一个会计年度。每个会计年度还可按照公历日期具体划分为半年度、季度、月度。

（四）记账本位币

我国会计核算以人民币为记账本位币。业务收支以人民币以外的货币为主的单位，可以

选定其中一种货币作为记账本位币，但是编报的财务会计报告应当折算为人民币。

（五）会计凭证

会计凭证按其来源和用途，分为原始凭证和记账凭证两种。

1. 原始凭证

原始凭证

原始凭证，又称单据，是指在经济业务发生时，由业务经办人员直接取得或者填制，用以表明某项经济业务已经发生或完成情况并明确有关经济责任的一种原始凭据，如购物时取得的发票就属于原始凭证。原始凭证是会计核算的原始依据，来源于实际发生的经济业务事项。原始凭证种类很多，既有来自单位外部的，也有单位自制的；既有国家统一印制的具有固定格式的发票，也有由发生经济业务事项双方认可并自行填制的凭据等。

原始凭证的内容必须具备：① 凭证的名称；② 填制凭证的日期；③ 填制凭证单位名称或者填制人姓名；④ 经办人员的签名或者盖章；⑤ 接受凭证单位名称；⑥ 经济业务内容；⑦ 业务数量、单价和金额。

从外单位取得的原始凭证，必须盖有填制单位的公章；从个人取得的原始凭证，必须有填制人员的签名或者盖章。自制原始凭证必须有经办单位领导或者其指定的人员签名或盖章。对外开出的原始凭证，必须加盖本单位公章。凡填有大写和小写金额的原始凭证，大写与小写金额必须相符。

会计机构、会计人员必须按规定对原始凭证进行审核，对不真实、不合法的原始凭证有权不予接受，并向单位负责人报告；对记载不准确、不完整的原始凭证应予以退回，并要求按照规定更正、补充。

> **敲黑板**
>
> 原始凭证记载的各项内容均不得涂改。原始凭证金额有错误的，应当由出具单位重开，不得在原始凭证上更正；原始凭证其他内容错误的，应当由出具单位重开或者更正，更正处应当加盖出具单位印章。

> **小贴士**
>
> 涂改≠更正。涂改是直接替换或覆盖原有内容，原有的内容不可见；更正是在错误处更正，但原有内容仍可以看见。

2. 记账凭证

记账凭证，亦称传票，是指对经济业务事项按其性质加以归类，确定会计分录，并据以登记会计账簿的凭证，如图3-3所示。它具有分类归纳原始凭证和满足登记会计账簿需要的作用。

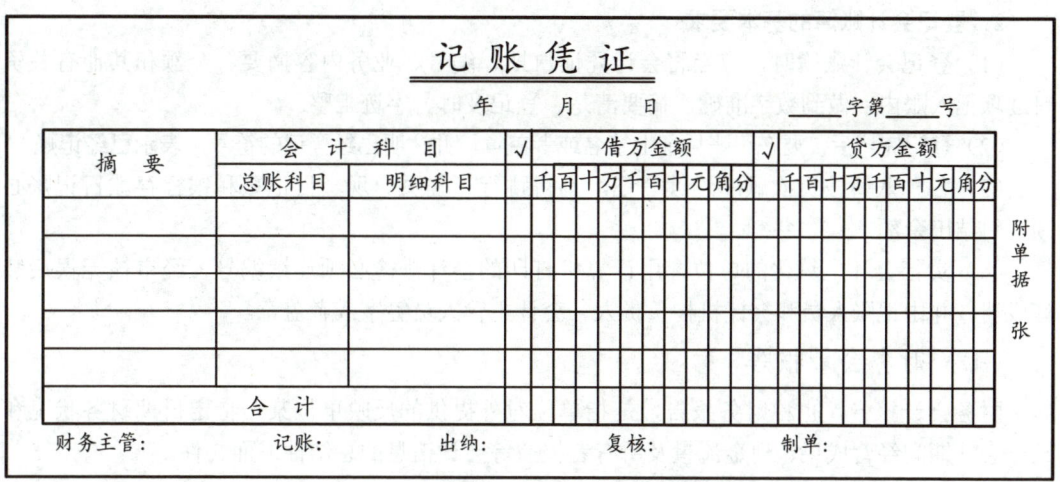

图 3-3 记账凭证

记账凭证应当根据审核后的原始凭证及有关资料编制。记账凭证的内容必须具备：① 填制凭证的日期；② 凭证编号；③ 经济业务摘要；④ 会计科目；⑤ 金额；⑥ 所附原始凭证张数；⑦ 填制凭证人员、稽核人员、记账人员、会计机构负责人（会计主管人员）签名或者盖章。收款和付款记账凭证还应当由出纳人员签名或者盖章。

填制记账凭证时，应当对记账凭证进行连续编号。一笔经济业务需要填制两张以上记账凭证的，可以采用分数编号法编号（如 1/2, 2/2）。记账凭证可以根据每一张原始凭证填制，或者根据若干张同类原始凭证汇总填制，也可以根据原始凭证汇总表填制。但不得将不同内容和类别的原始凭证汇总填制在一张记账凭证上。

除结账、更正错误外，记账凭证必须附有原始凭证并注明所附原始凭证的张数。一张原始凭证所列支出需要几个单位共同负担的，应当将其他单位负担的部分，开给对方原始凭证分割单，进行结算。

（六）会计账簿

1. 会计账簿的种类

会计账簿的种类，如表 3-2 所示。

表 3-2 会计账簿的种类

账簿种类	含义
总账 （也称总分类账）	总账是根据会计科目开设的账簿，用于分类登记单位的全部经济业务事项，提供资产、负债、所有者权益、费用、成本、收入等总括核算的资料
明细账 （也称明细分类账）	明细账是根据总账科目所属明细科目设置的，用于分类登记某一类经济业务事项，提供有关明细核算资料
日记账	① 日记账是一种特殊的序时明细账，是按照经济业务事项发生的时间先后顺序，逐日逐笔地进行登记的账簿，包括银行存款日记账和现金日记账 ② 不得用银行对账单或者其他方法代替日记账
其他辅助性账簿 （也称备查账簿）	为备忘备查而设置的账簿，如租借设备、物资的辅助登记或有关应收、应付款项的备查簿，以及担保、抵押备查簿等

2. 登记会计账簿的基本要求

（1）登记会计账簿时，应当将会计凭证日期、编号、业务内容摘要、金额和其他有关资料逐项记入账内，做到数字准确、摘要清楚、登记及时、字迹工整。

（2）登记完毕后，要在记账凭证上签名或者盖章，并注明已经登记的符号，表示已经记账。

（3）各种账簿按页次顺序连续登记，不得跳行、隔页。现金日记账和银行存款日记账必须逐日结出余额。

（4）实行会计电算化的单位，用计算机打印的会计账簿必须连续编号，经审核无误后装订成册，并由记账人员和会计机构负责人、会计主管人员签字或者盖章。

（七）财务会计报告

财务会计报告，也称财务报告，是指单位对外提供的反映单位某一特定日期财务状况和某一会计期间经营成果、现金流量及所有者权益等会计信息的总结性书面文件。

1. 企业财务会计报告的构成和分类

企业财务会计报告的构成和分类如图 3-4 所示。

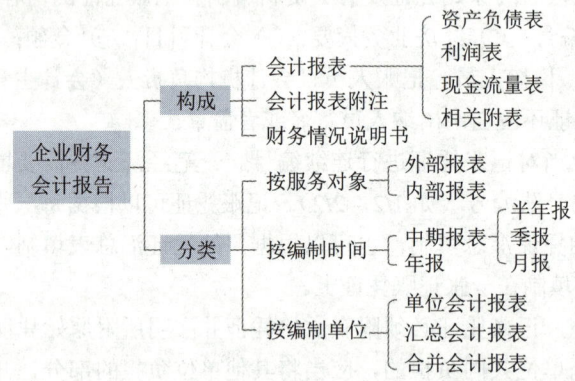

图 3-4　企业财务会计报告的构成和分类

2. 企业财务会计报告的对外提供

企业应当依照法律、行政法规和国家统一的会计制度关于财务会计报告的编制要求、提供对象和提供期限的规定，及时对外提供财务会计报告。向不同的会计资料使用者提供的财务会计报告，其编制依据应当一致。

财务会计报告应当由单位负责人和主管会计工作的负责人、会计机构负责人（会计主管人员）签名并盖章；设置总会计师的单位，还须由总会计师签名并盖章。单位负责人应当保证财务会计报告真实、完整。

国有企业、国有控股的或者占主导地位的企业，应当至少每年一次向本企业的职工代表大会公布财务会计报告，并重点说明下列事项：① 与职工利益密切相关的信息（如工资、福利政策、利润分配等）；② 内部审计发现的问题及纠正情况；③ 注册会计师审计的情况；④ 国家审计机关发现的问题及纠正情况；⑤ 重大的投资、融资和资产处置决策及其原因；⑥ 需要说明的其他重要事项。

接受企业财务会计报告的组织或者个人，在企业财务会计报告未正式对外披露前，应当对其内容保密。

（八）账务核对及财产清查

1. 账务核对

账务核对，又称对账，是保证会计账簿记录质量的重要程序。各单位应当定期将会计账簿记录的有关数字与实物、有价证券、往来单位或个人等进行相互核对，保证：① 会计账簿记录与实物及款项的实有数额相符（账实相符）；② 会计账簿记录与会计凭证的有关内容相符（账证相符）；③ 会计账簿之间相对应的记录相符（账账相符）；④ 会计账簿记录与会计报表的有关内容相符（账表相符）。

对账工作每年至少进行一次。

2. 财产清查

财产清查是会计核算工作的一项重要程序，目的是保证财务会计报告反映的会计信息真实、完整。在编制年度财务会计报告之前，必须进行财产清查。财产清查可以是定期或不定期、全面或局部地对各项财产物资进行清查。

二、会计档案管理

会计档案是指单位在进行会计核算等过程中接收或形成的，记录和反映单位经济业务事项的，具有保存价值的文字、图表等各种形式的会计资料，包括通过计算机等电子设备形成、传输和存储的电子会计档案。

各单位的预算、计划、制度等文件材料属于文书档案，不属于会计档案。

（一）会计档案的归档

1. 会计档案的归档范围

下列会计资料应当进行归档：① 会计凭证，包括原始凭证、记账凭证；② 会计账簿，包括总账、明细账、日记账、固定资产卡片及其他辅助性账簿；③ 财务会计报告，包括月度、季度、半年度财务会计报告和年度财务会计报告；④ 其他会计资料，包括银行存款余额调节表、银行对账单、纳税申报表、会计档案移交清册、会计档案保管清册、会计档案销毁清册、会计档案鉴定意见书及其他具有保存价值的会计资料。

2. 会计档案的归档要求

（1）满足特定条件时，单位内部形成的属于归档范围的电子会计资料和从外部接收的附有规定的电子签名的电子会计资料，可仅以电子形式归档保存，形成电子会计档案。

（2）单位的会计机构或会计人员所属机构按照归档范围和归档要求，负责定期将应归档的会计资料整理立卷，编制会计档案保管清册。

（3）当年形成的会计档案，在会计年度终了后，可由单位会计管理机构临时保管 1 年，再移交单位档案管理机构保管。因工作需要确需推迟移交的，应经单位档案管理机构同意，且单位会计管理机构临时保管会计档案最长不超过 3 年。临时保管期间，会计档案的保管应当符合国家档案管理的有关规定，且出纳人员不得兼管会计档案。

(二）会计档案的移交和利用

1. 会计档案的移交

单位会计管理机构在办理档案移交时，应当编制会计档案移交清册，并按照表 3-3 所示的规定办理移交手续。

表 3-3 会计档案移交规定

档案类型	移交规定
纸质会计档案	移交时应当保持原卷的封装
电子会计档案	应当将电子会计档案及其元数据一并移交，且文件格式应当符合国家档案管理的有关规定
特殊格式的电子会计档案	除满足一般电子会计档案的移交要求外，还应当与其读取平台一并移交

单位档案管理机构接收电子会计档案时，应当对电子会计档案的准确性、完整性、可用性、安全性进行检测，符合要求的才能接收。

2. 会计档案的利用

单位应当严格按照相关制度利用会计档案，在进行会计档案查阅、复制、借出时履行登记手续，严禁篡改和损坏。会计档案一般不得对外借出。确因工作需要且根据国家有关规定必须借出的，应当严格按照规定办理手续。

（三）会计档案的保管期限

会计档案的保管期限从会计年度终了后的第一天算起，分为永久和定期两类，具体内容如图 3-5 所示。

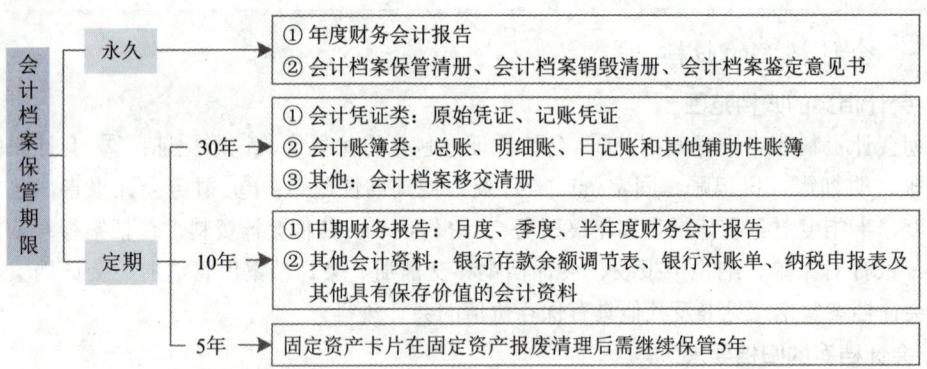

图 3-5 会计档案的保管期限

（四）会计档案的鉴定和销毁

会计档案鉴定和销毁的工作流程如图 3-6 所示。

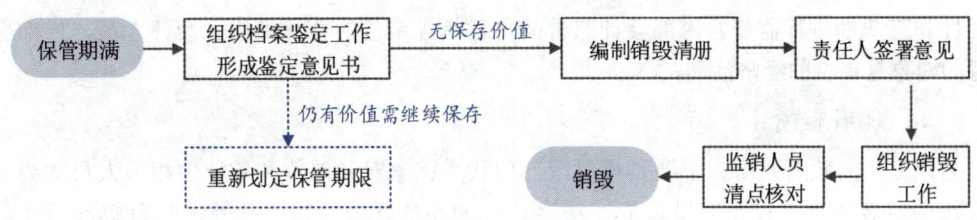

图 3-6 会计档案鉴定和销毁的工作流程

1. 会计档案的鉴定

鉴定工作应当由单位档案管理机构牵头,组织单位会计、审计、纪检监察等机构或人员共同进行。

2. 会计档案的销毁

单位档案管理机构负责组织会计档案销毁工作,编制会计档案销毁清册,列明拟销毁会计档案的名称、卷号、册数、起止年度、档案编号、应保管期限、已保管期限和销毁时间等内容。

单位负责人、档案管理机构负责人、会计管理机构负责人、档案管理机构经办人、会计管理机构经办人在会计档案销毁清册上签署意见。

单位档案管理机构负责组织会计档案销毁工作,并与会计管理机构共同派员监销。电子会计档案的销毁应当符合国家有关电子档案的规定,并由单位档案管理机构、会计管理机构和信息系统管理机构共同派员监销。监销人在会计档案销毁前应当按照会计档案销毁清册所列内容进行清点核对,在会计档案销毁后,监销人员应当在会计档案销毁清册上签名或盖章。

3. 不得销毁的会计档案

保管期满但未结清的债权债务会计凭证和涉及其他未了事项的会计凭证不得销毁。不得销毁的会计档案应当单独抽出立卷或单独转存,并应当在会计档案鉴定意见书、会计档案销毁清册和会计档案保管清册中列明,保管到未了事项完结时为止。

三、会计监督

会计监督是会计的基本职能之一,是对单位的经济活动进行检查监督,借以控制经济活动,使经济活动能够根据一定的方向、目标、计划,遵循一定的原则正常进行。会计监督可分为单位内部监督、政府监督和社会监督,具体如图 3-7 所示。

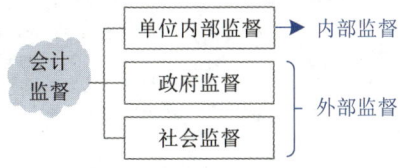

图 3-7 会计监督的类型

(一)单位内部监督

会计工作的单位内部监督是指各单位的会计机构、会计人员依据法律、法规、国家统一的会计制度及单位内部会计管理制度等的规定,通过会计手段对本单位经济活动的合法性、合理性和有效性进行监督。内部会计监督的主体是各单位的会计机构、会计人员，内部会计监督的对象是单位的经济活动。

（二）政府监督

会计工作的政府监督，主要是指财政部门代表国家对各单位和单位中相关人员的会计行为实施的监督检查，以及对发现的违法会计行为实施行政处罚。此外，除财政部门外，审计、税务、人民银行、证券监管、保险监管等部门依照有关法律、行政法规规定的职责和权限，可以对有关单位的会计资料实施监督检查，这也属于会计工作政府监督的范畴。

（三）社会监督

什么是审计

会计工作的社会监督，主要是指由注册会计师及其所在的会计师事务所等中介机构接受委托，依法对单位的经济活动进行审计，出具审计报告，发表审计意见的一种监督制度。

任何单位和个人对违反《中华人民共和国会计法》（以下简称《会计法》）和国家统一的会计制度规定的行为，有权检举，这也属于会计工作社会监督的范畴。

班级_____ 姓名_____ 学号_____

学业测评

1．【单选题】甲公司出纳刘某在为员工孙某办理业务时，发现采购发票上所注单价、数量与总金额不符，经查是销货单位填写单价错误。刘某采取的下列措施中符合会计法律制度规定的是（　　）。

　　A．由孙某写出说明，并加盖公司公章后入账

　　B．将发票退给孙某，由销货单位重新开具发票后入账

　　C．按总金额入账

　　D．将单价更正后入账

2．【单选题】下列各项中，不属于企业财务会计报告组成部分的是（　　）。

　　A．会计报表　　　　　　　　　B．会计报表附注

　　C．财务情况说明书　　　　　　D．审计报告

3．【单选题】下列各项中，不属于会计核算内容的是（　　）。

　　A．固定资产盘盈　　　　　　　B．合同的审核和签订

　　C．无形资产的购入　　　　　　D．货币资金的收入

4．【单选题】下列各项会计档案至少保管30年的是（　　）。

　　A．银行对账单　　　　　　　　B．纳税申报表

　　C．会计档案保管清册　　　　　D．明细账

5．【多选题】下列人员中，应当在财务会计报告上签名并盖章的人有（　　）。

　　A．企业负责人　　　　　　　　B．企业会计机构负责人

　　C．企业主管会计负责人　　　　D．企业总会计师

6．【多选题】下列各项中，属于甲公司内部会计监督主体的有（　　）。

　　A．甲公司纪检部门　　　　　　B．甲公司债权人

　　C．甲公司会计机构　　　　　　D．甲公司会计人员

7．【多选题】下列资料中，单位应当按照会计档案归档的有（　　）。

　　A．固定资产卡片　　　　　　　B．纳税申报表

　　C．年度预算方案　　　　　　　D．年度财务工作计划

8．【判断题】企业向不同的会计资料使用者提供的财务会计报告，其编制依据可以不一致。（　　）

9．【判断题】业务收支以人民币以外的货币为主的单位，可以选择其中一种外币编制财务会计报告。（　　）

10．【判断题】国有企业应当至少每两年一次向本企业的职工代表大会公布财务会计报告。（　　）

11．【判断题】会计账簿记录与记账凭证记录核对属于账账核对。（　　）

12．【判断题】会计档案销毁之后，监销人应该在销毁清册上签名和盖章。（　　）

班级_____ 姓名_____ 学号_____

> 实训育才

剖析会计案例，深化知识理解

一、实训目标

通过实训，强化学生对会计核算、会计档案管理、会计监督相关知识的理解，使学生对会计工作的基本法律制度有所了解。

二、实训内容

阅读案例并讨论问题。

12月，甲服装厂发生如下事项。

（1）会计李某在例行审核有关单据时发现，一张购买计算机的发票的"金额"栏中数字有更改现象，经查阅相关买卖合同和单据，确认更改后的金额数字是正确的，于是要求该发票的出具单位在发票"金额"栏更改之处加盖出具单位印章。之后，李某予以接受并据此登记入账。

（2）一批会计档案保管期满，其中有尚未结清的债权债务原始凭证。档案管理员直接将该批会计档案全部销毁。

思考：请指出以上事项中的不妥之处。

三、实训要求

（1）提交案例讨论记录。学生以3~5人为一组，设组长1名、记录员1名，每组必须有小组讨论、工作分工的详细记录，以此作为评定考核成绩的依据。

（2）能够在规定的时间内完成相关的讨论，撰写文字小结。

四、实训流程

第一步：由教师介绍实训的目标、内容、要求，调动学生实训的积极性。

第二步：学生自由分组，确定各小组的组长和人员分工，制订小组实施计划，明确团队要做什么，要达到什么目的。

第三步：由教师介绍相关案例及讨论的话题。

第四步：各小组对教师布置的问题展开讨论，并记录小组成员的发言。

第五步：根据小组讨论记录撰写讨论小结。

第六步：各小组相互评议，教师点评、总结。

项目三　会计法律制度——规范会计行为的准则

任务二　会计机构与会计人员：坚守底线

以案启思

甲企业 2024 年度亏损 200 万元，甲企业厂长邓某授意会计主管李某采取伪造会计凭证等手段调整企业的财务会计报告，将本年利润调整为盈利 500 万元，李某拒绝执行。厂长邓某遂将李某调离会计岗位，任命出纳王某兼任会计主管李某的工作，即王某同时负责出纳和收入、成本、费用账目的登记工作。出纳王某按邓某的授意采取弄虚作假的手段虚增利润 500 万元。事发后邓某以自己不懂会计为由，主张责任应当由王某承担。

思考
（1）邓某的主张是否成立？
（2）出纳王某是否可以兼任会计主管的工作？
（3）担任会计主管需要具备什么条件？
（4）邓某将李某调离会计岗位的行为是否需要承担法律责任？
（5）假如王某在事发前已经离职，由谢某担任出纳，事发后由谁承担法律责任？

法海拾贝

一、会计机构

会计机构是指各单位办理会计事务的职能部门。根据《会计法》的规定，各单位应当根据会计业务的需要，依法采取下列一种方式组织本单位的会计工作：① 设置会计机构；② 在有关机构中设置会计岗位并指定会计主管人员；③ 委托经批准设立从事会计代理记账业务的中介机构代理记账；④ 国务院财政部门规定的其他方式。

代理记账

单位负责人对本单位的会计工作和会计资料的真实性、完整性负责。单位负责人不得授意、指使、强令会计机构和会计人员违法办理会计事项。

二、会计岗位设置

（一）会计岗位的设置要求

会计岗位一般可分为总会计师、会计机构负责人或者会计主管人员、出纳、财产物资核算、工资核算、成本费用核算、财务成果核算、资金核算、往来结算、总账报表、稽核、档案管理等。会计工作岗位，可以一人一岗、一人多岗或者一岗多人。会计人员的工作岗位应当有计划地进行轮换。

> **敲黑板**
>
> 档案管理机构的人员管理会计档案不属于会计岗位。出纳人员不得兼任稽核、会计档案保管和收入、支出、费用、债权债务账目的登记工作。

（二）会计人员回避制度

国家机关、国有企业、事业单位任用会计人员应当实行回避制度（私营企业不需要）。单位领导人的直系亲属不得担任本单位的会计机构负责人、会计主管人员；会计机构负责人、会计主管人员的直系亲属不得在本单位会计机构中担任出纳工作。

> **小贴士**
>
> 需要回避的直系亲属包括夫妻关系、直系血亲（父母、子女、祖父母等）关系、三代以内旁系血亲（兄弟姐妹、堂兄弟姐妹等）及配偶亲（配偶的父母和兄弟姐妹等）关系。

三、会计人员

（一）会计人员的任职资格

会计人员的任职资格如表3-4所示。

表3-4 会计人员的任职资格

项目	内容
一般要求	① 会计人员应当具备从事会计工作所需要的专业能力，遵守职业道德，提高业务素质 ② 会计机构负责人（会计主管人员）应当具备会计师（中级职称）以上专业技术职务资格或者具有从事会计工作3年以上的经历（两个条件，满足其一即可）
禁入规定	① 因有提供虚假财务会计报告，做假账，隐匿或者故意销毁会计凭证、会计账簿、财务会计报告，贪污，挪用公款，职务侵占等与会计职务有关的违法行为被依法追究刑事责任的人员，不得再从事会计工作 ② 因伪造、变造会计凭证、会计账簿，编制虚假财务会计报告，隐匿或者故意销毁依法应当保存的会计凭证、会计账簿、财务会计报告，尚不构成犯罪的，5年内不得从事会计工作 ③ 会计人员具有违反国家统一的会计制度的一般违法行为，情节严重的，5年内不得从事会计工作

> **思维互动坊**
>
> 下列人员中，可以担任企业会计机构负责人的是（　　）。
> A. 取得中级会计专业技术资格并从事会计工作1年零6个月的张某
> B. 中专毕业并从事会计工作2年零6个月的刘某
> C. 研究生毕业并从事会计工作1年的李某
> D. 取得初级会计专业技术资格并从事会计工作2年的王某

（二）总会计师

总会计师是主管本单位会计工作的行政领导，是单位行政领导成员，协助单位主要行政领导人工作，直接对单位主要行政领导人负责。凡设置总会计师的单位，在单位行政领导中，不设与总会计师职权重叠的副职。总会计师组织领导本单位的财务管理、成本管理、预算管理、会计核算和会计监督等方面的工作，参与本单位重要经济问题的分析和决策。

国有的和国有资产占控股地位或者主导地位的大、中型企业必须设置总会计师；事业单位和业务主管部门根据需要，经批准可以设置总会计师；其他单位可根据业务需要，自行决定是否设置总会计师。总会计师由具有会计师以上专业技术资格的人员担任。

> **小贴士**
>
> 单位负责人、总会计师、会计机构负责人、会计主管人员的职责范围如图3-8所示。
>
>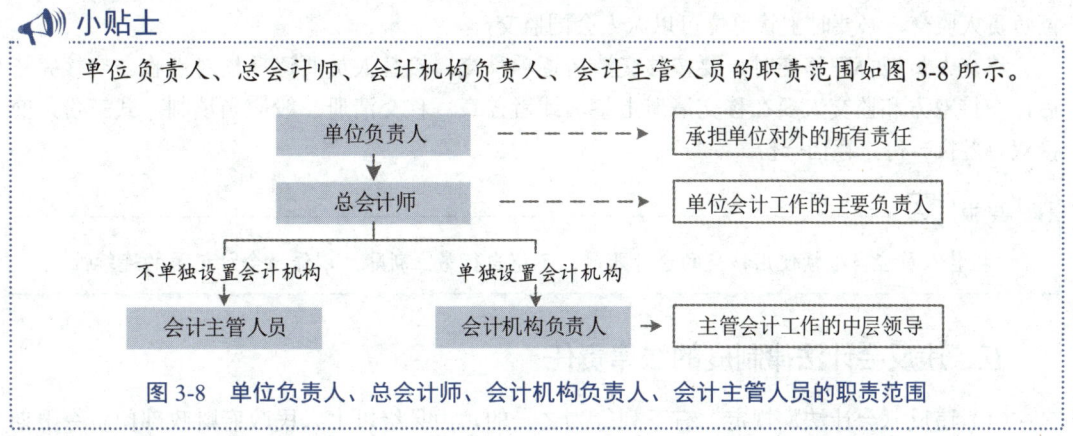
>
> 图3-8 单位负责人、总会计师、会计机构负责人、会计主管人员的职责范围

四、会计工作交接

（一）会计工作交接的概念与责任

会计工作交接是指会计人员工作调动或因故离职时，与接管人员办理交接手续的一种工作程序。办理好会计工作交接，有利于分清移交人员和接管人员的责任，可以使会计工作前后衔接，保证会计工作顺利进行。

会计人员工作调动或者因故离职，必须将本人所经管的会计工作全部移交给接替人员。没有办清交接手续的，不得调动或者离职。移交人员对所移交的会计凭证、会计账簿、会计报表和其他有关资料的合法性、真实性承担法律责任。接替人员应当认真接管移交工作，并继续办理移交的未了事项。

移交人员因病或者其他特殊原因不能亲自办理移交的，经单位领导人批准，可由移交人员委托他人办理移交，但委托人应当承担对所移交的会计凭证、会计账簿、会计报表和其他有关资料的合法性、真实性的法律责任。

单位撤销时，必须留有必要的会计人员，会同有关人员办理清理工作，编制决算。未移交前，不得离职。

（二）会计工作移交前的准备工作

会计人员办理移交手续前，必须及时做好以下工作：① 已经受理的经济业务尚未填制会计凭证的，应当填制完毕。② 尚未登记的账目，应当登记完毕，并在最后一笔余额后加盖经

办人员印章。③ 整理应该移交的各项资料，对未了事项写出书面材料。④ 编制移交清册，列明应当移交的会计凭证、会计账簿、会计报表、印章、现金、有价证券、支票簿、发票、文件、其他会计资料和物品等内容；实行会计电算化的单位，从事该项工作的移交人员还应当在移交清册中列明会计软件及密码、会计软件数据磁盘（磁带等）及有关资料、实物等内容。

（三）会计工作交接与监交

会计人员办理交接手续，必须有监交人负责监交。一般会计人员办理交接手续，由会计机构负责人（会计主管人员）监交；会计机构负责人（会计主管人员）办理交接手续，由单位负责人监交，必要时主管单位可以派人会同监交。

移交人员在办理移交时，要按移交清册逐项移交；接替人员要逐项核对点收。交接完毕后，交接双方和监交人要在移交清册上签名或者盖章。移交清册一般应当填制一式三份，交接双方各执一份，存档一份。

接替人员应当继续使用移交的会计账簿，不得自行另立新账，以保持会计记录的连续性。

五、违反会计法律制度的法律责任

（1）违反《会计法》规定，有下列行为之一的，由县级以上人民政府财政部门责令限期改正，给予警告、通报批评，对单位可以并处20万元以下的罚款，对其直接负责的主管人员和其他直接责任人员可以处5万元以下的罚款；情节严重的，对单位可以并处20万元以上100万元以下的罚款，对其直接负责的主管人员和其他直接责任人员可以处5万元以上50万元以下的罚款；属于公职人员的，还应当依法给予处分；构成犯罪的，依法追究刑事责任。

① 不依法设置会计账簿；

② 私设会计账簿；

③ 未按照规定填制、取得原始凭证或者填制、取得的原始凭证不符合规定；

④ 以未经审核的会计凭证为依据登记会计账簿或者登记会计账簿不符合规定；

⑤ 随意变更会计处理方法；

⑥ 向不同的会计资料使用者提供的财务会计报告编制依据不一致；

⑦ 未按照规定使用会计记录文字或者记账本位币；

⑧ 未按照规定保管会计资料，致使会计资料毁损、灭失；

⑨ 未按照规定建立并实施单位内部会计监督制度或者拒绝依法实施的监督或者不如实提供有关会计资料及有关情况；

⑩ 任用会计人员不符合《会计法》规定。

（2）伪造、变造会计凭证、会计账簿，编制虚假财务会计报告，隐匿或者故意销毁依法应当保存的会计凭证、会计账簿、财务会计报告的，由县级以上人民政府财政部门责令限期改正，给予警告、通报批评，没收违法所得，违法所得20万元以上的，对单位可以并处违法所得 1 倍以上 10 倍以下的罚款，没有违法所得或者违法所得不足 20 万元的，可以并处 20 万元以上 200 万元以下的罚款；对其直接负责的主管人员和其他直接责任人员可以处 10 万元以上 50 万元以下的罚款，情节严重的，可以处 50 万元以上 200 万元以下的罚款；属于公职人员的，还应当依法给予处分；其中的会计人员，5 年内不得从事会计工作；构成犯罪的，依法追究刑事责任。

（3）授意、指使、强令会计机构、会计人员及其他人员伪造、变造会计凭证、会计账簿，编制虚假财务会计报告或者隐匿、故意销毁依法应当保存的会计凭证、会计账簿、财务会计报告的，由县级以上人民政府财政部门给予警告、通报批评，可以并处 20 万元以上 100 万元以下的罚款；情节严重的，可以并处 100 万元以上 500 万元以下的罚款；属于公职人员的，还应当依法给予处分；构成犯罪的，依法追究刑事责任。

（4）单位负责人对依法履行职责、抵制违反《会计法》规定行为的会计人员以降级、撤职、调离工作岗位、解聘或者开除等方式实行打击报复的，依法给予处分；构成犯罪的，依法追究刑事责任。对受打击报复的会计人员，应当恢复其名誉和原有职务、级别。

案例启示录

会计挪用公款 930 余万元打赏主播

王某是某房地产开发公司的会计，2015 年 9 月，他第一次接触直播平台，很快便迷上了观看主播唱歌跳舞。看直播表演，免不了要对喜欢的主播表示支持，这种支持的方式便是"打赏"。王某先后充值了几百元，在直播时以购买虚拟礼物的方式打赏给主播。

王某日益沉迷于直播平台，享受着"刷礼物"后旁人的恭维与吹捧，但他微薄的薪水显然不足以支撑他的打赏频率和礼物数量。欲望渐渐被撑大，无法负荷打赏费用的他动起了挪用公司资金的念头。

2015 年 10 月至 2017 年 2 月，王某利用自己的职务便利，通过支取、提存和电汇等多种形式，将单位资金 930 余万元挪作他用。

2017 年 2 月中旬，王某任职的房地产公司向警方报案，称王某突然失联，公司怀疑他侵吞了数百万元的公款。2017 年 2 月 21 日，王某主动向公安机关投案。2018 年 5 月 15 日，法院对此案作出一审判决，判决王某犯职务侵占罪，判处 7 年有期徒刑，并处没收财产 20 万元，责令王某退回被害单位人民币 930 余万元。

启示：欲望的口子一旦打开，只会不可遏制地越张越大。面对诱惑，会计人员一定要恪守职业道德，坚守底线。

班级_____ 姓名_____ 学号_____

学业测评

1. 【单选题】下列企业中，必须设置总会计师的是（ ）。
   A．个人独资企业   B．国有大中型企业
   C．普通合伙企业   D．外商独资企业

2. 【单选题】单位之间会计档案交接后，交接双方的（ ）应当在会计档案移交清册上签名或者盖章。
   A．经办人   B．监交人
   C．会计机构负责人   D．经办人和监交人

3. 【单选题】会计人员故意隐匿会计账簿，尚不构成犯罪的，一定期限内不得从事会计工作。该期限为（ ）。
   A．5年   B．2年   C．3年   D．1年

4. 【多选题】下列各项工作中，出纳人员不得兼任的有（ ）。
   A．会计档案保管   B．稽核
   C．收入、费用账目的登记工作   D．债权、债务账目的登记工作

5. 【多选题】担任单位会计机构负责人（会计主管人员），应当具备的条件有（ ）。
   A．取得会计师以上专业技术职务资格   B．从事会计工作3年以上
   C．取得会计员以上专业技术职务资格   D．从事会计工作5年以上

6. 【多选题】下列关于会计人员回避制度的表述中，正确的有（ ）。
   A．单位负责人的直系亲属不得担任本单位的会计机构负责人
   B．单位负责人的直系亲属不得担任本单位的出纳
   C．会计机构负责人的直系亲属不得担任本单位的出纳
   D．出纳不得兼任稽核、会计档案保管和债权债务的账目登记工作

7. 【多选题】下列关于总会计师地位的表述中，正确的有（ ）。
   A．是单位内部审计机构负责人   B．是单位会计机构负责人
   C．是单位会计工作的主要负责人   D．是单位行政领导成员

8. 【多选题】下列关于会计工作交接的表述中，正确的有（ ）。
   A．会计人员办理交接手续的，无须监交
   B．会计人员没有办清交接手续的，不得离职
   C．移交人员因病不能亲自办理移交的，经单位领导人批准，可由移交人员委托他人代办移交
   D．移交人员在办理移交时，要按移交清册逐项移交

9. 【判断题】移交人员对所移交的会计凭证、会计账簿、会计报表和其他有关资料的合法性、真实性承担法律责任。（ ）

10. 【判断题】因故意销毁会计凭证被依法追究刑事责任的会计人员，不得再从事会计工作。（ ）

班级_____ 姓名_____ 学号_____

实训育才

借案例之鉴，促知识理解

一、实训目标

通过实训，强化学生对会计工作与会计人员相关知识的理解，使学生明确会计职业道德及违反会计法律制度的法律责任。

二、实训内容

阅读案例并讨论问题。

> 甲日化厂2024年发生以下事项。
> （1）1月，该企业新领导上任后，做出了精简内设机构等决定，将会计科撤并到企业管理办公室，同时任命企业管理办公室主任王某兼任会计主管。会计科撤并到企业管理办公室后，会计工作分工如下：原会计科会计李某继续担任会计；原企业管理办公室工作人员、王某的女儿担任出纳工作。企业管理办公室主任王某自参加工作后一直从事文秘工作。
> （2）2月，原会计科长与王某办理会计工作交接手续，人事科长进行监交。
> （3）12月，企业产品滞销状况仍无根本改变，亏损已成定局。厂长指使会计李某在会计报表上做一些"技术处理"，确保"实现"年初定下的盈利40万元的目标。会计李某遵照办理。
> 思考：
> （1）指出事项（1）和事项（2）中的不妥之处。
> （2）该厂长指使会计在会计报表上做一些"技术处理"，致使企业由亏损变为盈利的行为属于何种违法行为？该厂长和会计应分别承担哪些法律责任？

三、实训要求

（1）提交案例讨论记录。学生以3~5人为一组，设组长1名、记录员1名，每组必须有小组讨论、工作分工的详细记录，以此作为评定考核成绩的依据。

（2）能够在规定的时间内完成相关的讨论，撰写文字小结。

四、实训流程

第一步：由教师介绍实训的目标、内容、要求，调动学生实训的积极性。

第二步：学生自由分组，确定各小组的组长和人员分工，制订小组实施计划，明确团队要做什么，要达到什么目的。

第三步：由教师介绍相关案例及讨论的话题。

第四步：各小组对教师布置的问题展开讨论，并记录小组成员的发言。

第五步：根据小组讨论记录撰写讨论小结。

第六步：各小组相互评议，教师点评、总结。

项目四

支付结算法律制度
——维护金融秩序的稳定

项目导读

用手机网络购物、在商场刷卡消费、开立存款账户、签发支票……支付结算与我们的生活息息相关。支付结算作为社会经济金融活动的重要组成部分,其主要功能是完成资金从一方当事人向另一方当事人的转移。支付结算的安全决定了资金运动的安全,它不仅影响老百姓的生活,更影响整个国民经济的稳定。

本项目主要从银行结算账户、非票据结算方式和票据三方面进行介绍,主要内容如图4-1所示。

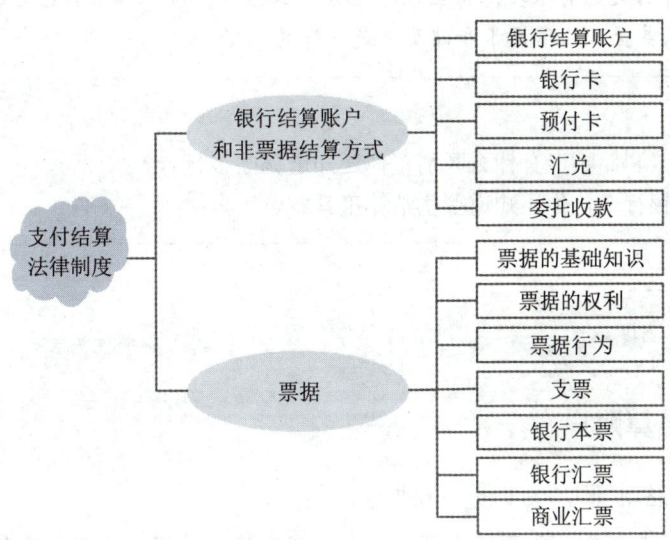

图 4-1 知识框架图

学习目标

知识目标

(1) 了解银行结算账户的概念和种类,银行结算账户的开立、变更、撤销和使用。
(2) 熟悉汇兑和委托收款。
(3) 掌握各类银行结算账户的使用、银行卡、预付卡。

能力目标

能够识别结算凭证的有效性,结合实际选择适宜的结算方式,规范地参与支付结算活动。

素质目标

正确认识支付结算,增强网络支付安全意识,培养良好的支付习惯。

经济法

任务一 银行结算账户和非票据结算方式：资金运动的渠道

以案启思

2015 年 9 月 22 日，小张的手机收到一条短信，称他的工商银行卡因未按规定日期还款被暂停使用，请尽快还款。小张很诧异，这张卡是单位在 2010 年 3 月办的企业年金卡，至今没有使用过，怎么会欠款？小张致电工商银行客服，被告知其 2007 年办理过的一张工商银行福猪卡，欠钱一直没有还，才导致年金卡停用，并影响了个人征信。

办过福猪卡的事，小张有印象，但因为时间久远，一些细节已记不太清楚，只记得自己上大学时，银行的业务人员到学校为学生办卡。"业务员没有说这是信用卡，也没有说注意事项，只是说不收取外地手续费。"小张一直以为自己办的是储蓄卡。

像小张这样的案例有很多，稀里糊涂地办了银行卡，却不知道自己办的是信用卡还是储蓄卡，有的人甚至认为信用卡和储蓄卡是一样的。

思考
（1）信用卡和储蓄卡有什么区别？你还知道哪些银行卡？
（2）除了银行卡，你还知道哪些结算工具？

法海拾贝

一、银行结算账户

（一）银行结算账户的概念和种类

银行结算账户是指银行为存款人开立的办理资金收付结算的活期存款账户。银行结算账户的种类如图 4-2 所示。

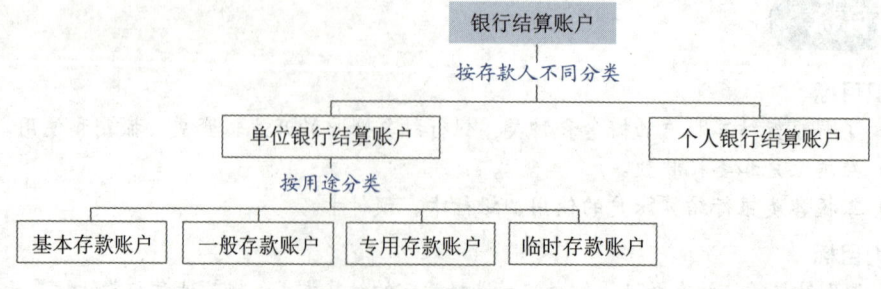

图 4-2 银行结算账户的种类

> 个体工商户凭营业执照以字号或经营者姓名开立的银行结算账户纳入单位银行结算账户管理。

（二）银行结算账户的开立

存款人应在注册地或住所地开立银行结算账户。符合异地（跨省、市、县）开户条件的，也可以在异地开立银行结算账户。开立银行结算账户应遵循存款人自主原则，除国家法律、行政法规和国务院规定外，任何单位和个人不得强令存款人到指定银行开立银行结算账户。

存款人申请开立银行结算账户时，应填写开立银行结算账户申请书。开立单位银行结算账户时，应填写开立单位银行结算账户申请书，并加盖单位公章和法定代表人（单位负责人）或其授权代理人的签名或者盖章。申请开立个人银行结算账户时，存款人应填写开立个人银行结算账户申请书，并加盖其个人签章。

银行应对存款人的开户申请书填写的事项和相关证明文件的真实性、完整性、合规性进行认真审查。对于核准类账户，银行应将存款人的开户申请书、相关的证明文件和银行审核意见等开户资料报送中国人民银行当地分支行，经其核准并核发开户许可证后办理开户手续；对于备案类账户，银行应办理开户手续，并向中国人民银行当地分支行备案。

> 备案类账户包括：① 企业开立的基本存款账户、临时存款账户；② 一般存款账户；③ 其他专用存款账户；④ 个人银行结算账户。
>
> 核准类账户包括：① 非企业开立的基本存款账户、临时存款账户（因注册验资和增资验资开立的除外）；② 预算单位专用存款账户；③ 合格境外机构投资者在境内从事证券投资开立的人民币特殊账户和人民币结算资金账户。

银行结算账户的开户流程如图4-3所示。

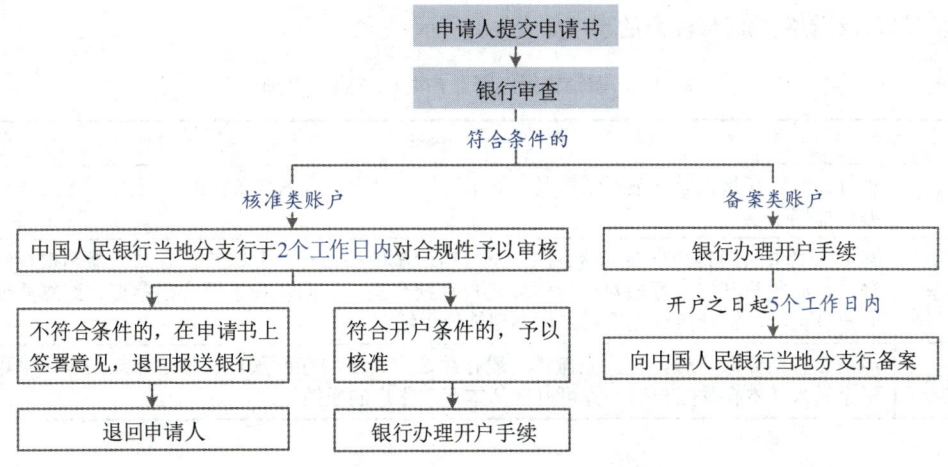

图4-3 银行结算账户的开户流程

开立银行结算账户时，银行应与存款人签订银行结算账户管理协议，明确双方的权利与义务。对存在法定代表人或者单位负责人对单位经营规模及业务背景等情况不清楚、注册地和经营地均在异地等情况的单位，银行应当与其法定代表人或者单位负责人面签银行结算账户管理协议。

银行应建立存款人预留签章卡片，并将签章式样和有关证明文件的原件或复印件留存归档。存款人为单位的，其预留签章为该单位的公章或财务专用章加其法定代表人（单位负责人）或其授权的代理人的签名或者盖章。存款人为个人的，其预留签章为该个人的签名或者盖章。

企业银行结算账户自开立之日即可办理收付款业务。

（三）银行结算账户的变更

变更是指存款人的账户信息资料发生变化或改变。根据账户管理的要求，存款人变更账户名称、单位的法定代表人或者主要负责人、地址等其他开户资料后，应于5个工作日内向开户银行提出银行结算账户的变更申请，并出具有关部门的证明文件。

（四）银行结算账户的撤销

1. 撤销银行结算账户的情形

存款人应向开户银行提出撤销银行结算账户申请的情形如图4-4所示。

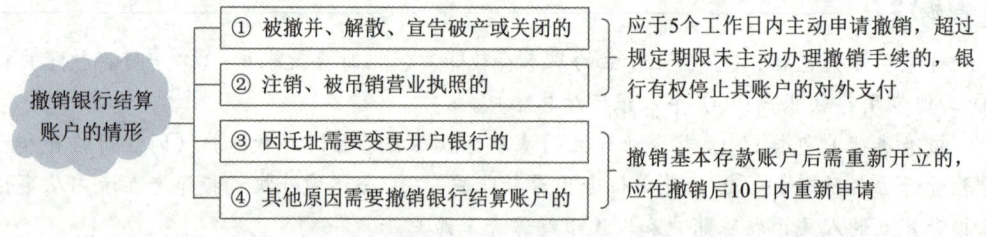

图4-4 撤销银行结算账户的情形

2. 撤销银行结算账户的注意事项

撤销银行结算账户时应注意的事项如表4-1所示。

表4-1 撤销银行结算账户时应注意的事项

项目	内容
时间	银行在收到存款人撤销银行结算账户的申请后，对于符合销户条件的，应在2个工作日内办理撤销手续
要求	存款人尚未清偿其开户银行债务的，不得申请撤销该银行结算账户。存款人撤销银行结算账户，必须与开户银行核对银行结算账户存款余额，交回各种重要空白票据、结算凭证和开户许可证，银行核对无误后方可办理销户手续
顺序	撤销银行结算账户时，应当先撤销一般存款账户、专用存款账户、临时存款账户，将账户资金转入基本存款账户后，方可办理基本存款账户的撤销

(五)银行结算账户的使用

1. 基本存款账户

基本存款账户是存款人因办理日常转账结算和现金收付需要开立的银行结算账户。基本存款账户是存款人的主办账户,一个单位只能开立一个基本存款账户。存款人日常经营活动的资金收付及其工资、奖金和现金的支取,应通过基本存款账户办理。

基本存款账户

2. 一般存款账户

一般存款账户是存款人因借款或其他结算需要,在基本存款账户开户银行以外的银行营业机构开立的银行结算账户。一般存款账户用于办理存款人借款转存、借款归还和其他结算的资金收付。一般存款账户可以办理现金缴存,但不得办理现金支取。

3. 专用存款账户

专用存款账户是存款人按照法律、行政法规和规章,对其特定用途资金进行专项管理和使用而开立的银行结算账户。

专用存款账户适用于对下列资金的管理和使用:① 基本建设资金;② 更新改造资金;③ 财政预算外资金;④ 粮、棉、油收购资金;⑤ 证券交易结算资金;⑥ 期货交易保证金;⑦ 信托基金;⑧ 金融机构存放同业资金;⑨ 政策性房地产开发资金;⑩ 单位银行卡备用金;⑪ 住房基金;⑫ 社会保障基金;⑬ 收入汇缴资金和业务支出资金;⑭ 党、团、工会设在单位的组织机构经费;⑮ 其他需要专项管理和使用的资金。

4. 预算单位零余额账户

预算单位使用财政性资金,应当按照规定的程序和要求,向财政部门提出设立零余额账户的申请,财政部门同意预算单位开设零余额账户后通知代理银行,具体流程如图4-5所示。

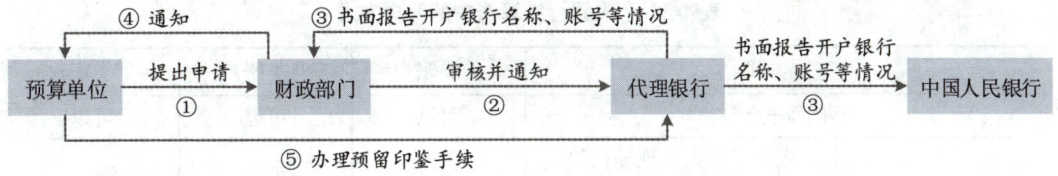

图4-5 预算单位零余额账户的开户流程

一个基层预算单位开设一个零余额账户。预算单位零余额账户用于财政授权支付,可以办理转账、提取现金等结算业务。可以向本单位按账户管理规定保留的相应账户划拨工会经费、住房公积金及提租补贴,以及财政部门批准的特殊款项;不得违反规定向本单位其他账户和上级主管单位及所属下级单位账户划拨资金。

财政部门为实行财政国库集中支付的预算单位在商业银行开设的零余额账户按基本存款账户或专用存款账户管理。预算单位未开立基本存款账户或原基本存款账户在国库集中支付改革后已按照财政部门的要求撤销的,经同级财政部门批准,预算单位零余额账户作为基本存款账户管理;除上述情况外,作为专用存款账户管理。

5. 临时存款账户

临时存款账户是存款人因临时需要并在规定期限内使用而开立的银行结算账户。其适用范围包括：① 设立临时机构；② 异地临时经营活动；③ 注册验资、增资；④ 军队、武警单位承担基本建设或异地执行作战、演习、抢险救灾、应对突发事件等临时任务。

临时存款账户用于办理临时机构及存款人临时经营活动发生的资金收付。临时存款账户应根据有关开户证明文件确定的期限或存款人的需要确定其有效期限，最长不得超过2年。临时存款账户支取现金，应按照国家现金管理的规定办理。注册验资的临时存款账户在验资期间只收不付。

6. 个人银行结算账户

个人银行结算账户是指存款人因投资、消费、结算等需要凭个人身份证或相应证件以自然人姓名开立的银行结算账户。个人银行结算账户分为Ⅰ类银行账户、Ⅱ类银行账户和Ⅲ类银行账户，具体功能如图4-6所示。

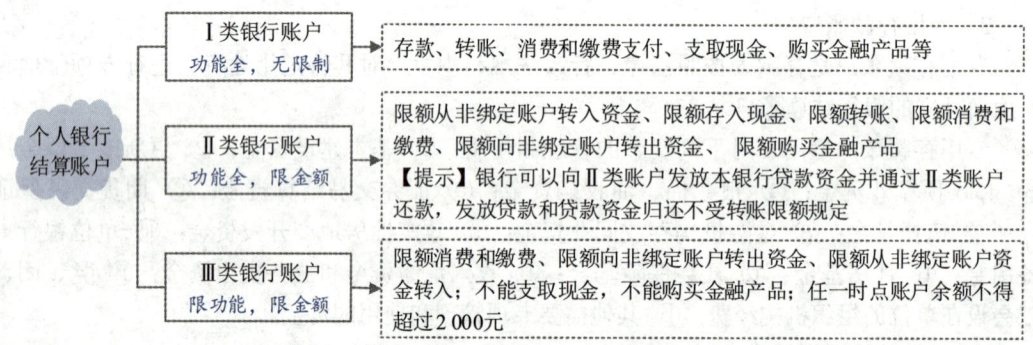

图4-6　个人银行结算账户的分类及功能

个人银行结算账户的开户方式如表4-2所示。

表4-2　个人银行结算账户的开户方式

开户方式		Ⅰ类账户	Ⅱ类账户	Ⅲ类账户
柜面开户		可以	可以	可以
自助机具开户	银行工作人员现场核验申请人身份信息	可以	可以	可以
	银行工作人员未现场核验申请人身份信息	不可以	可以	可以
电子渠道开户（如手机银行、网上银行）		不可以	可以	可以

📢 小贴士

Ⅰ类账户是功能最全的账户，开户相对较严，必须经银行工作人员现场核验身份信息，方可开立。

二、银行卡

（一）银行卡的分类

按不同的标准可对银行卡做不同的分类，具体分类如图 4-7 所示。

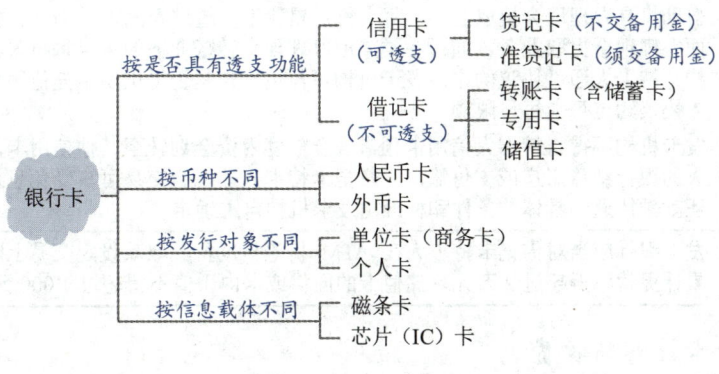

图 4-7　银行卡的分类

> 📢 **小贴士**
>
> 贷记卡是指发卡银行给予持卡人一定的信用额度，持卡人可在信用额度内先消费、后还款的信用卡。准贷记卡是指持卡人须先按发卡银行要求交存一定金额的备用金，当备用金账户余额不足支付时，可在发卡银行规定的信用额度内透支的信用卡。

（二）银行卡的申领、注销和丧失

凡在中国境内金融机构开立基本存款账户的单位，应当凭中国人民银行核发的开户许可证或企业基本存款账户编号申领单位卡。个人申领银行卡（储值卡除外），应当向发卡银行提供本人有效身份证件，经发卡银行审查合格后，为其开立记名账户。银行卡及其账户只限经发卡银行批准的持卡人本人使用，不得出租和转借。

持卡人在还清全部交易款项、透支本息和有关费用后，可申请办理销户。销户时，单位人民币卡账户的资金应当转入其基本存款账户，单位外币卡账户的资金应当转回相应的外汇账户，不得提取现金。

持卡人丧失银行卡，应立即持本人身份证件或其他有效证明，并按规定提供有关情况，向发卡银行或代办银行申请挂失，发卡银行或代办银行审核后办理挂失手续。

（三）银行卡交易的基本规定

银行卡交易的基本规定如表 4-3 所示。

表 4-3　银行卡交易的基本规定

银行卡类型	交易规定
单位人民币卡	单位人民币卡账户的资金一律从其基本存款账户转账存入，不得存取现金，不得将销货收入存入单位卡账户。单位人民币卡可办理商品交易和劳务供应款项的结算，但不得透支

续表

银行卡类型	交易规定
个人人民币卡	个人人民币卡账户的资金以其持有的现金存入或以其工资性款项、属于个人的合法的劳务报酬、投资回报等收入转账存入。严禁将单位的款项转入个人卡账户存储
信用卡	信用卡预借现金业务包括现金提取、现金转账和现金充值。持卡人通过 ATM 机等自助机具办理现金提取业务，每卡每日累计不得超过人民币 1 万元；持卡人通过柜面办理现金提取业务，通过各类渠道办理现金转账业务的每卡每日限额，由发卡机构与持卡人通过协议约定。发卡机构可自主确定是否提供现金充值服务，并与持卡人协议约定每卡每日限额
	发卡机构不得将持卡人信用卡预借现金额度内资金划转至其他信用卡，以及非持卡人的银行结算账户或支付账户。贷记卡持卡人非现金交易可享受免息还款期和最低还款额待遇，具体的条件和标准由发卡机构自主确定
借记卡	发卡银行应当对借记卡持卡人在 ATM 机等自助机具取款设定交易上限，每卡每日累计提款不得超过 2 万元。储值卡的面值或卡内币值不得超过 1 000 元

（四）银行卡计息与收费

发卡银行对准贷记卡及借记卡（不含储值卡）账户内的存款，按照中国人民银行规定的同期同档次存款利率及计息办法计付利息。信用卡透支的计结息方式，以及对信用卡溢缴款是否计付利息及其利率标准，由发卡机构自主确定。

发卡机构应在信用卡协议中以显著方式提示信用卡利率标准和计结息方式、免息还款期和最低还款额待遇的条件与标准，以及向持卡人收取违约金的详细情形和收取标准等与持卡人有重大利害关系的事项，确保持卡人充分知悉并确认接受。发卡机构调整信用卡利率的，应至少提前 45 个自然日按照约定方式通知持卡人。

发卡机构对向持卡人收取的违约金和年费、取现手续费、货币兑换费等服务费用不得计收利息。

三、预付卡

预付卡是指发卡机构以特定载体和形式发行的、可在特定机构购买商品或服务的预付凭证。预付卡按是否记载持卡人身份信息分为记名预付卡和不记名预付卡，主要内容如表 4-4 所示。

表4-4　预付卡的主要内容

项目	内容
预付卡的性质	预付卡以人民币计价，不具有透支功能
预付卡的限额	单张记名预付卡资金限额不得超过 5 000 元；单张不记名预付卡资金限额不得超过 1 000 元
预付卡的期限	记名预付卡可挂失、可赎回，不得设置有效期。除另有规定外，不记名预付卡不可挂失、不可赎回。不记名预付卡有效期不得低于 3 年，超过有效期尚有资金余额的，可通过延期、激活、换卡等方式继续使用

续表

项目	内容
预付卡的办理	个人或单位购买记名预付卡或一次性购买不记名预付卡1万元以上的，应当使用实名并向发卡机构提供有效身份证件。发卡机构应当登记身份基本信息，并留存有效身份证件的复印件或影印件。单位一次性购卡5 000元以上、个人一次性购卡5万元以上的，应当通过转账等非现金结算方式购买，不得使用现金。购卡人不得使用信用卡购买预付卡
预付卡的充值	预付卡只能通过现金或银行转账方式进行充值，不得使用信用卡为预付卡充值。一次性充值金额5 000元以上的，不得使用现金。单张预付卡同日累计现金充值在200元以下的，可通过自助充值终端、销售合作机构代理等方式充值
预付卡的使用	预付卡在发卡机构拓展、签约的特约商户中使用，不得用于或变相用于提取现金，不得用于购买、交换非本发卡机构发行的预付卡、单一行业卡及其他商业预付卡或向其充值。预付卡内资金不得向银行账户或向非发卡机构开立的网络支付账户转移
预付卡的赎回	记名预付卡可在购卡3个月后办理赎回。单位购买的记名预付卡，只能由单位办理赎回

思维互动坊

请以图表等形式总结记名预付卡与不记名预付卡的区别。

四、汇兑

汇兑是汇款人委托银行将其款项支付给收款人的结算方式。汇兑分为信汇、电汇两种。单位和个人各种款项的结算，均可使用汇兑结算方式。汇兑的业务流程如图4-8所示。

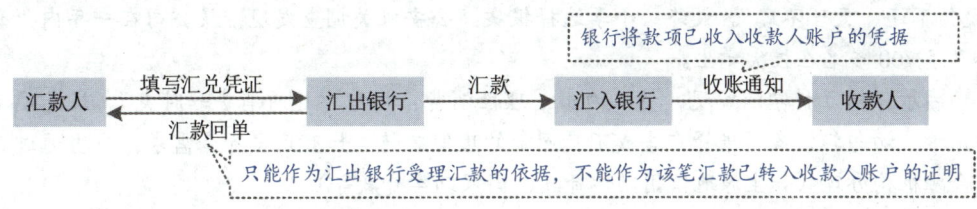

图4-8 汇兑的业务流程

签发汇兑凭证必须记载下列事项：① 表明"信汇"或"电汇"的字样；② 无条件支付的委托；③ 确定的金额；④ 收款人名称；⑤ 汇款人名称；⑥ 汇入地点、汇入行名称；⑦ 汇出地点、汇出行名称；⑧ 委托日期；⑨ 汇款人签章。汇兑凭证记载的汇款人、收款人在银行开立存款账户的，必须记载其账号。

汇款人对汇出银行尚未汇出的款项可以申请撤销。

五、委托收款

委托收款是收款人委托银行向付款人收取款项的结算方式。单位和个人凭已承兑的商业汇票、债券、存单等付款人债务证明办理款项的结算，均可以使用委托收款结算方式。委托收款在同城、异地均可使用。委托收款的业务流程如图4-9所示。

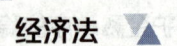

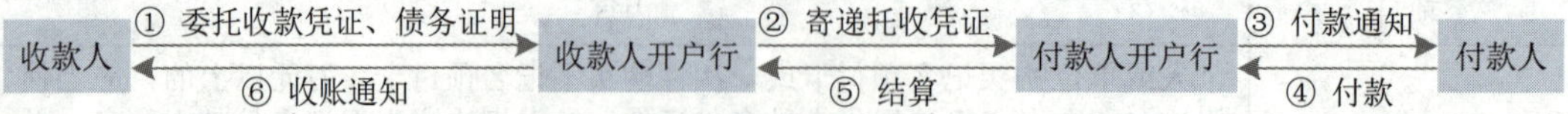

图4-9　委托收款的业务流程

签发委托收款凭证必须记载下列事项：① 表明"委托收款"的字样；② 确定的金额；③ 付款人名称；④ 收款人名称；⑤ 委托收款凭据名称及附寄单证张数；⑥ 委托日期；⑦ 收款人签章。以银行以外的单位为付款人的，必须记载付款人开户银行名称；以银行以外的单位或在银行开立存款账户的个人为收款人的，必须记载收款人开户银行名称；以未在银行开立存款账户的个人为收款人的，必须记载被委托银行名称。

 案例启示录

"校园贷"诈骗

"校园贷"也称"校园网贷"，是指一些网络贷款平台面向在校大学生开展的贷款业务。在校大学生只需要在网上提交资料、通过审核、支付一定手续费，就能轻松申请信用贷款。高利贷披上了"校园贷款"的外衣，很多大学生因涉世未深，缺乏判断能力，轻易陷入"校园贷"的泥潭。

大学生小李想买一部最新款的手机，于是通过QQ群转发的广告找到某公司的线上贷款平台。在提供了相关资料后，顺利办理了一笔5 000元的贷款。因小李无法按期还贷款，导致利息越来越高，短短6个月贷款从5 000元增加到十几万元。由于害怕，小李瞒着所有人，直到恐吓短信接连出现在其家人、朋友的手机上，家门口也被泼上油漆，写上"欠债不还、天理不容"。最终，小李选择报案。公安机关调查发现，该公司在一年内"套路"了700多名在校大学生。

启示： 树立科学消费观，量入为出，理性消费，切勿"超前消费一时爽"。规范使用信用卡，切勿轻信各类借贷广告或不良网贷的虚假宣传。如有正当资金需求，应当通过正规金融机构办理（如生源地信用助学贷款、国家助学贷款等）。

班级_____ 姓名_____ 学号_____

学业测评

1.【单选题】存款人开立的下列银行结算账户中，需经中国人民银行当地分支行核准的是（　　）。

　　A．甲公司开立的一般存款账户
　　B．乙公司开立的专用存款账户
　　C．丙财政局开立的预算单位专用存款账户
　　D．刘某开立的个人银行结算账户

2.【单选题】下列关于银行结算账户管理的表述中，正确的是（　　）。

　　A．撤销基本存款账户，应交回各种重要空白票据
　　B．撤销基本存款账户，可以保留未使用的空白支票
　　C．单位的地址发生变更，不需要通知开户银行
　　D．撤销单位银行结算账户应先撤销基本存款账户，再撤销其他类别账户

3.【单选题】关于基本存款账户的下列表述中，不正确的是（　　）。

　　A．基本存款账户是存款人的主办账户
　　B．一个单位只能开立一个基本存款账户
　　C．基本存款账户可以办理现金支取业务
　　D．单位设立的独立核算的附属机构不得开立基本存款账户

4.【单选题】下列业务中，一般存款账户不得办理的是（　　）。

　　A．现金缴存　　　　B．借款归还　　　　C．现金支取　　　　D．借款转存

5.【单选题】临时存款账户的有效期最长不得超过一定期限，该期限为（　　）。

　　A．1年　　　　B．10年　　　　C．5年　　　　D．2年

6.【单选题】张某3月1日向银行申请了一张贷记卡，6月1日取现2 000元。对张某的上述做法，说法正确的是（　　）。

　　A．张某取现2 000元符合法律规定
　　B．张某取现2 000元可享受免息还款期
　　C．张某申请贷记卡需要向银行交存一定金额的备用金
　　D．张某取现2 000元可享受最低还款额

7.【单选题】根据支付结算法律制度的规定，下列关于记名预付卡的表述中，正确的是（　　）。

　　A．不得设置有效期　　　　　　　　B．不可赎回
　　C．卡内资金无限额　　　　　　　　D．不可挂失

8.【多选题】根据支付结算法律制度的规定，汇款人、收款人均在银行开立存款账户的，汇款人签发汇兑凭证必须记载的事项有（　　）。

　　A．汇入银行名称　　　　　　　　　B．确定的金额
　　C．收款人名称及账号　　　　　　　D．汇款人名称及账号

9.【判断题】银行结算账户分为活期存款账户和定期存款账户两类。（　　）

10.【判断题】企业银行结算账户自开立之日即可办理收付款业务。（　　）

班级_____ 姓名_____ 学号_____

实训育才

以知识为引,探案例本质

一、实训目标

通过实训,强化学生对非票据支付结算方式的理解,使学生明确各类结算方式的使用规范。

二、实训内容

阅读案例并讨论问题。

> 2024年6月6日,甲公司在P银行开立主办账户,并与其签订协议开通网上银行业务。8月28日因借款200万元,在Q银行又开立一个银行结算账户。9月12日,甲公司一次性购买金额2万元的预付卡。10月拟发生3笔业务:提取现金3万元、向银行缴存现金4万元、偿还借款利息1万元。
>
> 思考:
>
> (1) 甲公司在P银行开立的账户属于哪类账户?可以办理哪些业务?
>
> (2) 甲公司在Q银行开立的银行结算账户属于哪类账户?10月拟发生的3笔业务,是否可以通过Q银行结算账户办理?
>
> (3) 甲公司一次性购买金额2万元的预付卡时是否可以使用现金?请说明理由。

三、实训要求

(1) 提交案例讨论记录。学生以3~5人为一组,设组长1名、记录员1名,每组必须有小组讨论、工作分工的详细记录,以此作为评定考核成绩的依据。

(2) 能够在规定的时间内完成相关的讨论,撰写文字小结。

四、实训流程

第一步:由教师介绍实训的目标、内容、要求,调动学生实训的积极性。

第二步:学生自由分组,确定各小组的组长和人员分工,制订小组实施计划,明确团队要做什么,要达到什么目的。

第三步:由教师介绍相关案例及讨论的话题。

第四步:各小组对教师布置的问题展开讨论,并记录小组成员的发言。

第五步:根据小组讨论记录撰写讨论小结。

第六步:各小组相互评议,教师点评、总结。

项目四 支付结算法律制度——维护金融秩序的稳定

任务二 票据：特殊的财产权利

以案启思

2021年10月20日，甲公司派业务员张某采购棉花。为方便支付货款，甲公司签发一张支票交给张某，并授权张某根据实际采购情况填写收款人名称和金额，但要求采购总价款不超过100万元。张某在采购棉花的过程中，觉得羊毛也很好，于是决定在采购棉花的同时，加购一批羊毛。棉花和羊毛的总价款共计150万元，张某在支票金额栏填写150万元后将支票交付给销售方乙公司，授权乙公司自己填写收款人名称。

在支票提示付款期限内，乙公司向银行提示付款，银行工作人员发现甲公司存款账户余额为120万元，遂告知乙公司因甲公司存款余额不足，无法付款。

思考

（1）甲公司签发的支票是否有效？是否可以授权张某填写收款人名称和支票金额？

（2）张某将未填写收款人名称的支票交付给乙公司，授权乙公司填写收款人名称的行为是否符合相关规定？

（3）除了支票，你还知道哪些票据？

法海拾贝

一、票据的基础知识

（一）票据的含义和种类

票据是指由出票人签发的、约定自己或者委托付款人在见票时或指定的日期向收款人或持票人无条件支付一定金额的有价证券。票据的种类如图4-10所示。

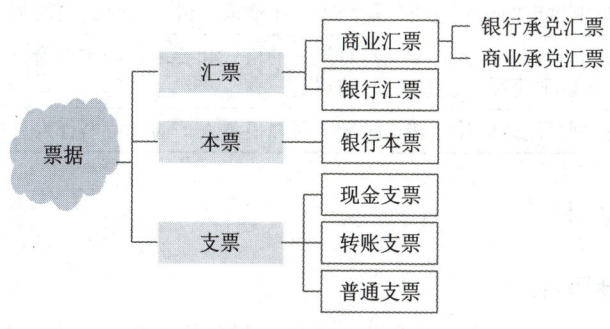

图4-10 票据的种类

(二)票据当事人

票据当事人是指在票据法律关系中,享有票据权利、承担票据义务的主体。票据当事人分为基本当事人和非基本当事人,具体内容如图4-11所示。

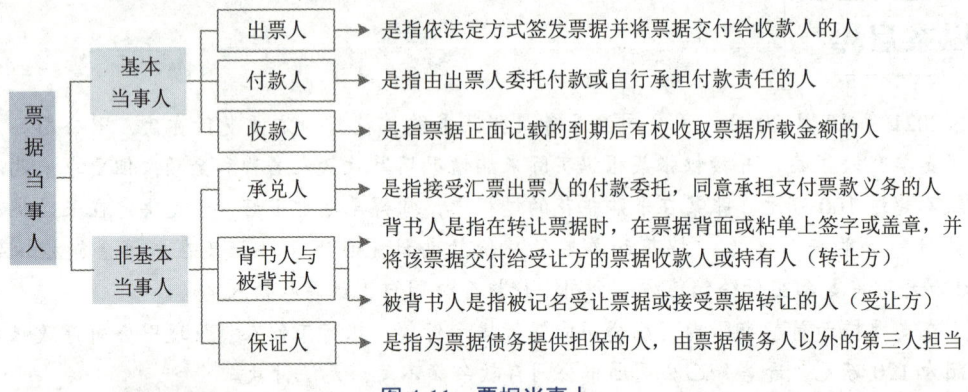

图 4-11　票据当事人

(三)票据的特征

票据的特征如表4-5所示。

表 4-5　票据的特征

特征	含义
完全有价证券	票据权利完全证券化,票据权利的产生、行使、转让和消灭都离不开票据。完全有价证券这一特征可以通过票据的设权证券、提示证券、交付证券和缴回证券等特征来体现:① 票据权利的产生必须通过作成票据,即必须通过票据行为——出票来创设,从这一意义上说,票据又是设权证券;② 票据权利的享有必须以占有票据为前提,为了证明占有的事实以行使票据权利,必须提示票据,从这一意义上说,票据又是提示证券;③ 票据权利的转让必须交付票据,从这一意义上说,票据又是交付证券;④ 票据权利实现之后,应将票据缴回付款人,以消灭票据权利义务关系或者付款人再行使追索权,从这一意义上说,票据又是缴回证券
文义证券	一切票据权利义务必须严格依照票据记载的文义而定,即使文义记载有错,也不得用票据之外的其他证明方法变更或补充
无因证券	票据如果符合规定的条件,票据权利就成立,持票人不必证明取得票据的原因,仅以票据文义请求履行票据权利
金钱债权证券	票据上体现的权利性质是财产权,即请求支付一定金钱的权利
要式证券	票据的制作、形式、文义都有规定的格式和要求,必须符合《中华人民共和国票据法》(以下简称《票据法》)的规定
流通证券	票据可以流通转让,转让时无须通知债务人,通过背书行为直接转让

二、票据的权利

(一)票据权利的概念

票据权利是指票据持票人向票据债务人请求支付票据金额的权利,包括付款请求权和追索权。追索权是指票据当事人行使付款请求权遭到拒绝或有其他法定原因存在时,向其前手请求偿还票据金额及其他法定费用的权利。

法律充电站

前手：对票据上的某一特定签章人来说，凡在其签章之前在票据上签章的债务人，均是其前手。例如甲向乙签发一张票据，乙背书给丙，丙背书给丁。对于丁来说，甲、乙、丙均属于其前手；对于丙来说，甲和乙属于其前手。

举案说法

甲公司为了支付乙公司货款，向乙公司签发了一张以 P 银行为付款人的银行承兑汇票，乙公司将该汇票背书转让给丁公司。在票据到期时丁公司可以请求 P 银行支付票款（行使付款请求权），如果 P 银行拒绝付款，丁公司可以找甲公司和乙公司追偿票款（行使追索权）。

（二）票据权利的取得

签发、取得和转让票据，应当遵循诚实守信的原则，具有真实的交易关系和债权债务关系。票据的取得，必须给付对价，即应当给付票据双方当事人认可的相对应的代价。但如果是因为税收、继承、赠与等依法无偿取得票据的，则不受给付对价的限制，但是所享有的票据权利不得优于其前手的权利。

取得票据享有票据权利的情形包括：① 依法接受出票人签发的票据；② 依法接受背书转让的票据；③ 因税收、继承、赠与等依法无偿取得的票据。

不享有票据权利的情形：① 以欺诈、偷盗或者胁迫等手段取得票据的，或者明知有上述情形，出于恶意取得票据的；② 持票人因重大过失取得不符合《票据法》规定的票据的。

思维互动坊

甲公司为了支付乙公司货款，向乙公司签发了一张支票。张某从乙公司窃取了该支票，并将支票无偿赠送给女友李某，李某不知该支票系张某窃取所得，将支票背书转让给丙公司，丙公司受丁公司胁迫将该支票背书转让给丁公司。

思考：乙公司、张某、李某、丙公司、丁公司是否享有票据权利，为什么？

（三）票据追索

1. 票据追索适用的情形

票据追索适用于到期后追索和到期前追索两种情形。到期后追索是指票据到期被拒绝付款，持票人对背书人、出票人及票据的其他债务人行使的追索。到期前追索是指票据到期前,持票人对下列情形之一行使的追索:① 汇票被拒绝承兑的;② 承兑人或者付款人死亡、逃匿的;③ 承兑人或者付款人被依法宣告破产的或者因违法被责令终止业务活动的。

2. 被追索人的确定

票据的出票人、背书人、承兑人和保证人对持票人承担连带责任。持票人可以不按照票据债务人的先后顺序,对其中任何一人、数人或者全体行使追索权。持票人对票据债务人中的一人或者数人已经进行追索的,对其他票据债务人仍可以行使追索权。被追索人代为清偿债务后,其责任解除,与持票人享有同一权利,即可以继续向其前手追索。

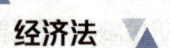
举案说法

> 甲公司为了支付乙公司 100 万元货款,向乙公司签发了一张以 P 银行为付款人的银行承兑汇票。乙公司将该汇票背书转让给丙公司,王某为保证人;丙公司将该汇票背书转让给丁公司;丁公司将该汇票背书转让给戊公司。如果戊公司向 P 银行请求支付票款时被拒绝,戊公司可以向甲公司、乙公司、王某、丙公司、丁公司行使追索权。戊公司可以不按照票据债务人的先后顺序随意选择其中一人、数人或者全体行使追索权。假如戊公司选择向丙公司行使追索权,丙公司向戊公司支付款项后,可以向甲公司、乙公司、王某继续追索。

3. 追索权的行使

持票人行使追索权时,应当提供被拒绝承兑或拒绝付款的有关证明。持票人不能出示相关证明的,将丧失对其前手的追索权。但是,承兑人或者付款人仍应当对持票人承担责任。

持票人应当自收到被拒绝承兑或者被拒绝付款的有关证明之日起 3 日内,将被拒绝事由书面通知其前手;其前手应当自收到通知之日起 3 日内书面通知其再前手。持票人也可以同时向各票据债务人发出书面通知。未按照规定期限发出追索通知的,持票人仍可以行使追索权。因延期通知给其前手或者出票人造成损失的,由没有按照规定期限通知的票据当事人承担该损失的赔偿责任,但所赔偿的金额以汇票金额为限。

4. 追索的内容

追索的内容包括行使追索权时可以请求被追索人支付的金额和费用,如表 4-6 所示。

表 4-6 追索的内容

类别	追索的内容
首次追索 (持票人的追索)	① 被拒绝付款的票据金额;② 票据金额自到期日或者提示付款日起至清偿日止,按照中国人民银行规定利率计算的利息;③ 取得有关拒绝证明和发出通知书的费用
被追索人的再追索	① 已代为清偿的全部金额;② 代偿金额自清偿日起至再追索清偿日止,按照中国人民银行规定的利率计算的利息;③ 发出通知书的费用

(四)票据权利丧失补救

票据丧失(如遗失、被盗)后,票据债权人需要采取补救措施,以防止造成正当票据权利人经济上的损失。补救形式包括挂失止付、公示催告和普通诉讼三种。

1. 挂失止付

挂失止付是指失票人将丧失票据的情况通知付款人或代理付款人，由接受通知的付款人或代理付款人审查后暂停支付的一种方式。只有确定付款人或代理付款人的票据丧失时才可进行挂失止付。

付款人或者代理付款人收到挂失止付通知书后，查明挂失票据确未付款时，应立即暂停支付。付款人或者代理付款人自收到挂失止付通知书之日起 12 日内没有收到人民法院的止付通知书的，自第 13 日起，不再承担止付责任，持票人提示付款即依法向持票人付款。付款人或者代理付款人在收到挂失止付通知书之前，已经向持票人付款的，不再承担责任。但是，付款人或者代理付款人以恶意或者重大过失付款的除外。

挂失止付并不是票据丧失后采取的必经措施，而只是一种暂时的预防措施，最终依然要通过申请公示催告或提起普通诉讼来补救票据权利。

2. 公示催告

公示催告是指失票人在票据丧失后向票据支付地人民法院提出申请，请求人民法院以公告方式通知不确定的利害关系人限期申报权利，逾期未申报者，则权利失效，而法院通过除权判决宣告所丧失的票据无效的制度或程序。公示催告的具体内容如表 4-7 所示。

表 4-7　公示催告

项目		内容
申请	申请主体	必须是可以背书转让的票据的最后持票人
	申请时间	采取挂失止付的，应当在通知挂失止付后的 3 日内提出申请；未采取挂失止付的，可以在票据丧失后直接提出申请
受理		人民法院决定受理公示催告申请，应当同时通知付款人及代理付款人停止支付，并自立案之日起 3 日内发出公告，催促利害关系人申报权利。付款人或者代理付款人收到人民法院发出的止付通知，应当立即停止支付，直至公示催告程序终结
公告		公示催告期间不得少于 60 日
判决		利害关系人应当在公示催告期间向人民法院申报。人民法院收到利害关系人的申报后，应当裁定终结公示催告程序，并通知申请人和支付人。没有人申报的，人民法院应当根据申请人的申请，作出除权判决，宣告票据无效。判决应当公告，并通知支付人。自判决公告之日起，申请人有权向支付人请求支付。利害关系人因正当理由不能在判决前向人民法院申报的，自知道或者应当知道判决公告之日起 1 年内，可以向作出判决的人民法院起诉

> 小贴士
>
> 除权判决有两个主要效力：① 确认申请人是票据权利人；② 宣告票据失去效力，即票据权利与票据相分离，原来的票据凭证不再是票据权利的载体。这样，申请人有权持除权判决向票据上的义务人主张票据权利。

3．普通诉讼

普通诉讼是指失票人为原告，以承兑人或出票人为被告，请求法院判决其向失票人付款的诉讼活动。

（五）票据权利时效

票据权利时效是指票据权利在时效期间内不行使，即引起票据权利丧失。票据权利时效有 2 年、6 个月、3 个月三种，具体内容如表 4-8 所示。

表 4-8 票据权利时效

票据权利时效	适用情形
2 年	① 持票人对票据的出票人和承兑人的权利自票据到期日起 2 年；② 见票即付的汇票、本票自出票日起 2 年
6 个月	① 持票人对支票出票人的权利，自出票日起 6 个月；② 持票人对前手的追索权，自被拒绝承兑或者被拒绝付款之日起 6 个月
3 个月	持票人对前手的再追索权，自清偿日或者被提起诉讼之日起 3 个月

三、票据行为

票据行为是指票据当事人以发生票据债务为目的、以在票据上签名或盖章为权利义务成立要件的法律行为。票据行为包括出票、背书、承兑和保证。

（一）出票

出票是指出票人签发票据并将其交付给收款人的票据行为。出票人签发票据后即承担该票据承兑或付款的责任。

1．出票的基本要求

出票人必须与付款人具有真实的委托付款关系，并且具有支付票据金额的可靠资金来源，不得签发无对价的票据用以骗取银行或者其他票据当事人的资金。

出票日期必须使用中文大写。月为"壹"（1 月）、"贰"（2 月）、"壹拾"（10 月），应当在前面加"零"，如零壹月。日为壹至玖（1—9 日）、壹拾（10 日）、贰拾（20 日）、叁拾（30 日），前面加"零"，如零叁拾日；日为拾壹至拾玖（11—19 日），前面加"壹"，如壹拾壹日。

票据金额以中文大写和阿拉伯数字同时记载，二者必须一致，二者不一致的票据无效。

> 出票金额、出票日期、收款人名称不得更改，若更改，票据无效；其他记载事项，原记载人可以更改，更改时应当由原记载人在更改处签章证明。

2．票据的记载事项

票据的记载事项是指依法在票据上记载的票据相关内容，一般分为必须记载事项、相对记载事项、任意记载事项和记载不产生《票据法》上效力的事项，具体内容如表 4-9 所示。

表 4-9 票据的记载事项

记载事项类别	含义
必须记载事项	也称必要记载事项,如不记载,票据行为即为无效
相对记载事项	如果未记载,由法律另作相应规定予以明确,并不影响票据的效力。例如背书日期属于相对记载事项。根据《票据法》的规定,背书未记载日期的,视为在汇票到期日前背书
任意记载事项	不强制当事人必须记载而允许当事人自行选择,不记载不影响票据效力,记载则产生票据效力。例如出票人在汇票上记载的"不得转让"字样属于任意记载事项
记载不产生《票据法》上效力的事项	除了必须记载事项、相对记载事项、任意记载事项外,票据上还可以记载其他一些事项,但这些事项不具有票据效力,银行不负审查责任

法律充电站

票据和结算凭证上的签章及其他记载事项应当真实,不得伪造、变造。所谓"伪造",是指无权限人假冒他人或者虚构他人名义签章的行为。所谓"变造",是指无权更改票据内容的人,对票据上签章以外的记载事项加以改变的行为。

（二）背书

背书是在票据背面或者粘单上记载有关事项并签章的票据行为。

1. 背书的种类

以背书的目的为标准,将背书分为转让背书和非转让背书,非转让背书包括委托收款背书和质押背书,具体内容如图 4-12 所示。

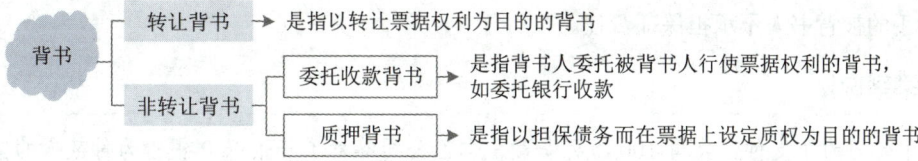

图 4-12 背书的种类

对于委托收款背书,被背书人不得再以背书转让票据权利。

2. 背书记载事项

背书由背书人签章并记载背书日期。背书未记载日期的,视为在票据到期日前背书。

以背书转让或者以背书将一定的票据权利授予他人行使时,必须记载被背书人名称。背书人未记载被背书人名称即将票据交付他人的,持票人在票据被背书人栏内记载自己的名称与背书人记载具有同等法律效力。

委托收款背书应记载"委托收款"字样,被背书人和背书人签章;质

背书

押背书应记载"质押"字样，质权人和出质人签章。

票据凭证不能满足背书人记载事项的需要，可以加附粘单，粘贴于票据凭证上。粘单上的第一记载人（即粘单上第一手背书的背书人），应当在票据和粘单的贴粘单处签章。

3. 背书效力

背书人以背书转让票据后，即承担保证其后手所持票据承兑和付款的责任。以背书转让的票据，背书应当连续（即转让票据的背书人与受让票据的被背书人在票据上的签章依次前后衔接，见图4-13），票据的第一背书人为票据"收款人"，最后的持票人为"最后背书的被背书人"，中间的背书人为前手背书的被背书人。

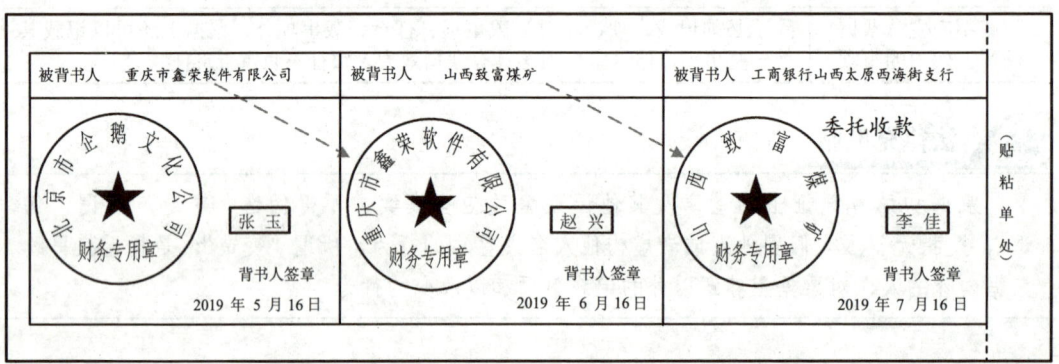

图 4-13　背书

持票人以背书的连续，证明其票据权利，如果存在背书不连续等合理事由，票据债务人可以对票据债权人拒绝履行义务。

背书时附有条件的，所附条件不具有票据上的效力。票据上记载"不得转让"字样的，票据不得背书转让。背书人在票据上记载"不得转让"字样，其后手再背书转让的，原背书人对后手的被背书人不承担保证责任。

举案说法

> 甲公司为了支付乙公司100万元货款，向乙公司签发了一张以P银行为付款人的银行承兑汇票。乙公司将汇票背书转让给丙公司，并在汇票背面记载"不得转让"字样。丙公司又将汇票背书转让给丁公司。如果丁公司在向P银行提示付款时遭到拒绝，丁公司可以对甲公司、丙公司行使追索权，但不能对乙公司进行追索。乙公司在背书给丙公司时，在汇票背面记载了"不得转让"字样，对丁公司不承担保证责任。

票据被拒绝承兑、被拒绝付款或者超过付款提示期限的，不得背书转让；背书转让的，背书人应当承担票据责任。

敲黑板

不得将票据金额的一部分背书转让或者将票据金额分别背书转让两人以上。

项目四　支付结算法律制度——维护金融秩序的稳定

(三) 承兑

承兑是指汇票付款人承诺在汇票到期日支付汇票金额并签章的票据行为,仅适用于商业汇票。商业汇票可以在出票时向付款人提示承兑后使用,也可以在出票后先使用再向付款人提示承兑。承兑程序包括提示承兑、受理承兑、记载承兑事项等,具体如表4-10所示。

表4-10　商业汇票的承兑

项目	内容
提示承兑	提示承兑是指持票人向付款人出示汇票,并要求付款人承诺付款的行为。商业汇票的付款期限有定日付款、出票后定期付款、见票后定期付款三种形式。定日付款或者出票后定期付款的汇票,持票人应当在汇票到期日前提示承兑;见票后定期付款的汇票,持票人应当自出票日起1个月内向付款人提示承兑。汇票未按照规定期限提示承兑的,持票人丧失对其前手的追索权
受理承兑	付款人对向其提示承兑的汇票,应当自收到提示承兑的汇票之日起3日内承兑或拒绝承兑。付款人拒绝承兑的,必须出具拒绝承兑的证明
记载承兑事项	付款人承兑汇票的,应当在汇票正面记载"承兑"字样和承兑日期并签章。见票后定期付款的汇票,应当在承兑时记载付款日期。汇票上未记载承兑日期的,应当以收到提示承兑的汇票之日起3日内的最后一日为承兑日期

敲黑板

承兑不得附有条件,承兑附有条件的,视为拒绝承兑。付款人承兑汇票后,应当承担到期付款的责任。

(四) 保证

保证是指票据债务人以外的人,为担保特定债务人履行票据债务而在票据上记载有关事项并签章的行为。保证的主要规定如表4-11所示。

表4-11　保证

项目	内容
保证人	国家机关、以公益为目的的事业单位、社会团体、企业法人的分支机构和职能部门作为票据保证人的,票据保证无效,但经国务院批准为使用外国政府或国际经济组织贷款进行转贷,国家机关提供票据保证的,以及企业法人的分支机构在法人书面授权范围内提供票据保证的除外
记载事项	保证人必须在票据或者粘单上记载下列事项:① 表明"保证"的字样;② 保证人名称和住所;③ 被保证人的名称;④ 保证日期;⑤ 保证人签章 保证人在票据或者粘单上未记载被保证人名称的,已承兑的票据,承兑人为被保证人;未承兑的票据,出票人为被保证人。保证人在票据或者粘单上未记载保证日期的,出票日期为保证日期
责任的承担	被保证的票据,保证人应当与被保证人对持票人承担连带责任。票据到期后得不到付款的,持票人有权向保证人请求付款,保证人应当足额付款。保证人为两人以上的,保证人之间承担连带责任
保证效力	保证不得附条件,附条件的,不影响对票据的保证责任。保证人清偿票据债务后,可以行使持票人对被保证人及其前手的追索权

99

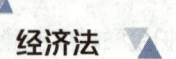 出票、背书、承兑、保证未记载日期的法律后果如表 4-12 所示。

表 4-12 出票、背书、承兑、保证未记载日期的法律后果

票据行为	法律后果
出票	未记载出票日期的，票据无效
背书	未记载背书日期的，视为在票据到期日前背书
承兑	未记载承兑日期的，以收到提示承兑的汇票之日起 3 日内的最后一日为承兑日期
保证	未记载保证日期的，出票日期为保证日期

四、支票

（一）支票的概念、种类和适用范围

1. 支票的概念

支票是指出票人签发的、委托办理支票存款业务的银行或者其他金融机构在见票时无条件支付确定的金额给收款人或者持票人的票据。支票的基本当事人包括出票人、付款人和收款人。

2. 支票的种类

支票分为现金支票、转账支票和普通支票三种，其特点及用途如表 4-13 所示。

表 4-13 三种支票的特点及用途

种类	特点	用途	
		转账	支取现金
现金支票	支票上印有"现金"字样	不可以	可以
转账支票	支票上印有"转账"字样	可以	不可以
普通支票	支票上未印有"现金"或"转账"字样	可以	可以

在普通支票左上角划两条平行线的，为划线支票。划线支票只能用于转账，不得支取现金。

3. 支票的适用范围

单位和个人在同一票据交换区域的各种款项结算，均可以使用支票。全国支票影像系统支持全国使用。支票的业务流程如图 4-14 所示。

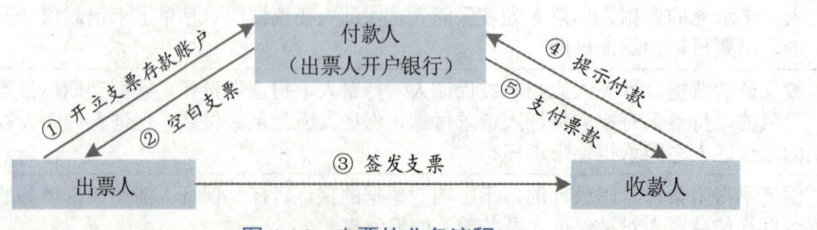

支票的票样

图 4-14 支票的业务流程

（二）支票的出票

1. 支票的记载事项

签发支票必须记载下列事项，否则票据无效：① 表明"支票"的字样；② 无条件支付的"委托"；③ 确定的金额；④ 付款人名称；⑤ 出票日期；⑥ 出票人签章。

支票上未记载付款地的，付款人的营业场所为付款地；支票上未记载出票地的，出票人的营业场所、住所或者经常居住地为出票地。

> **小贴士**
>
> 必须记载事项中无收款人名称。

> **敲黑板**
>
> 支票的金额、收款人名称，可以由出票人授权补记，未补记前不得背书转让和提示付款。出票人可以在支票上记载自己为收款人。

2. 签发支票的注意事项

支票的出票人签发支票的金额不得超过其付款时在付款人处实有的存款金额；超过实有金额的，为空头支票。禁止签发空头支票。支票的出票人不得签发与其预留银行签章不符的支票。

单位或个人签发空头支票或者签发与其预留的签章不符、使用支付密码但支付密码错误的支票，不以骗取财物为目的的，由中国人民银行处以票面金额 5%但不低于 1 000 元的罚款。持票人有权要求出票人赔偿支票金额 2%的赔偿金。屡次签发空头支票的，银行有权停止为其办理支票或全部支付结算业务。

> **思维互动坊**
>
> 回顾案例导入，算一算乙公司可以要求甲公司支付多少赔偿金。

（三）支票付款

支票的提示付款期限自出票日起 10 日。持票人可以委托开户银行收款或直接向付款人提示付款。用于支取现金的支票仅限于收款人向付款人提示付款。

出票人必须按照签发的支票金额承担保证向该持票人付款的责任。出票人在付款人处的存款足以支付支票金额时，付款人应当在见票当日足额付款。

五、银行本票

（一）银行本票的概念和适用范围

本票是指出票人签发的，承诺自己在见票时无条件支付确定的金额给收款人或者持票人的票据（见票即付）。在我国本票仅限于银行本票，即银行出票、银行付款。银行本票可以用于转账，注明"现金"字样的银行本票可以用于支取现金。

银行本票适用于单位和个人在同一票据交换区域的各种款项支付。银行本票的业务流程如图 4-15 所示。

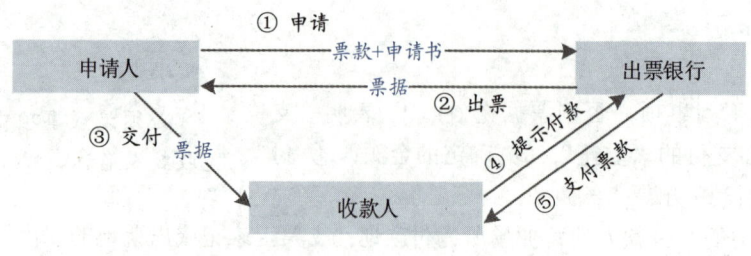

银行本票的票样

图 4-15 银行本票的业务流程

(二) 银行本票的出票

1. 申请

申请人使用银行本票,应向银行填写"银行本票申请书",填明收款人名称、申请人名称、支付金额、申请日期等事项并签章。申请人和收款人均为个人需要支取现金的,应在"金额"栏先填写"现金"字样,后填写支付金额。

2. 出票

出票银行受理"银行本票申请书",收妥款项,签发银行本票交给申请人。签发银行本票必须记载下列事项,否则票据无效:① 表明"银行本票"的字样;② 无条件支付的承诺;③ 确定的金额;④ 收款人名称;⑤ 出票日期;⑥ 出票人签章。

> 小贴士
> 必须记载事项中无付款人名称。

3. 交付

申请人应将银行本票交付给本票上记明的收款人。收款人受理银行本票时,应审查下列事项:① 收款人是否确为本单位或本人;② 银行本票是否在提示付款期限内;③ 必须记载的事项是否齐全;④ 出票人签章是否符合规定,大小写出票金额是否一致;⑤ 出票金额、出票日期、收款人名称是否更改,更改的其他记载事项是否由原记载人签章证明。

(三) 银行本票的付款

银行本票见票即付。银行本票的提示付款期限自出票日起最长不得超过 2 个月。本票的出票人在持票人提示见票时,必须承担付款的责任。本票持票人未按照规定提示付款的,丧失对出票人以外的前手的追索权。持票人超过提示付款期限不获付款的,在票据权利时效内向出票银行作出说明,并提供本人身份证件或单位证明,可持银行本票向出票银行请求付款。

(四) 银行本票的退款和丧失

申请人因银行本票超过提示付款期限或其他原因要求退款时,应将银行本票提交到出票银行。出票银行对于在本行开立存款账户的申请人,只能将款项转入原申请人账户;对于现金银行本票和未在本行开立存款账户的申请人,退付现金。银行本票丧失,失票人可以凭人民法院出具的其享有票据权利的证明,向出票银行请求付款或退款。

六、银行汇票

(一) 银行汇票的概念和适用范围

银行汇票是出票银行签发的,由其在见票时按照实际结算金额无条件支付给收款人或者持票人的票据（见票即付）。出票银行既是出票人，又是付款人。银行汇票可以用于转账，注明"现金"字样的银行汇票可以用于支取现金。

单位和个人各种款项结算，均可使用银行汇票。银行汇票的业务流程如图4-16所示。

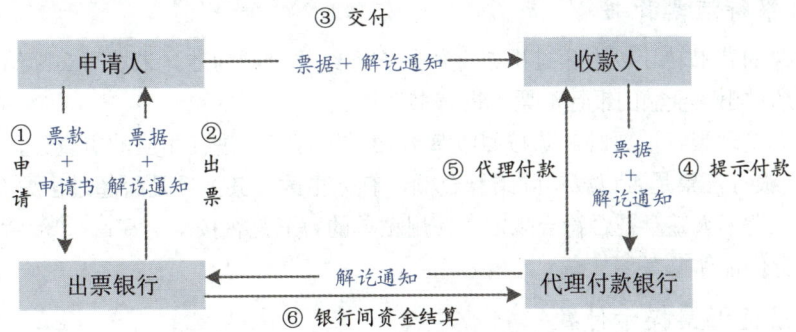

图4-16　银行汇票的业务流程

（二）银行汇票的出票

1. 申请

申请人使用银行汇票，应向出票银行填写"银行汇票申请书"，填明收款人名称、汇票金额、申请人名称、申请日期等事项并签章，签章为其预留银行的签章。申请人和收款人均为个人，需要使用银行汇票向代理付款人支取现金的，申请人须在"银行汇票申请书"上填明代理付款人名称，在"出票金额"栏先填写"现金"字样，后填写汇票金额。申请人或者收款人为单位的，不得在"银行汇票申请书"上填明"现金"字样。

2. 出票

出票银行受理银行汇票申请书，收妥款项后签发银行汇票，并将银行汇票和解讫通知一并交给申请人。签发银行汇票必须记载下列事项，否则票据无效：① 表明"银行汇票"的字样；② 无条件支付的承诺；③ 出票金额；④ 付款人名称；⑤ 收款人名称；⑥ 出票日期；⑦ 出票人签章。

3. 交付

申请人应将银行汇票和解讫通知一并交付给汇票上记明的收款人。收款人受理银行汇票时，应审查下列事项：① 银行汇票和解讫通知是否齐全、汇票号码和记载的内容是否一致；② 收款人是否确为本单位或本人；③ 银行汇票是否在提示付款期限内；④ 必须记载的事项是否齐全；⑤ 出票人签章是否符合规定，大小写出票金额是否一致；⑥ 出票金额、出票日期、收款人名称是否更改，更改的其他记载事项是否由原记载人签章证明。

（三）填写实际结算金额

收款人应在出票金额以内，根据实际需要的款项办理结算，并将实际结算金额和多余金额准确、清晰地填入银行汇票和解讫通知的有关栏内。实际结算金额低于出票金额的，其多余金额由出票银行退交申请人。未填明实际结算金额和多余金额或实际结算金额超过出票金额的，银行不予受理。

>
> 实际结算金额一经填写不得更改，更改实际结算金额的银行汇票无效。

（四）银行汇票背书

银行汇票的背书转让以不超过出票金额的实际结算金额为准。未填写实际结算金额或实际结算金额超过出票金额的银行汇票不得背书转让。

被背书人受理银行汇票时，除按照收款人接受银行汇票进行相应的审查外，还应审查下列事项：① 银行汇票是否记载实际结算金额，有无更改，其金额是否超过出票金额；② 背书是否连续，背书人签章是否符合规定，使用粘单的背书是否按规定签章；③ 背书人为个人的，审查其身份证件。

（五）银行汇票提示付款

银行汇票的提示付款期限自出票日起1个月。持票人超过付款期限提示付款的，代理付款人不予受理。持票人向银行提示付款时，须同时提交银行汇票和解讫通知，缺少任何一联，银行不予受理。持票人超过期限向代理付款银行提示付款却不获付款的，须在票据权利时效内向出票银行作出说明，并提供本人身份证件或单位证明，持银行汇票和解讫通知向出票银行请求付款。

（六）银行汇票退款和丧失

申请人因银行汇票超过付款提示期限或其他原因要求退款时，应将银行汇票和解讫通知同时提交到出票银行。申请人因缺少解讫通知要求退款的，出票银行应于银行汇票提示付款期满1个月后办理。出票银行对于转账银行汇票的退款，只能转入原申请人账户；对于符合规定填明"现金"字样银行汇票的退款，可退付现金。

银行汇票丧失，失票人可以凭人民法院出具的其享有票据权利的证明，向出票银行请求付款或退款。

七、商业汇票

（一）商业汇票的概念、种类和适用范围

商业汇票的票样

商业汇票是指出票人签发的，委托付款人在指定日期无条件支付确定金额给收款人或者持票人的票据。商业汇票按照承兑人的不同分为商业承兑汇票和银行承兑汇票。商业承兑汇票由银行以外的付款人承兑，银行承兑汇票由银行承兑。电子银行承兑汇票由银行业金融机构、财务公司承兑；电子商业承兑汇票由金融机构以外的法人或其他组织承兑。商业汇票的付款人为承兑人。在银行开立存款账户的法人及其他组织之间的结算，才能使用商业汇票。

（二）商业汇票的出票

1. 出票人的资格条件

商业承兑汇票的出票人为在银行开立存款账户的法人及其他

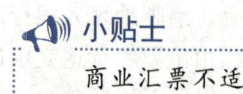
小贴士

商业汇票不适用于个人。

组织，并与付款人具有真实的委托付款关系，具有支付汇票金额的可靠资金来源。银行承兑汇票的出票人必须是在承兑银行开立存款账户的法人及其他组织，并与承兑银行具有真实的委托付款关系，资信状况良好，具有支付汇票金额的可靠资金来源。

2. 出票人的确定

商业承兑汇票可以由付款人签发并承兑，也可以由收款人签发交由付款人承兑。银行承兑汇票应由在承兑银行开立存款账户的存款人签发。

3. 出票的记载事项

签发商业汇票必须记载的事项如表 4-14 所示。

表 4-14 签发商业汇票必须记载的事项

汇票种类	必须记载的事项
纸质商业汇票	① 表明"商业承兑汇票"或"银行承兑汇票"的字样；② 无条件支付的委托；③ 确定的金额；④ 付款人名称；⑤ 收款人名称；⑥ 出票日期；⑦ 出票人签章
电子商业汇票	① 表明"电子商业承兑汇票"或"电子银行承兑汇票"的字样；② 无条件支付的委托；③ 确定的金额；④ 出票人名称；⑤ 付款人名称；⑥ 收款人名称；⑦ 出票日期；⑧ 票据到期日；⑨ 出票人签章

法律充电站

商业汇票的付款期限记载有三种形式：① 定日付款，汇票付款期限自出票日起计算，并在汇票上记载具体的到期日；② 出票后定期付款，汇票付款期限自出票日起按月计算，并在汇票上记载；③ 见票后定期付款，汇票付款期限自承兑或拒绝承兑日起按月计算，并在汇票上记载。

需要注意的是，纸质商业汇票的付款期限最长不得超过 6 个月，电子商业承兑汇票期限自出票日至到期日不超过 1 年。

（三）商业汇票的承兑

商业汇票可以在出票时向付款人提示承兑后使用，也可以在出票后先使用再向付款人提示承兑。付款人拒绝承兑的，必须出具拒绝承兑的证明。付款人承兑汇票后，应当承担到期付款的责任。

（四）商业汇票的贴现

1. 贴现的概念和条件

贴现是指票据持票人在票据未到期前为获得现金向银行贴付一定利息而发生的票据转让行为。商业汇票的持票人向银行办理贴现必须具备下列条件：① 票据未到期；② 票据未记载"不得转让"事项；③ 申请人是在银行开立存款账户的企业法人及其他组织；④ 与出票人或者直接前手之间具有真实的商品交易关系。

2. 贴现利息的计算

贴现利息的计算公式为

贴现利息=票面金额×日贴现率×贴现日至汇票到期前 1 日的天数

承兑人在异地的纸质商业汇票，贴现的期限及贴现利息的计算应另加 3 日的划款日期。即贴现利息的计算公式为

贴现利息=票面金额×日贴现率×（贴现日至汇票到期前 1 日的天数+3 天）

贴现银行支付给申请人的金额：实付贴现金额=票面金额−贴现利息

3. 贴现的收款

贴现到期，贴现银行应向付款人收取票款。不获付款的，贴现银行应向其前手追索票款。贴现银行追索票款时可从申请人的存款账户直接收取票款。

（五）商业汇票的提示付款

商业汇票的提示付款期限是自汇票到期日起 10 日，持票人应在提示付款期内向付款人提示付款。商业承兑汇票承兑人在提示付款当日同意付款的，承兑人账户余额足够支付票款的，承兑人开户行应当代承兑人作出同意付款应答，并于提示付款日向持票人付款；承兑人账户余额不足以支付票款的，视同承兑人拒绝付款。银行承兑汇票的出票人应于汇票到期前将票款足额交存其开户银行，银行承兑汇票的出票人于汇票到期日未能足额交存票款时，承兑银行付款后，对出票人尚未支付的汇票金额按照每天万分之五计收利息。

班级_____ 姓名_____ 学号_____

学业测评

1.【单选题】下列票据中,不属于我国《票据法》所称票据的是( )。
 A. 本票　　　　　　B. 支票　　　　　　C. 汇票　　　　　　D. 股票

2.【单选题】甲公司将一张商业承兑汇票背书转让给乙公司,乙公司于汇票到期日2017年5月10日向付款人请求付款时遭到拒绝,乙公司向甲公司行使追索权的最后日期为( )。
 A. 2017年8月10日　　　　　　B. 2017年11月10日
 C. 2017年10月10日　　　　　　D. 2017年6月10日

3.【单选题】根据支付结算法律制度的规定,下列票据日期中属于票据必须记载事项的是( )。
 A. 出票日期　　　　B. 背书日期　　　　C. 承兑日期　　　　D. 保证日期

4.【单选题】根据支付结算法律制度的规定,下列票据中可以办理贴现的是( )。
 A. 银行承兑汇票　　B. 银行汇票　　　　C. 转账支票　　　　D. 银行本票

5.【单选题】下列款项结算中,可以使用现金银行汇票的是( )。
 A. 赵某向张某支付购房款20万元　　　B. 丙公司向刘某支付劳务费15万元
 C. 孙某向戊公司支付装修款15万元　　D. 甲公司向乙公司支付材料款20万元

6.【多选题】根据《票据法》的规定,票据持有人有下列哪些情形的,不得享有票据权利( )。
 A. 以欺诈、偷盗、胁迫等手段取得票据的
 B. 明知前手欺诈、偷盗、胁迫等手段取得票据而出于恶意取得票据的
 C. 因重大过失取得不符合《票据法》规定的票据的
 D. 因赠与从合法取得票据的前手处取得票据的

7.【多选题】郑某为支付甲公司货款,向银行申请签发了一张金额为60万元的银行汇票。甲公司受理该汇票应当审查的内容有( )。
 A. 银行汇票和解讫通知是否齐全　　　B. 该银行汇票是否在提示付款期内
 C. 收款人是否确为甲公司　　　　　　D. 必须记载的事项是否齐全

8.【多选题】根据支付结算法律制度的规定,下列支票记载事项中可以授权补记的有( )。
 A. 支票金额　　　　　　　　　　　　B. 付款人名称
 C. 出票日期　　　　　　　　　　　　D. 收款人名称

9.【多选题】根据支付结算法律制度的规定,下列各项中属于票据行为的有( )。
 A. 出票　　　　　　B. 背书　　　　　　C. 承兑　　　　　　D. 付款

10.【判断题】背书人未记载被背书人名称即将票据交付他人的,持票人在票据被背书人栏内记载自己的名称与背书人记载具有同等法律效力。( )

11.【判断题】付款人承兑汇票可以附有条件。( )

12.【判断题】银行本票的出票人和付款人均为银行。( )

班级_____ 姓名_____ 学号_____

实训育才

案例解析：知识为钥探真相

一、实训目标

通过实训，强化学生对票据相关知识的理解，使学生明确票据的使用规范。

二、实训内容

阅读案例并讨论问题。

> 2024年2月10日，甲公司向乙公司签发一张金额为50万元的商业汇票，以支付所欠货款。汇票到期日为2024年8月10日。A银行作为承兑人在汇票票面上签章。
>
> 3月10日，乙公司将该汇票背书转让给丙公司，用于支付装修工程款，并在汇票上注明："票据转让于工程验收合格后生效"。后丙公司施工的装修工程因存在严重质量问题未能通过验收。
>
> 4月10日，丙公司将该汇票背书转让给丁公司，用于支付房屋租金。丁公司随即将该汇票背书转让给戊公司，用于购买办公设备，并在汇票背书人栏内记载"不得转让"字样。
>
> 5月10日，戊公司将该汇票背书转让给庚公司，用于支付咨询服务费用，但未在汇票被背书人栏内记载庚公司名称。
>
> 8月15日，庚公司持该汇票向A银行提示付款。A银行以庚公司名称未记载于汇票被背书人栏内为由拒付。庚公司在汇票被背书人栏内补记本公司名称后，再次向A银行提示付款。A银行以自行补记不具效力为由再次拒付。庚公司向乙、丙、丁、戊公司追索，均遭拒绝。其中，丙公司的拒绝理由是，丁公司在汇票背书人栏内记载有"不得转让"字样；乙公司的拒绝理由是，丙公司的装修工程未通过验收，不符合乙公司在汇票上注明的背书转让生效条件。
>
> 思考：
> （1）A银行第一次拒付的理由是否成立？请说明理由。
> （2）A银行第二次拒付的理由是否成立？请说明理由。
> （3）丙公司拒绝庚公司追索的理由是否成立？请说明理由。
> （4）乙公司拒绝庚公司追索的理由是否成立？请说明理由。

三、实训要求

（1）提交案例讨论记录。学生以3～5人为一组，设组长1名、记录员1名，每组必须有小组讨论、工作分工的详细记录，以此作为评定考核成绩的依据。

（2）能够在规定的时间内完成相关的讨论，撰写文字小结。

四、实训流程

第一步：由教师介绍实训的目标、内容、要求，调动学生实训的积极性。

第二步：学生自由分组，确定各小组的组长和人员分工，制订小组实施计划，明确团队要做什么，要达到什么目的。

第三步：由教师介绍相关案例及讨论的话题。

第四步：各小组对教师布置的问题展开讨论，并记录小组成员的发言。

第五步：根据小组讨论记录撰写讨论小结。

第六步：各小组相互评议，教师点评、总结。

项目五

税收法律制度
——引导资源的合理配置

项目导读

网上曾流行这样一个段子:"往后余生,最关心你的人,是税务。它关心你的房租是多少钱,关心你有几个孩子,关心你赡养几个老人,关心你的健康状况,关心你的继续教育,关心你的房贷,顺便关心你有多少房产,有几辆车,每年有多少收入,收入构成是怎样的。"由此可见,税收与我们的生活息息相关。

本项目主要从货物和劳务税法律制度、所得税法律制度、财产和行为税法律制度三方面进行介绍,主要内容如图5-1所示。

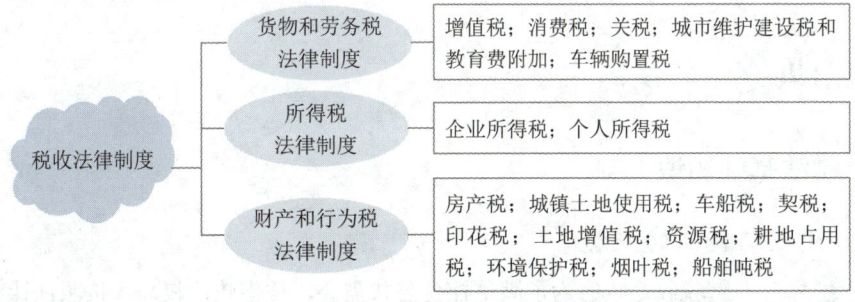

图5-1 知识框架图

学习目标

知识目标

(1) 了解城市维护建设税和教育费附加、耕地占用税、环境保护税、烟叶税、船舶吨税。

(2) 熟悉消费税、房产税、城镇土地使用税、车船税、契税、印花税、土地增值税、资源税、关税、车辆购置税。

(3) 掌握增值税、企业所得税、个人所得税。

能力目标

能够结合生活中的实际情况确定是否要纳税、要纳哪些税。

素质目标

明确依法纳税是每个企业和公民应尽的义务,树立正确的纳税观念。

经济法

任务一 货物和劳务税法律制度：调节经济活动

以案启思

在汉语中，"税"字由"禾"和"兑"两字组成。"禾"指农产品，"兑"有送达的意思。两个字组合为"税"，寓意将财产的一部分交给国家。在我国依法纳税是每个公民应尽的义务，纳税人依法纳税，税务机关依法征税是法律的要求，这体现了税收的强制性；国家在取得税收后，会将这笔收入"取之于民，用之于民"，但不必返还给纳税人或对纳税人支付任何报酬或付出代价，这就是税收的无偿性；国家在征税之前就以法律的形式预先规定了征税对象和税率，未经国家有关部门批准不得随意改变，这就是税收的固定性。

思考

你知道的税有哪些？

法海拾贝

一、税法基础知识

（一）税收与税法的概念

税收与税法

税收是政府为了满足社会公共需要，凭借政治权力，按照法律的规定，强制、无偿地取得财政收入的一种形式。它体现了国家与纳税人在征税、纳税的利益分配上的一种特定分配关系。在社会主义市场经济运行中，税收主要具有资源配置、收入再分配、稳定经济和维护国家政权的作用。

税法即税收法律制度，是调整税收关系的法律规范的总称，是国家法律的重要组成部分。它是以宪法为依据，调整国家与社会成员在征纳税上的权利与义务关系，维护社会经济秩序和纳税秩序，保障国家利益和纳税人合法权益的法律规范，是国家税务机关依法征税、一切纳税单位和个人依法纳税的行为规则。

（二）税收法律关系

税收法律关系体现为国家征税与纳税人纳税的利益分配关系。与其他法律关系一样，也是由主体、客体和内容三个要素构成的，具体内容如图5-2所示。

对纳税主体的确定，我国采取属地兼属人原则，即在中华人民共和国的外国企业、组织、外籍人、无国籍人等凡在中国境内有所得来源的，都是我国税收法律关系的主体。

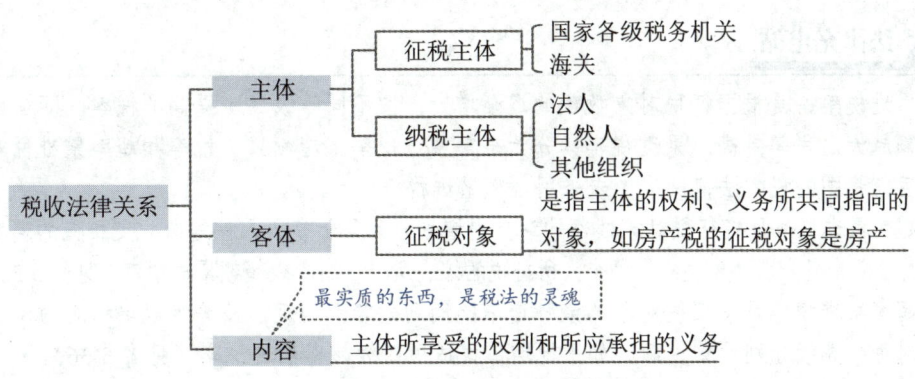

图 5-2 税收法律关系三要素

（三）税法要素

税法要素是指各单行税法共同具有的基本要素，一般包括纳税人、征税对象、税目、税率、计税依据、纳税环节、纳税期限、纳税地点、税收优惠、法律责任等，具体内容如表 5-1 所示。

表 5-1 税法要素

税法要素	基本内涵
纳税人	纳税人是指依法直接负有纳税义务的法人、自然人和其他组织
征税对象	征税对象又称课税对象，即对什么征税，如房产税的征税对象是房产。征税对象是区别不同税种的重要标志
税目	税目是税法中具体规定应当征税的项目，是征税对象的具体化。设置税目一方面是为了明确征税的具体范围，另一方面是为了对不同的征税项目加以区分，从而制定高低不同的税率
税率	税率是对征税对象的征收比例或征收程度。税率是计算税额的尺度，也是衡量税负轻重的重要标志。我国现行的税率主要有比例税率、定额税率、超额累进税率和超率累进税率四种
计税依据	计税依据是指计算应纳税额的依据或标准，即根据什么来计算纳税人应缴纳的税额。一般有从价计征和从量计征两种。从价计征以计税金额为计税依据；从量计征以征税对象的重量、体积、数量等为计税依据
纳税环节	纳税环节主要是指税法规定的征税对象在从生产到消费的流转过程（生产、批发、零售等）中应当缴纳税款的环节
纳税期限	纳税期限是指纳税人的纳税义务发生后应依法缴纳税款的期限
纳税地点	纳税地点是指根据各税种的纳税环节和有利于对税款的源泉控制而规定的纳税人（包括代征、代扣、代缴义务人）具体申报缴纳税金的地方
税收优惠	税收优惠是指国家对某些纳税人和征税对象给予鼓励和照顾的一种特殊规定。主要包括： ① 减税：是指对应征税款减少征收部分税款，如减征 50% ② 免税：是指对按规定应征收的税款给予免除 ③ 起征点：也称征税起点，是指对征税对象开始征税的数额界限。征税对象的数额没有达到规定起征点的，不征税；达到或超过起征点的，就其全部数额征税 ④ 免征额：是指对征税对象总额中免予征税的数额。即对纳税对象中的一部分给予减免，只就减除后的剩余部分计征税款
法律责任	法律责任是指行为人因实施了违反国家税法规定的行为而应承受的不利的法律后果

> **法律充电站**
>
> 　　累进税率，是根据征税对象数额的逐渐增大，按不同等级逐步提高的税率。即征税对象数额越大，税率越高。累进税率又分为全额累进税率、超额累进税率和超率累进税率三种。目前我国的税收法律制度中未采用全额累进税率。
> 　　超额累进税率是将征税对象数额的逐步递增划分为若干等级，按等级规定相应的递增税率，对每个等级分别计算税额。如个人所得税的综合所得适用七级超额累进税率（见表5-26）。
> 　　超率累进税率是按征税对象的某种递增比例划分若干等级，按等级规定相应的递增税率，对每个等级分别计算税额。如土地增值税适用四级超率累进税率（见表5-36）。

（四）现行税种与征收机关

　　现阶段，我国共开征 18 种税收，包括：增值税、消费税、企业所得税、个人所得税、城市维护建设税、烟叶税、关税、船舶吨税、资源税、环境保护税、城镇土地使用税、耕地占用税、房产税、契税、土地增值税、车辆购置税、车船税和印花税。

　　目前我国税收征收管理机关有税务机关和海关，它们具体负责征收管理的税种如表 5-2 所示。

表 5-2　现行税种与征收机关

征收机关	负责征收与管理的税种
海关	① 关税；② 船舶吨税；③ 进口环节的增值税、消费税
税务机关	除海关征收之外的其他税种

二、增值税

　　增值税是我国现阶段税收收入规模最大的税种。它是以商品和劳务在流转过程中产生的增值额作为征税对象而征收的一种税。

（一）增值税纳税人和扣缴义务人

1. 增值税纳税人

　　增值税纳税人是指在中国境内销售货物或者加工、修理修配劳务（简称劳务），销售服务、无形资产、不动产及进口货物的单位和个人。

> 📢 **小贴士**
>
> 　　税法中所说的"个人"包括个体工商户和其他个人（自然人）。

　　根据纳税人的经营规模及会计核算健全程度的不同，增值税纳税人可划分为小规模纳税人和一般纳税人，具体划分标准如图 5-3 所示。

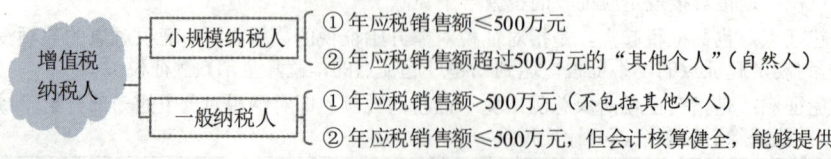

图 5-3　增值税纳税人

年应税销售额是指纳税人在连续不超过 12 个月或 4 个季度的经营期内累计应征增值税销售额，包括纳税申报销售额、稽查查补销售额、纳税评估调整销售额。

2. 扣缴义务人

境外的单位或者个人在境内销售劳务，在境内未设有经营机构的，以其境内代理人为扣缴义务人；在境内没有代理人的，以购买方为扣缴义务人。

（二）增值税征税范围

增值税的征税范围包括在中国境内销售货物、劳务、服务、无形资产、不动产及进口货物。

1. 销售货物

销售货物是指有偿转让货物的所有权。货物，是指有形动产，包括电力、热力、气体在内。

2. 销售劳务

销售劳务，是指有偿提供加工、修理修配劳务。单位或者个体工商户聘用的员工为本单位或者雇主提供加工、修理修配劳务的不包括在内。加工，是指受托加工货物，即委托方提供原料及主要材料，受托方按照委托方的要求，制造货物并收取加工费的业务；修理修配，是指受托对损伤和丧失功能的货物进行修复，使其恢复原状和功能的业务。

3. 销售服务

销售服务，是指提供交通运输服务、邮政服务、电信服务、建筑服务、金融服务、现代服务和生活服务，具体内容如表 5-3 所示。

表 5-3 销售服务

服务类型	内容
交通运输服务	交通运输服务包括陆路运输服务、水路运输服务、航空运输服务和管道运输服务。出租车公司向使用本公司自有出租车的出租车司机收取的管理费，按陆路运输服务缴纳增值税
邮政服务	邮政服务包括邮票发行、邮政报刊发行、邮政汇兑、邮册等邮品销售、邮政代理等业务活动
电信服务	电信服务包括基础电信服务和增值电信服务。基础电信服务是指利用固网、移动网、卫星、互联网提供语音通话服务的业务活动，以及出租或者出售带宽、波长等网络元素的业务活动；增值电信服务是指利用固网、移动网、卫星、互联网、有线电视网络提供短信和彩信服务、电子数据和信息的传输及应用服务、互联网接入服务等的业务活动
建筑服务	建筑服务包括工程服务、安装服务、修缮服务、装饰服务和其他建筑服务
金融服务	金融服务包括贷款服务、直接收费金融服务、保险服务和金融商品转让
现代服务	现代服务是指围绕制造业、文化产业、现代物流产业等提供技术性、知识性服务的业务活动，具体包括研发和技术服务、信息技术服务、文化创意服务、物流辅助服务、租赁服务（包括有形动产和不动产的融资租赁服务与经营租赁服务）、鉴证咨询服务、广播影视服务、商务辅助服务和其他现代服务
生活服务	生活服务包括文化体育服务、教育医疗服务、旅游娱乐服务、餐饮住宿服务、居民日常服务和其他生活服务

> **敲黑板**
>
> （1）出租车公司向使用本公司自有出租车的出租车司机收取的管理费，按照交通运输服务缴纳增值税。
>
> （2）无运输工具承运业务，按照交通运输服务缴纳增值税。
>
> （3）卫星电视信号落地转接服务，按照增值电信服务缴纳增值税。
>
> （4）建筑物、构筑物等不动产或者飞机、车辆等有形动产的广告位出租给其他单位或者个人用于发布广告，按照经营租赁服务缴纳增值税。
>
> （5）车辆停放服务、道路通行服务（如过路费、过桥费、过闸费）等，按照不动产经营租赁服务缴纳增值税。
>
> （6）水路运输的程租、期租业务，航空运输的湿租业务，按照交通运输服务缴纳增值税；水路运输的光租业务、航空运输的干租业务，按照租赁服务缴纳增值税。

> **法律充电站**
>
> 程租业务，是指运输企业为租船人完成某一特定航次的运输任务并收取租赁费的业务。
>
> 期租业务，是指运输企业将配备有操作人员的船舶承租给他人使用一定期限，承租期内听候承租方调遣，不论是否经营，均按天向承租方收取租赁费，发生的固定费用均由船东负担的业务。
>
> 湿租业务，是指航空运输企业将配有机组人员的飞机承租给他人使用一定期限，承租期内听候承租方调遣，不论是否经营，均按一定标准向承租方收取租赁费，发生的固定费用均由承租方承担的业务。
>
> 光租业务，是指运输企业将船舶在约定的时间内出租给他人使用，不配备操作人员，不承担运输过程中发生的各项费用，只收取固定租赁费的业务活动。
>
> 干租业务，是指航空运输企业将飞机在约定的时间内出租给他人使用，不配备机组人员，不承担运输过程中发生的各项费用，只收取固定租赁费的业务活动。

4. 销售无形资产

销售无形资产是指转让无形资产所有权或者使用权的业务活动。无形资产包括技术（专利技术和非专利技术）、商标、著作权、商誉、自然资源使用权（如土地使用权、海域使用权、探矿权、采矿权、取水权等）和其他权益性无形资产。

5. 销售不动产

销售不动产是指转让不动产所有权的业务活动。

6. 进口货物

进口货物是指申报进入中国海关境内的货物。

（三）"在中国境内销售"的界定

对于是否属于在中国境内销售货物、劳务、服务、无形资产和不动产，可按照表 5-4 的标准进行界定。

表 5-4 "在中国境内销售"的界定标准

项目	"在中国境内销售"的界定标准
货物	销售货物的起运地或者所在地在境内
劳务	提供的劳务发生地在境内
不动产	所销售或者租赁的不动产在境内
自然资源使用权	所销售自然资源使用权的自然资源在境内
其他服务或其他无形资产	销售方或者购买方在境内

> **敲黑板**
>
> 下列情形不属于在境内销售服务或者无形资产。
> （1）境外单位或者个人向境内单位或者个人销售完全在境外发生的服务；
> （2）境外单位或者个人向境内单位或者个人销售完全在境外使用的无形资产；
> （3）境外单位或者个人向境内单位或者个人出租完全在境外使用的有形动产；
> （4）财政部和国家税务总局规定的其他情形。

（四）不征收增值税项目

下列项目不属于增值税征税范围，不征收增值税。

（1）存款利息。

（2）被保险人获得的保险赔付。

（3）行政单位收取的同时满足以下条件的政府性基金或者行政事业性收费：① 由国务院或者财政部批准设立的政府性基金，由国务院或者省级人民政府及其财政、价格主管部门批准设立的行政事业性收费；② 收取时开具省级以上（含省级）财政部门监（印）制的财政票据；③ 所收款项全额上缴财政。

（4）单位或者个体工商户聘用的员工为本单位或者雇主提供取得工资的服务，以及单位或者个体工商户为聘用的员工提供的服务。

（5）房地产主管部门或者其指定机构、公积金管理中心、开发企业及物业管理单位代收的住宅专项维修资金。

（6）根据国家指令无偿提供的铁路运输服务、航空运输服务，用于公益事业的。

（五）视同销售

1. 视同销售货物

单位或者个体工商户的下列行为，视同销售货物，征收增值税。

（1）将货物交付其他单位或者个人代销。

（2）销售代销货物。

（3）设有两个以上机构并实行统一核算的纳税人，将货物从一个机构移送至其他机构用于销售，但相关机构设在同一县（市）的除外。

（4）将自产、委托加工或者购进的货物用于表 5-5 所示的用途。

表 5-5　自产、委托加工或者购进货物的视同销售

货物的类型	用于企业内部		用于企业外部		
	用于非增值税应税项目	用于集体福利或个人消费	用于投资	分配给股东或投资者	无偿赠送其他单位或者个人
自产、委托加工的货物	视同销售	视同销售	视同销售	视同销售	视同销售
购进的货物	不视同销售	不视同销售	视同销售	视同销售	视同销售

2. 视同销售服务、无形资产或者不动产

单位或者个人的下列情形视同销售服务、无形资产或不动产，征收增值税。

（1）单位或者个体工商户（不含其他个人）向其他单位或者个人无偿提供服务，但用于公益事业或者以社会公众为对象的除外。

（2）单位或者个人（包括个体工商户和其他个人）向其他单位或者个人无偿转让无形资产或者不动产，但用于公益事业或者以社会公众为对象的除外。

（六）混合销售与兼营

1. 混合销售

一项销售行为如果既涉及货物又涉及服务，为混合销售。如商场销售空调并提供安装服务。除特殊规定外，从事货物的生产、批发或者零售的企业、企业性单位和个体工商户的混合销售行为，按照销售货物缴纳增值税；其他单位和个体工商户的混合销售行为，按照销售服务缴纳增值税。

2. 兼营

兼营，是指纳税人的经营中包括销售货物、劳务，以及销售服务、无形资产和不动产的行为。纳税人发生兼营行为，应当分别核算适用不同税率或征收率的销售额，未分别核算销售额的，从高适用税率或征收率计算缴纳增值税。

举案说法

某商场既销售货物，又提供餐饮服务，属于兼营行为。已知销售货物适用 13% 的增值税税率，生活服务适用 6% 的增值税税率。假设商场 12 月销售货物和提供餐饮服务共取得收入 300 万元。

（1）假设商场分别核算销售额：销售货物收入 200 万元，餐饮收入 100 万元。

分析：销售货物的收入 200 万元按照销售货物缴纳增值税，餐饮收入 100 万元按照销售生活服务缴纳增值税。商场应缴纳增值税=200×13%+100×6%=32 万元。

（2）假设商场未分别核算销售额：销售货物收入和餐饮收入共计 300 万元。

分析：销售货物收入和餐饮收入未分别核算，从高计税。300 万元的收入统一按销售货物适用 13% 的税率计算缴纳增值税。商场应缴纳增值税=300×13%=39 万元。

（七）增值税税率和征收率

1．增值税税率

目前我国增值税税率为 13%、9%、6% 和零税率 4 种，具体适用范围如表 5-6 所示。

表 5-6　增值税税率

税率	适用范围
13%	基本税率，除适用 9%、6% 和零税率以外均适用 13% 的税率
9%	① 交通运输服务；② 邮政服务；③ 基础电信服务；④ 建筑服务；⑤ 不动产租赁服务；⑥ 销售不动产；⑦ 转让土地使用权；⑧ 粮食等农产品、食用植物油、食用盐、自来水、暖气、煤气、石油液化气、天然气、沼气、居民用煤炭制品、饲料、化肥、农药、农机、农膜；⑨ 图书、报纸、杂志、音像制品、电子出版物；⑩ 国务院规定的其他货物
6%	① 转让无形资产（不含土地使用权）；② 生活服务；③ 现代服务（不含租赁服务）；④ 金融服务；⑤ 增值电信服务
0	① 出口货物（国务院另有规定的除外）；② 国际运输服务；③ 航天运输服务；④ 国务院规定的其他服务

2．增值税征收率

目前我国增值税征收率为 3% 和 5%，具体适用范围如表 5-7 所示。

表 5-7　增值税征收率

征收率	适用范围
3%	基本征收率，除特殊优惠及适用 5% 的情形外，均适用 3% 的征收率
5%	① 小规模纳税人出租、转让其取得的不动产（不含个人出租住房，个人出租住房按照 5% 征收率减按 1.5% 征收）；② 一般纳税人出租、转让其 2016 年 4 月 30 日前取得的不动产，选择简易计税方法计税的；③ 一般纳税人的房地产开发企业销售自行开发的开工日期在 2016 年 4 月 30 日前的房地产老项目；④ 小规模纳税人的房地产开发企业销售自行开发的房地产项目；⑤ 提供劳务派遣服务选择差额纳税的

（八）增值税应纳税额的计算

1．一般计税方法应纳税额的计算

一般纳税人销售货物、劳务、服务、无形资产、不动产，采取一般计税方法计算增值税应纳税额。其计算公式为

$$应纳税额=销项税额-进项税额$$

$$销项税额=销售额×适用税率$$

可见，采用一般计税方法计算增值税应纳税额时，主要有两个因素：一是销售额；二是进项税额。

> 小贴士
>
> 计算出的应纳税额为正数，表示纳税人当期应向国家缴纳的增值税税额；计算出的应纳税额为负数，表示留抵税额，即可以结转到下期，从下期的销项税额中继续抵扣。

1) 销售额的确定

（1）销售额的概念。

销售额是指纳税人发生应税销售行为向购买方收取的全部价款和价外费用，但不包括收取的销项税额。价外费用，包括价外向购买方收取的手续费、补贴、基金、集资费、返还利润、奖励费、违约金、滞纳金、延期付款利息、赔偿金、代收款项、代垫款项、包装费、包装物租金、储备费、优质费、运输装卸费，以及其他各种性质的价外收费。

下列项目不包括在销售额内：

① 受托加工应征消费税的消费品所代收代缴的消费税；

② 符合条件的代为收取的政府性基金或者行政事业性收费；

③ 销售货物的同时代办保险等而向购买方收取的保险费，以及向购买方收取的代购买方缴纳的车辆购置税、车辆牌照费；

④ 以委托方名义开具发票代委托方收取的款项（如物业公司代收的水费，以自来水公司的名义开具发票）。

（2）含税销售额的换算。

增值税实行价外税，计算销项税额时，销售额中不应含有增值税款。如果销售额中包含了增值税款即销项税额，则应将含税销售额换算成不含税销售额。其计算公式为

不含税销售额=含税销售额÷（1+增值税税率）

（3）特殊销售方式下销售额的确定。

特殊销售方式下销售额的确定如表 5-8 所示。

表 5-8　特殊销售方式下销售额的确定

销售方式		销售额的确定
折扣方式销售（如打八折）	销售额和折扣额在同一张发票上分别注明	按折扣后的销售额征收增值税
	将折扣额另开发票	不得从销售额中减除折扣额
以旧换新	金银首饰的以旧换新	按销售方实际收取的不含增值税的全部价款征收增值税
	其他商品的以旧换新	按新货物的同期销售价格确定销售额，不得扣减旧货物的收购价格

（4）包装物押金。

纳税人为销售货物而出租、出借包装物收取的押金，按图 5-4 计征增值税。

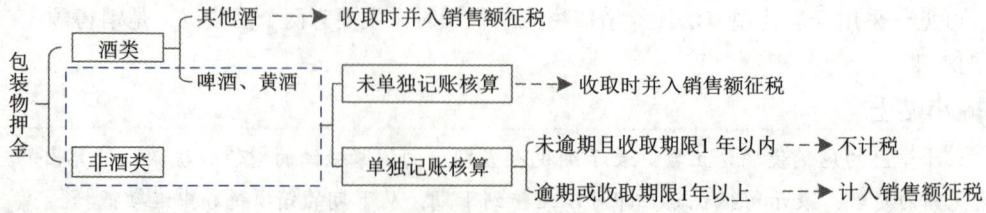

图 5-4　包装物押金

> 小贴士
>
> 包装物押金和价外费用属于含增值税金额。

（5）视同销售货物的销售额的确定。

纳税人发生视同销售行为而无销售额的，税务机关有权按照下列顺序核定其销售额。

① 按纳税人最近时期同类货物的平均销售价格确定。

② 按其他纳税人最近时期同类货物的平均销售价格确定。

③ 按组成计税价格确定。其计算公式为

$$组成计税价格=成本×（1+成本利润率）$$

征收增值税的货物，同时又征收消费税的，其组成计税价格中应包含消费税税额。其计算公式为

$$组成计税价格=成本×（1+成本利润率）+消费税税额$$

2）进项税额

进项税额是指纳税人购进货物、劳务、服务、无形资产或者不动产，支付或者负担的增值税额。

（1）准予从销项税额中抵扣的进项税额。

准予从销项税额中抵扣的进项税额如表 5-9 所示。

进项税额

表 5-9　准予从销项税额中抵扣的进项税额

情形	准予抵扣的进项税额
一般购进业务	① 从销售方取得的增值税专用发票（含税控机动车销售统一发票）上注明的增值税额 ② 从海关取得的海关进口增值税专用缴款书上注明的增值税额 ③ 从税务机关或者扣缴义务人取得的代扣代缴税款的完税凭证上注明的增值税额
购进国内旅客运输服务	纳税人未取得增值税专用发票的，暂按照以下规定确定进项税额： ① 取得增值税电子普通发票的，为发票上注明的税额 ② 取得注明旅客身份信息的航空运输电子客票行程单的，准予抵扣的进项税额=（票价+燃油附加费）÷（1+9%）×9% ③ 取得注明旅客身份信息的铁路车票的，准予抵扣的进项税额=票面金额÷（1+9%）×9% ④ 取得注明旅客身份信息的公路、水路等其他客票的，准予抵扣的进项税额=票面金额÷（1+3%）×3%
购进农产品	① 取得一般纳税人开具的增值税专用发票或者海关进口增值税专用缴款书的，准予抵扣的进项税额=增值税专用发票或者进口增值税专用缴款书上注明的增值税额 ② 从小规模纳税人取得增值税专用发票或取得农产品销售发票或者收购发票的： a. 购进用于生产或者委托加工 13%税率货物的农产品，准予抵扣的进项税额=农产品买价×10% b. 购进其他农产品，准予抵扣的进项税额=农产品买价×9%

除另有规定外，取得增值税普通发票的，不得抵扣进项税额。

(2) 不得从销项税额中抵扣的进项税额。

① 用于简易计税方法计税项目、免征增值税项目、集体福利或者个人消费的购进货物、劳务、服务、无形资产和不动产。

既用于上述不允许抵扣项目又同时用于抵扣项目的固定资产、不动产、无形资产（不包括其他权益性无形资产），其进项税额准予全部抵扣。

② 非正常损失的购进货物，以及相关的劳务和交通运输服务。

③ 非正常损失的在产品、产成品所耗用的购进货物（不包括固定资产）、劳务和交通运输服务。

④ 非正常损失的不动产，以及该不动产所耗用的购进货物、设计服务和建筑服务。

> **小贴士**
> 非正常损失是指因管理不善造成被盗、丢失、霉烂变质，以及因违反法律法规造成货物或者不动产被依法没收、销毁、拆除的情形。

⑤ 非正常损失的不动产在建工程所耗用的购进货物、设计服务和建筑服务。

⑥ 购进的贷款服务、餐饮服务、居民日常服务和娱乐服务。

⑦ 纳税人接受贷款服务向贷款方支付的与该笔贷款直接相关的投融资顾问费、手续费、咨询费等费用，其进项税额不得从销项税额中抵扣。

⑧ 财政部和国家税务总局规定的其他情形。

(3) 进项税额的转出。

已抵扣进项税额的购进货物、劳务和服务，如果事后改变用途，用于集体福利或者个人消费、发生非正常损失等，应当将该项购进货物、劳务和服务的进项税额从当期的进项税额中扣减；无法确定该项进项税额的，按当期外购项目的实际成本计算应扣减的进项税额。

(4) 当期准予抵扣的进项税额的计算。

当期准予抵扣的进项税额=当期进项税额−进项税额转出+上期结转的留抵税额

2. 简易计税方法应纳税额的计算

简易计税方法是指直接按照销售额和征收率计算增值税应纳税额，不抵扣进项税额的一种方法。其计算公式为

$$当期应纳税额 = 不含税销售额 \times 征收率$$

或

$$当期应纳税额 = 含税销售额 \div (1+征收率) \times 征收率$$

简易计税方法适用范围如下。

(1) 小规模纳税人发生应税销售行为（不包括进口行为），采用简易计税方法。

(2) 一般纳税人发生下列行为，可以选择适用简易计税方法计税：① 公共交通运输服务，包括轮客渡、公交客运、地铁、城市轻轨、出租车、长途客运、班车；② 经认定的动漫企业为开发动漫产品提供的动漫脚本编撰、形象设计、背景设计、动画设计等服务，以及在境内转让动漫版权；③ 电影放映服务、仓储服务、装卸搬运服务、收派服务和文化体育服务。

> **敲黑板**
> ① 一般纳税人选择简易计税方法计算缴纳增值税后，36个月内不得变更。
> ② 小规模纳税人销售自己使用过的固定资产和旧货，按照3%征收率减按2%征收增值税。应纳增值税=含税销售额÷（1+3%）×2%

（3）财政部和国家税务总局规定的其他应税行为。

3．进口货物应纳税额的计算

纳税人进口货物，无论是一般纳税人还是小规模纳税人，均应按照组成计税价格和规定的税率计算应纳税额，不允许抵扣发生在境外的任何税金。其计算公式为

$$应纳增值税=组成计税价格×税率$$

组成计税价格的计算分以下两种情况。

（1）进口货物不征收消费税的：组成计税价格=关税完税价格+关税。

（2）进口货物征收消费税的：组成计税价格=关税完税价格+关税+消费税。

> **小贴士**
> 关税完税价格是指海关规定的对进出口货物计征关税时使用的价格。相关内容会在"关税"中进行介绍。

4．扣缴计税方法

境外单位或者个人在境内发生应税销售行为，在境内未设有经营机构的，扣缴义务人按照下列公式计算应扣缴税额：

$$应扣缴税额=购买方支付的价款÷（1+税率）×税率$$

（九）增值税税收优惠

1．免税项目

下列项目免征增值税。

（1）农业生产者销售的自产农产品。

（2）古旧图书。

（3）直接用于科学研究、科学试验和教学的进口仪器、设备。

（4）外国政府、国际组织无偿援助的进口物资和设备。

（5）由残疾人的组织直接进口供残疾人专用的物品。

（6）其他个人销售的自己使用过的物品。

（7）个人销售自建自用住房。

（8）托儿所、幼儿园提供的保育和教育服务；养老机构提供的养老服务；医疗机构提供的医疗服务；婚姻介绍服务；殡葬服务；从事学历教育的学校（不包括职业培训机构）提供的教育服务；残疾人福利机构提供的育养服务。

（9）个人转让著作权。

（10）学生勤工俭学提供的服务；残疾人员本人为社会提供的服务。

（11）福利彩票、体育彩票的发行收入。

（12）纳税人提供技术转让、技术开发和与之相关的技术咨询、技术服务。

（13）纪念馆、博物馆、文化馆、文物保护单位管理机构、美术馆、展览馆、书画院、图书馆在自己的场所提供文化体育服务取得的第一道门票收入。

（14）寺院、宫观、清真寺和教堂举办文化、宗教活动的门票收入。

2. 小微企业免税规定

小规模纳税人发生增值税应税销售行为，合计月销售额未超过 15 万元（以 1 个季度为 1 个纳税期的，季度销售额未超过 45 万元）的，免征增值税。计算月销售额时不包括本期发生的销售不动产的销售额。

（十）增值税征收管理

1. 纳税义务发生时间

增值税纳税义务发生时间如表 5-10 所示。

表 5-10　增值税纳税义务发生时间

类型	纳税义务发生时间	备注
采取直接收款方式销售货物	不论货物是否发出，均为收到销售款或取得索取销售款凭据的当天	先开具发票的，为开具发票的当天
采取托收承付和委托银行收款方式销售货物	发出货物并办妥托收手续的当天	
采取赊销和分期收款方式销售货物	书面合同约定的收款日期的当天，无书面合同或者书面合同没有约定收款日期的，为货物发出的当天	
采取预收款方式销售：生产工期超过 12 个月的大型机械设备、船舶、飞机等货物	收到预收款或书面合同约定的收款日期的当天	
采取预收款方式销售：其他货物	货物发出的当天	
采取预收款方式销售：租赁服务	收到预收款的当天	
转让金融商品	金融商品所有权转移的当天	
委托其他纳税人代销货物	① 收到代销单位的代销清单的当天 ② 收到全部或者部分货款的当天 ③ 未收到代销清单及货款的，发出代销货物满 180 天的当天 ④ 开具发票的当天	哪个早按哪个
视同销售货物	货物移送的当天	
视同销售应税劳务、服务、无形资产或者不动产	应税劳务、服务、无形资产转让完成的当天或者不动产权属变更的当天	
进口货物	报关进口的当天	

2. 纳税地点

（1）固定业户应当向其机构所在地的主管税务机关申报纳税。

（2）非固定业户销售货物或者劳务，应当向销售地或者劳务发生地的主管税务机关申报纳税；未向销售地或者劳务发生地的主管税务机关申报纳税的，由其机构所在地或者居住地的主管税务机关补征税款。

（3）进口货物，应当向报关地海关申报纳税。

（4）其他个人提供建筑服务，销售或者租赁不动

> 小贴士
>
> 固定业户，是指有固定的生产经营场所，从事一定的经济业务，并办理税务登记的单位和个人。

产，转让自然资源使用权，应向建筑服务发生地、不动产所在地、自然资源所在地主管税务机关申报纳税。

（5）扣缴义务人应当向其机构所在地或者居住地的主管税务机关申报缴纳其扣缴的税款。

3. 纳税期限

增值税的纳税期限分别为1日、3日、5日、10日、15日、1个月或者1个季度。纳税人的具体纳税期限，由主管税务机关根据纳税人应纳税额的大小分别核定；不能按照固定期限纳税的，可以按次纳税。以1个季度为纳税期限的规定适用于小规模纳税人、银行、财务公司、信托投资公司、信用社等。

纳税人进口货物，应当自海关填发进口增值税专用缴款书之日起15日内缴纳税款。

三、消费税

消费税是对特定的消费品和消费行为征收的一种税。

（一）消费税纳税人

在中国境内生产、委托加工、进口应税消费品（不含金银首饰、铂金首饰、钻石及钻石饰品），批发销售卷烟，零售金、银、铂、钻首饰和超豪华小汽车的单位和个人，为消费税纳税人。

（二）消费税税目

消费税税目共有15个，具体内容如表5-11所示。

表5-11 消费税税目

税目	具体内容
烟	本税目的征税范围包括卷烟、雪茄烟和烟丝，不包括烟叶
酒	本税目的征税范围包括白酒、黄酒、啤酒和其他酒（果木酒、土甜酒、葡萄酒、药酒、汽酒等），不包括酒精和调味料酒
高档化妆品	本税目的征税范围包括高档美容、修饰类化妆品，高档护肤类化妆品和成套化妆品，不包括舞台、戏剧、影视演员化妆用的上妆油、卸妆油、油彩
贵重首饰及珠宝玉石	本税目的征税范围包括各种金银珠宝首饰和经采掘、打磨、加工的各种珠宝玉石
鞭炮、焰火	本税目的征税范围包括各种鞭炮、焰火，不包括体育上用的发令纸、鞭炮药引线
成品油	本税目的征税范围包括汽油、柴油、石脑油、溶剂油、航空煤油、润滑油和燃料油
摩托车	本税目的征税范围包括气缸容量在250毫升以上（含250毫升）的摩托车
小汽车	本税目的征税范围包括乘用车、中轻型商用客车和超豪华小汽车。超豪华小汽车是指每辆不含增值税零售价格在130万元以上的乘用车和中轻型商用客车
高尔夫球及球具	本税目的征税范围包括高尔夫球，高尔夫球包（袋），高尔夫球杆及其杆头、杆身和握把
高档手表	高档手表是指销售价格（不含增值税）每只在1万元（含）以上的各类手表

续表

税目	具体内容
游艇	本税目的征税范围包括艇身长度大于 8 米（含）小于 90 米（含），内置发动机，可以在水上移动，一般为私人或团体购置，主要用于水上运动和休闲娱乐等非营利活动的各类机动艇
木制一次性筷子	本税目的征税范围包括各种规格的木制一次性筷子和未经打磨、倒角的木制一次性筷子
实木地板	本税目的征税范围包括各类规格的实木地板、实木指接地板、实木复合地板，用于装饰墙壁、天棚的侧端面为榫、槽的实木装饰板，以及未经涂饰的素板
电池	本税目的征税范围包括原电池、蓄电池、燃料电池、太阳能电池和其他电池。对无汞原电池、金属氢化物镍蓄电池、锂原电池、锂离子蓄电池、太阳能电池、燃料电池和全钒液流电池免征消费税
涂料	—

（三）消费税征税范围

消费税的征税范围包括生产应税消费品、委托加工应税消费品、进口应税消费品、零售应税消费品和批发销售卷烟。

消费税征税范围

1．生产应税消费品

纳税人生产的应税消费品，于纳税人销售时缴纳消费税。纳税人自产自用的应税消费品，用于连续生产应税消费品的（如将自产烟丝用于生产卷烟），不缴纳消费税；用于其他方面的（如用于生产非应税消费品、职工福利、广告、样品等），于移送使用时缴纳消费税。

2．委托加工应税消费品

委托加工应税消费品是指由委托方提供原料和主要材料，受托方只收取加工费和代垫部分辅助材料加工的应税消费品。委托非个人加工的应税消费品，由受托方在向委托方交货时代收代缴消费税；委托个人加工的应税消费品，由委托方收回后缴纳消费税。

3．进口应税消费品

单位和个人进口应税消费品，于报关进口时缴纳消费税。进口环节缴纳的消费税由海关代征。

4．零售应税消费品

在零售环节征收消费税的消费品有两种：① 金银首饰、铂金首饰、钻石及钻石饰品；② 超豪华小汽车。

5．批发销售卷烟

烟草批发企业将卷烟销售给其他烟草批发企业的，不缴纳消费税；销售给非烟草批发企业（如零售企业），缴纳消费税。

> 📢 **小贴士**
>
> 只有卷烟和超豪华小汽车征收两次消费税，其余消费品只征收一次消费税。卷烟在生产、委托加工、进口环节征收消费税后，在批发环节加征一次消费税。超豪华小汽车在生

产、委托加工、进口环节征收消费税后，在零售环节加征一次消费税。金银首饰、铂金首饰、钻石及钻石饰品只在零售环节征收消费税。其余消费品只在生产、委托加工、进口环节征收消费税。

（四）消费税税率

消费税税率的内容如表 5-12 所示。

表 5-12　消费税税率

税目			税率	
烟	卷烟	① 甲类卷烟（生产、委托加工、进口环节） ② 乙类卷烟（生产、委托加工、进口环节） ③ 批发环节	① 56%加 0.003 元/支 ② 36%加 0.003 元/支 ③ 11%加 0.005 元/支	复合税率
	雪茄烟		36%	比例税率
	烟丝		30%	
酒	白酒		20%加 0.5 元/500 克（或者 500 毫升）	复合税率
	黄酒		240 元/吨	定额税率
	啤酒	① 甲类啤酒 ② 乙类啤酒	① 250 元/吨 ② 220 元/吨	
	其他酒		10%	比例税率
	高档化妆品		15%	
贵重首饰及珠宝玉石	金银首饰、铂金首饰、钻石及钻石饰品		5%	比例税率
	其他贵重首饰和珠宝玉石		10%	
	鞭炮、焰火		15%	
	成品油		1.20 元/升或 1.52 元/升	定额税率
	摩托车		3%或 10%	比例税率
小汽车	乘用车		1%～40%	比例税率
	中轻型商用客车		5%	
	超豪华小汽车（零售环节）		10%	
	高尔夫球及球具		10%	比例税率
	高档手表		20%	
	游艇		10%	
	木制一次性筷子		5%	
	实木地板		5%	
	电池		4%	
	涂料		4%	

（五）消费税应纳税额的计算

消费税应纳税额的计算分为从价计征、从量计征和从价从量复合计征三种方法，具体内容如表 5-13 所示。

表 5-13 消费税应纳税额的计算

计税方法	应纳税额的计算	适用税目
从价计征	应纳消费税=销售额或组成计税价格×比例税率	除适用从量计征、复合计征以外的其他消费品
从量计征	应纳消费税=销售数量×定额税率	啤酒、黄酒、成品油
复合计征	应纳消费税=销售额或组成计税价格×比例税率+销售数量×定额税率	卷烟、白酒

1．销售额的确定

销售额是指纳税人销售应税消费品向购买方收取的全部价款和价外费用，不包括应向购买方收取的增值税税款。如果纳税人应税消费品的销售额为含增值税销售额，应换算为不含增值税的销售额，换算公式为

应税消费品的销售额=含增值税的销售额÷（1+增值税税率或征收率）

2．销售数量的确定

销售数量是指纳税人生产、委托加工和进口应税消费品的数量。具体规定为：① 销售应税消费品的，为应税消费品的销售数量；② 自产自用应税消费品的，为应税消费品的移送使用数量；③ 委托加工应税消费品的，为纳税人收回的应税消费品数量；④ 进口应税消费品的，为海关核定的应税消费品进口征税数量。

3．特殊情形下销售额和销售数量的确定

（1）纳税人通过自设非独立核算门市部销售的自产应税消费品，应当按照门市部对外销售额或者销售数量征收消费税。

（2）纳税人用于换取生产资料和消费资料、抵偿债务和投资入股等方面的应税消费品，应当以纳税人同类应税消费品的最高销售价格作为计税依据计算消费税（按平均销售价格计算增值税）；用于其他方面的，以纳税人同类应税消费品的平均销售价格作为计税依据计算消费税。

（3）白酒生产企业向商业销售单位收取的品牌使用费，不论企业采取何种方式或以何种名义收取价款，均应并入白酒的销售额中缴纳消费税。

（4）应税消费品与其他产品组成成套消费品销售的，应按销售额全额征收消费税。

（5）纳税人采用以旧换新（含翻新改制）方式销售的金银首饰，应按实际收取的不含增值税的全部价款确定计税依据征收消费税。

（6）对酒类生产企业销售酒类产品而收取的包装物押金，无论押金是否返还及会计上如何核算，均应并入酒类产品销售额，征收消费税。对其他消费品的包装物押金，在收取时不并入销售额征税；因逾期未收回的包装物不再退还的或者已收取的时间超过 12 个月的押金，应并入应税消费品的销售额，征收消费税。

4. 组成计税价格的确定

1）自产自用应税消费品

纳税人自产自用的应税消费品，在计征消费税时，按照纳税人生产的同类消费品的销售价格计算纳税；没有同类消费品销售价格的，按照组成计税价格计算纳税。组价公式如表 5-14 所示。

表 5-14 自产自用应税消费品的组价公式

计税方法	组成计税价格	应纳税额的计算
从价计征	组成计税价格=（成本+利润）÷（1-比例税率）	应纳消费税=组成计税价格×比例税率
复合计征	组成计税价格=（成本+利润+自产自用数量×定额税率）÷（1-比例税率） 或组成计税价格=（成本+利润+从量消费税）÷（1-比例税率）	应纳消费税=组成计税价格×比例税率+自产自用数量×定额税率

2）委托加工应税消费品

委托加工的应税消费品，按照受托方的同类消费品的销售价格计算纳税；没有同类消费品销售价格的，按照组成计税价格计算纳税。组价公式如表 5-15 所示。

表 5-15 委托加工应税消费品的组价公式

计税方法	组成计税价格	应纳税额的计算
从价计征	组成计税价格=（材料成本+加工费）÷（1-比例税率）	应纳消费税=组成计税价格×比例税率
复合计征	组成计税价格=（材料成本+加工费+委托加工数量×定额税率）÷（1-比例税率） 或组成计税价格=（材料成本+加工费+从量消费税）÷（1-比例税率）	应纳消费税=组成计税价格×比例税率+委托加工数量×定额税率

材料成本是指委托方所提供加工材料的实际成本；加工费是指受托方加工应税消费品向委托方所收取的全部费用（包括代垫辅助材料的实际成本），不包括增值税税款。

3）进口应税消费品

纳税人进口应税消费品，按照组成计税价格和适用的税率计算应纳税额。组价公式如表 5-16 所示。

表 5-16 进口应税消费品的组价公式

计税方法	组成计税价格	应纳税额的计算
从价计征	组成计税价格=（关税完税价格+关税）÷（1-比例税率）	应纳消费税=组成计税价格×比例税率
复合计征	组成计税价格=（关税完税价格+关税+进口数量×定额税率）÷（1-比例税率） 或组成计税价格=（关税完税价格+关税+从量消费税）÷（1-比例税率）	应纳消费税=组成计税价格×比例税率+进口数量×定额税率

(六) 已纳消费税的扣除

由于某些应税消费品是用外购或委托加工收回的已缴纳消费税的应税消费品连续生产出来的,为避免重复征税,在对这些连续生产出来的应税消费品计算征税时,税法规定准予按当期生产领用数量计算扣除外购或委托加工的应税消费品已纳的消费税税款。准予抵扣的情形如下。

(1) 以外购或委托加工收回的已税烟丝为原料生产的卷烟。
(2) 以外购或委托加工收回的已税高档化妆品为原料生产的高档化妆品。
(3) 以外购或委托加工收回的已税珠宝玉石为原料生产的贵重首饰及珠宝玉石。
(4) 以外购或委托加工收回的已税鞭炮、焰火为原料生产的鞭炮、焰火。
(5) 以外购或委托加工收回的已税杆头、杆身和握把为原料生产的高尔夫球杆。
(6) 以外购或委托加工收回的已税木制一次性筷子为原料生产的木制一次性筷子。
(7) 以外购或委托加工收回的已税实木地板为原料生产的实木地板。
(8) 以外购或委托加工收回的已税石脑油、润滑油、燃料油为原料生产的成品油。
(9) 以外购或委托加工收回的已税汽油、柴油为原料生产的汽油、柴油。

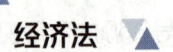

① 允许抵扣的项目不包括酒、摩托车、小汽车、高档手表、游艇、电池、涂料。
② 允许抵扣的项目仅限于同一税目中应税消费品的连续加工,不能跨税目抵扣。
③ 不允许跨环节抵扣,即批发环节的消费税不能抵扣生产环节已纳的消费税;零售环节的消费税不能抵扣生产环节已纳的消费税。

(七) 消费税征收管理

1. 纳税义务发生时间

消费税纳税义务发生时间的主要规定如表 5-17 所示。

表 5-17 消费税纳税义务发生时间

情形	消费税纳税义务发生时间
采取赊销和分期收款结算方式销售应税消费品的	书面合同约定的收款日期的当天;书面合同没有约定收款日期或者无书面合同的,为发出应税消费品的当天
采取预收货款结算方式销售应税消费品的	发出应税消费品的当天
采取托收承付、委托银行收款结算方式销售应税消费品的	收讫销售款或者取得索取销售款凭据的当天
采取其他结算方式销售应税消费品的	收讫销售款或者取得索取销售款凭据的当天
自产自用应税消费品的	移送使用的当天
委托加工应税消费品的	纳税人提货的当天
进口应税消费品的	报关进口的当天

2. 纳税地点

（1）纳税人销售的应税消费品，以及自产自用的应税消费品，除国务院财政、税务主管部门另有规定外，应当向纳税人机构所在地或者居住地的主管税务机关申报纳税。

（2）委托加工的应税消费品，除受托方为个人外，由受托方向机构所在地或者居住地的主管税务机关代缴消费税税款。受托方为个人的，由委托方向机构所在地的主管税务机关申报纳税。

（3）进口的应税消费品，由进口人或者其代理人向报关地海关申报纳税。

（4）纳税人到外县（市）销售或者委托外县（市）代销自产应税消费品的，于应税消费品销售后，向机构所在地或者居住地主管税务机关申报纳税。

3. 纳税期限

消费税的纳税期限分别为 1 日、3 日、5 日、10 日、15 日、1 个月或者 1 个季度。纳税人的具体纳税期限，由主管税务机关根据纳税人应纳税额的大小分别核定；不能按照固定期限纳税的，可以按次纳税。纳税人进口应税消费品，应当自海关填发海关进口消费税专用缴款书之日起 15 日内缴纳税款。

四、关税

关税是对进出国境或关境的货物、物品征收的一种税。

（一）关税纳税人

贸易性商品的纳税人是指进口货物的收货人、出口货物的发货人、进境物品的所有人。

（二）关税税率

关税的税率分为进口税率和出口税率两种。其中，进口税率又分为普通税率、最惠国税率、协定税率、特惠税率、关税配额税率，对进口货物在一定期限内可以实行暂定税率。进口货物适用何种关税税率是以进口货物的原产地为标准的。进口关税一般采用比例税率，实行从价计征的办法，但对啤酒、原油等少数货物则实行从量计征。对广播用录像机、放像机、摄像机等实行从价加从量的复合税率。

（三）关税计税依据

我国对进出口货物征收关税，主要采取从价计征的办法，以商品价格为标准征收关税。因此，关税主要以进出口货物的完税价格为计税依据。

1. 进口货物的完税价格

海关以进口货物的成交价格为基础审查确定的到岸价格为该进口货物的完税价格。到岸价格是指包括货价及货物运抵我国关境内输入地点起卸前的包装费、运费及其相关费用、保险费等费用的一种价格，其中还应包括为了在境内生产、制造、使用、出版或发行而向境外支付的与该进口货物有关的专利、商标、著作权，以及专有技术、计算机软件和资料等费用。

关税计税依据

在货物成交过程中，进口人在成交价格外另支付给卖方的佣金，应计入成交价格，而向境外采购代理人支付的买方佣金则不能列入，如已包括在成交价格中应予以扣除。

2. 出口货物的完税价格

出口货物应当以海关审定的货物售予境外的离岸价格扣除出口关税后作为完税价格。计算公式为

$$出口货物完税价格 = 离岸价格 \div (1 + 出口税率)$$

（四）关税应纳税额的计算

关税应纳税额的计算公式如表 5-18 所示。

表 5-18 关税应纳税额的计算

计税方法	应纳税额的计算
从价计征	应纳税额=应税进（出）口货物数量×单位完税价格×关税税率
从量计征	应纳税额=应税进口货物数量×关税单位税额
复合计征	应纳税额=应税进口货物数量×关税单位税额+应税进口货物数量×单位完税价格×关税税率

（五）关税征收管理

关税在货物实际进出境时，即在纳税人按进出口货物通关规定向海关申报后、海关放行前一次性缴纳。进出口货物的收发货人或其代理人应当在海关填发税款缴款书之日起 15 日内，向指定银行缴纳税款。

思维互动坊

某 4S 店从国外进口一辆小汽车，购买价折合人民币 100 万元。4S 店老板按 150 万元的价格销售给客户。4S 店老板觉得这笔业务自己赚了 50 万元，但会计人员却说，这笔业务不但没有赚钱，反而还赔了 5 万余元。已知，进口小汽车的关税税率为 25%，增值税税率为 13%，消费税税率为 9%。

思考：为什么会计人员认为 4S 店没有从这笔业务中赚到钱？

五、城市维护建设税和教育费附加

城市维护建设税是以纳税人实际缴纳的增值税、消费税税额为计税依据所征收的一种税，主要目的是筹集城镇设施建设和维护资金。教育费附加是以纳税人实际缴纳的增值税、消费税税额为计税依据征收的一种费用，其目的是加快发展教育事业，扩大教育经费资金来源。

（一）征收范围

城市维护建设税和教育费附加的征收范围为税法规定征收增值税、消费税的单位和个人（包括外商投资企业、外国企业及外籍个人）。

（二）计算与缴纳

城市维护建设税和教育费附加的计征依据为纳税人实际缴纳的增值税、消费税税额。计算公式为

$$应缴纳金额 = (实际缴纳的增值税 + 实际缴纳的消费税) \times 税率或征收率$$

城市维护建设税实行差别比例税率。按照纳税人所在地区的不同，设置了三档比例税率：① 纳税人所在地在市区的，税率为7%；② 纳税人所在地在县城、镇的，税率为5%；③ 纳税人所在地不在市区、县城或者镇的，税率为1%。

教育费附加的征收率统一为3%。

城市维护建设税和教育费附加分别与增值税、消费税税款同时缴纳。

（三）减免规定

城市维护建设税和教育费附加的减免，原则上比照增值税、消费税的减免规定。如果税法规定增值税、消费税减免，则城市维护建设税和教育费附加也就相应地减免。主要的减免规定有：

（1）对进口货物或者境外单位和个人向境内销售劳务、服务、无形资产缴纳的增值税、消费税税额，不征收城市维护建设税和教育费附加。

（2）对由于减免增值税、消费税而发生退税的，可同时退还已征收的城市维护建设税和教育费附加。

思维互动坊

甲公司10月应向税务机关缴纳增值税15万元，实际缴纳12万元，应缴纳消费税14万元，实际缴纳13万元。已知城市维护建设税适用税率为5%。

思考：甲公司10月应缴纳多少城市维护建设税和教育费附加？

六、车辆购置税

车辆购置税是对在中国境内购置规定车辆的单位和个人征收的一种税。

（一）车辆购置税纳税人

在中国境内购置汽车、有轨电车、汽车挂车、排气量超过150毫升的摩托车（以下统称应税车辆）的单位和个人，为车辆购置税的纳税人。这里所说的"购置"包括以购买、进口、自产、受赠、获奖或者其他方式取得并自用应税车辆的行为。

（二）车辆购置税应纳税额的计算

车辆购置税实行从价定率的方法计算应纳税额，税率为10%。计算公式为

$$应纳税额 = 计税价格 \times 税率$$

计税价格根据不同情况，按照下列规定确定。

（1）纳税人购买自用应税车辆的，计税价格为纳税人实际支付给销售者的全部价款，不包括增值税税款。

（2）纳税人进口自用应税车辆的，计税价格为关税完税价格加上关税和消费税。

（3）纳税人自产自用应税车辆的，计税价格按照纳税人生产的同类应税车辆的销售价格确定，不包括增值税税款。

（4）纳税人以受赠、获奖或者其他方式取得自用应税车辆的，计税价格按照购置应税车辆时相关凭证载明的价格确定，不包括增值税税款。

(三) 车辆购置税税收优惠

下列车辆免征车辆购置税。

(1) 依照法律规定应当予以免税的外国驻华使馆、领事馆和国际组织驻华机构及其有关人员自用的车辆。

(2) 中国人民解放军和中国人民武装警察部队列入装备订货计划的车辆。

(3) 悬挂应急救援专用号牌的国家综合性消防救援车辆。

(4) 设有固定装置的非运输专用作业车辆。

(5) 城市公交企业购置的公共汽电车辆。

(四) 车辆购置税征收管理

车辆购置税实行一次性征收。购置已征车辆购置税的车辆,不再征收车辆购置税。车辆购置税的纳税义务发生时间为纳税人购置应税车辆的当日。纳税人应当自纳税义务发生之日起60日内申报缴纳车辆购置税。

学业测评

1. 【单选题】区别不同税种的重要标志是（　　）。
   A. 纳税环节　　B. 税目　　C. 税率　　D. 征税对象

2. 【单选题】根据增值税法律制度的规定，下列行为中，属于视同销售货物行为的是（　　）。
   A. 丁服装厂将外购的面料用于生产服装
   B. 丙玩具厂将自产的玩具无偿赠送给福利院
   C. 乙超市将外购的洗衣粉作为集体福利发给员工
   D. 甲商贸公司将外购的矿泉水用于交际应酬

3. 【单选题】下列各项中，应按照"租赁服务"缴纳增值税的是（　　）。
   A. 远洋运输中的程租服务　　B. 远洋运输中的期租服务
   C. 融资性售后回租　　D. 公交车广告位出租

4. 【单选题】甲公司进口自用小汽车一辆，海关审定的关税完税价格为60万元，缴纳关税15万元，消费税25万元。已知车辆购置税税率为10%。甲公司应缴纳车辆购置税（　　）。
   A. 7.5万元　　B. 8.5万元　　C. 10万元　　D. 6万元

5. 【多选题】下列各项中，属于税法要素的有（　　）。
   A. 税率　　B. 征税对象　　C. 纳税人　　D. 税收优惠

6. 【多选题】下列消费品中，实行从量定额与从价定率相结合的复合计征办法征收消费税的有（　　）。
   A. 卷烟　　B. 黄酒　　C. 白酒　　D. 小汽车

7. 【多选题】下列各项中，应按照"交通运输服务"税目计缴增值税的有（　　）。
   A. 道路通行服务　　B. 程租业务
   C. 湿租业务　　D. 期租业务

8. 【多选题】增值税一般纳税人购进的下列服务，不得抵扣进项税额的有（　　）。
   A. 娱乐服务　　B. 居民日常服务
   C. 餐饮服务　　D. 贷款服务

9. 【多选题】纳税人销售货物向购买方收取的下列款项中，属于增值税价外费用的有（　　）。
   A. 延期付款利息　　B. 赔偿金
   C. 手续费　　D. 包装物租金

10. 【多选题】下列各项中，属于消费税征税范围的有（　　）。
    A. 黄酒　　B. 调味料酒　　C. 啤酒　　D. 白酒

11. 【判断题】学生勤工俭学提供的服务免征增值税。（　　）

12. 【判断题】对从境外采购进口的原产于中国境内的货物不征收进口关税。（　　）

班级_____　　姓名_____　　学号_____

实训育才

诚信纳税，法律、道德谁为关键

一、实训目标

通过实训，强化学生对税收的认识，使学生明确税法的意义，树立正确的纳税观念。锻炼学生的语言组织能力、语言表达能力和逻辑思维能力。

二、实训内容

针对以下两方观点进行辩论。
正方观点：诚信纳税主要靠法律制约。
反方观点：诚信纳税主要靠道德约束。

三、实训要求

表达清晰、语言流畅、逻辑合理。

四、实训流程

第一步：学生以5人一小组、10人一大组自由分组。
第二步：组成两大组别，确立正反方，一组为正方，另一组为反方。
第三步：各组围绕己方观点展开辩论。
第四步：各小组互相评议，教师点评、总结。

项目五 税收法律制度——引导资源的合理配置

任务二 所得税法律制度：调节收入差距

以案启思

杨某毕业后进行创业，投资设立了一人有限公司。公司设立当年取得营业收入20万元，发生营业成本5万元，公司税前利润15万元，杨某取得公司分红10万元。

思考
（1）杨某设立的一人有限公司是否需要缴纳所得税？
（2）杨某是否要缴纳所得税？如果缴纳所得税，杨某应按照所得多少缴纳？

法海拾贝

一、企业所得税

企业所得税是对企业和其他取得收入的组织（以下统称企业）的生产经营所得和其他所得征收的一种税。

（一）企业所得税纳税人

在中国境内，企业和其他取得收入的组织为企业所得税的纳税人。企业所得税的纳税人包括各类企业、事业单位、社会团体、民办非企业单位和从事经营活动的其他组织。

企业所得税纳税人不包括个人独资企业和合伙企业。

企业所得税采取收入来源地管辖权和居民管辖权相结合的双重管辖权，把企业分为居民企业和非居民企业，分别确定不同的纳税义务。

1. **居民企业**

居民企业是指依照中国法律、法规在中国境内成立的企业，或者依照外国（地区）法律成立但实际管理机构在中国境内的企业。例如在英国注册成立，但实际管理机构在中国北京的企业，属于居民企业。

2. **非居民企业**

非居民企业是指按照外国（地区）法律成立且实际管理机构不在中国境内，但在中国境内设立机构、场所的（如在英国注册成立且实际管理机构也在英国，但在中国设立了办事处的企业），或者在中国境内未设立机构、场所但有来源于中国境内所得的企业（如在英国注册成立且实际管理机构也在英国的企业，虽没有在中国设立机构、场所，但有向中国企业销售货物取得收入的行为)。

(二) 企业所得税征税对象

居民企业应当就来源于中国境内、境外的所得缴纳企业所得税。在中国境内设立机构、场所的非居民企业,就其所设机构、场所取得的来源于中国境内的所得,以及发生在中国境外但与其所设机构、场所有实际联系的所得,缴纳企业所得税;在中国境内未设立机构、场所的,或虽设立机构、场所但取得的所得与其所设机构、场所没有实际联系的非居民企业,应当就其来源于中国境内的所得缴纳企业所得税。

企业所得税征税对象

在判断所得属于境内还是境外时,按照表5-19所示的原则确定。

表5-19 来源于中国境内、境外所得的确定原则

所得类型		所得来源地的确定
销售货物所得		按照交易活动发生地确定
提供劳务所得		按照劳务发生地确定
转让财产所得	不动产转让所得	按照不动产所在地确定
	动产转让所得	按照转让动产的企业或者机构、场所所在地确定
	权益性投资资产转让所得	按照被投资企业所在地确定
股息、红利等权益性投资所得		按照分配所得的企业所在地确定
利息所得		按照负担、支付所得的企业或者机构、场所所在地,或者负担、支付所得的个人的住所地确定
租金所得		
特许权使用费所得		

(三) 企业所得税税率

企业所得税实行比例税率。居民企业及在中国境内设立机构、场所且取得的所得与其所设机构、场所有实际联系的非居民企业,应当就其来源于中国境内、境外的所得缴纳企业所得税,适用税率为25%。非居民企业在中国境内未设立机构、场所的,或者虽设立机构、场所但取得的所得与其所设机构、场所没有实际联系的,应当就其来源于中国境内的所得缴纳企业所得税,适用税率为20%,实际征税时,暂减按10%的税率征收。

(四) 居民企业应纳税所得额的计算

应纳税所得额是计算企业所得税的计税依据,其计算方法有直接计算法和间接计算法两种。

1. 直接计算法

采用直接计算法,企业所得税应纳税所得额为企业每一纳税年度的收入总额,减除不征税收入、免税收入、各项扣除及允许弥补的以前年度亏损后的余额。计算公式为

应纳税所得额=收入总额-不征税收入-免税收入-各项扣除-以前年度亏损

2. 间接计算法

间接计算法是指在企业利润总额的基础上进行一系列调整,从而计算出应纳税所得额的

一种方法。计算公式为

应纳税所得额=利润总额+纳税调整增加额-纳税调整减少额

利润总额，是指企业依照国家统一会计制度的规定计算的年度会计利润。

法律充电站

非居民企业应纳税所得额的计算

在中国境内未设立机构、场所的，或者虽设立机构、场所但取得的所得与其所设机构、场所没有实际联系的非居民企业，其取得的来源于中国境内的所得，按照下列方法计算其应纳税所得额：① 股息、红利等权益性投资收益和利息、租金、特许权使用费所得，以收入全额为应纳税所得额；② 转让财产所得，以收入全额减除财产净值后的余额为应纳税所得额。

（五）收入总额

企业收入总额是指以货币形式和非货币形式从各种来源取得的各种收入。企业取得的收入包括销售货物收入，提供劳务收入，转让财产收入，股息、红利等权益性投资收益，利息收入，租金收入，特许权使用费收入，接受捐赠收入，其他收入。

（六）不征税收入

不征税收入是指不属于企业所得税征税范围的收入，主要包括：① 财政拨款；② 依法收取并纳入财政管理的行政事业性收费、政府性基金；③ 国务院规定的其他不征税收入。

> **小贴士**
>
> 税法中所说的"个人"包括个体工商户和其他个人（自然人）。

（七）税前扣除项目

企业实际发生的与取得收入有关的支出，包括成本、费用、税金、损失和其他支出，准予按照税法规定的标准在计算应纳税所得额时扣除。

1．税金

企业缴纳的增值税和企业所得税，不得在计算应纳税所得额时扣除；企业缴纳的其他税金及附加，允许在计算应纳税所得额时扣除。

2．工资、薪金及职工福利费、工会经费、职工教育经费

企业发生的合理的工资、薪金支出，准予在计算应纳税所得额时扣除。企业发生的职工福利费、工会经费、职工教育经费的扣除标准如表 5-20 所示。

表 5-20 职工福利费、工会经费、职工教育经费的扣除标准

项目	扣除标准	超过标准部分的处理
职工福利费	不超过工资、薪金总额的 14%	超过部分不得结转以后纳税年度扣除
工会经费	不超过工资、薪金总额的 2%	超过部分不得结转以后纳税年度扣除
职工教育经费	不超过工资、薪金总额的 8%	超过部分，准予结转以后纳税年度扣除

3. 保险费

保险费的扣除标准如表 5-21 所示。

表 5-21　保险费的扣除标准

保险费类型	扣除标准
① 企业为职工缴纳的基本养老保险费、基本医疗保险费、失业保险费、工伤保险费和住房公积金 ② 职工因公出差乘坐交通工具发生的人身意外保险费 ③ 为特殊工种职工支付的人身安全保险费 ④ 企业参加财产保险，按规定缴纳的保险费 ⑤ 企业参加雇主责任险、公众责任险等责任保险，按规定缴纳的保险费	准予扣除
补充养老保险费	不超过工资、薪金总额的 5%
补充医疗保险费	不超过工资、薪金总额的 5%
企业为投资者或职工支付的商业保险费	不得扣除

4. 利息费用

非金融企业向金融企业借款的利息支出、金融企业的各项存款利息支出和同业拆借利息支出、企业经批准发行债券的利息支出可据实扣除。

非金融企业向非金融企业借款的利息支出，不超过按照金融企业同期同类贷款利率计算的数额的部分可据实扣除，超过部分不许扣除。

> **小贴士**
>
> 金融企业是指各类银行、保险公司及经中国人民银行批准从事金融业务的非银行金融机构。

举案说法

> 甲公司向非关联企业乙公司借入同类借款 1 800 万元，期限 3 个月，年利率为 12%。已知金融企业同期同类贷款年利率为 6%。
>
> 甲公司实际发生的利息支出=1 800×12%÷12×3=54 万元，按照金融企业同期同类贷款利率计算的数额=1 800×6%÷12×3=27 万元。实际利息 54 万元超过了扣除限额 27 万元。所以，甲公司在计算应纳税所得额时只能扣除 27 万元的利息。

5. 公益性捐赠

公益性捐赠是指企业通过公益性社会组织或县级以上（含县级）人民政府及其组成部门和直属机构，用于符合法律规定的慈善活动、公益事业的捐赠。企业当年发生及以前年度结转的公益性捐赠支出，不超过年度利润总额 12% 的部分，在计算应纳税所得额时准予扣除；超过年度利润总额 12% 的部分，准予结转以后 3 年内在计算应纳税所得额时扣除。

6. 业务招待费

企业发生的与生产经营活动有关的业务招待费支出，按照发生额的 60% 扣除，但最高不得超过当年销售（营业）收入的 5‰。

项目五　税收法律制度——引导资源的合理配置

2021 年甲公司取得销售（营业）收入 2 000 万元，发生与生产经营活动有关的业务招待费支出 12 万元。

思考：甲公司在计算 2021 年度企业所得税应纳税所得额时，准予扣除多少业务招待费？

7. 广告费和业务宣传费

企业发生的符合条件的广告费和业务宣传费支出，除国务院财政、税务主管部门另有规定外，不超过当年销售（营业）收入 15% 的部分，准予扣除；超过部分，准予在以后纳税年度结转扣除。

烟草企业的烟草广告费和业务宣传费支出，一律不得在计算应纳税所得额时扣除。

8. 其他支出

其他准予在税前扣除和不得扣除的项目如表 5-22 所示。

表 5-22　其他支出的扣除标准

准予扣除项目	不得扣除项目
① 按规定提取的用于环境保护、生态恢复等方面的专项资金 ② 租赁费 ③ 合理的劳动保护支出 ④ 转让各类固定资产发生的费用 ⑤ 会员费、合理的会议费、差旅费、违约金、诉讼费用	① 向投资者支付的股息、红利等权益性投资收益款项 ② 税收滞纳金 ③ 罚金、罚款和被没收财物的损失 ④ 赞助支出（与生产经营活动无关的各种非广告性质支出） ⑤ 未经核定的准备金支出 ⑥ 企业之间支付的管理费

9. 亏损弥补

亏损是指企业每一纳税年度的收入总额减除不征税收入、免税收入和各项扣除后小于零的数额，即税法上的亏损，而非会计口径的亏损。

企业某一纳税年度发生的亏损可以用下一年度的所得弥补，下一年的所得不足以弥补的，可以逐年递延弥补，但最长不得超过 5 年，另有规定的除外。

（八）资产的税务处理

1. 固定资产

固定资产，是指企业为生产产品、提供劳务、出租或者经营管理而持有的、使用时间超过 12 个月的非货币性资产，包括房屋、建筑物、机器、机械、运输工具，以及其他与生产经营活动有关的设备、器具、工具等。

在计算应纳税所得额时，企业按照规定计算的固定资产折旧，准予扣除。下列固定资产不得计算折旧扣除：① 房屋、建筑物以外未投入使用的固定资产；② 以经营租赁方式租入的固定资产；③ 以融资租赁方式租出的固定资产；④ 已足额提取折旧仍继续使用的固定资产；⑤ 与经营活动无关的固定资产；⑥ 单独估价作为固定资产入账的土地。

2．无形资产

无形资产，是指企业为生产产品、提供劳务、出租或者经营管理而持有的、没有实物形态的非货币性长期资产，包括专利权、商标权、著作权、土地使用权、非专利技术、商誉等。

在计算应纳税所得额时，企业按照规定计算的无形资产摊销费用，准予扣除。下列无形资产不得计算摊销费用扣除：① 自行开发的支出已在计算应纳税所得额时扣除的无形资产；② 自创商誉；③ 与经营活动无关的无形资产。

3．长期待摊费用

长期待摊费用，是指企业发生的应在1个年度以上进行摊销的费用。在计算应纳税所得额时，企业发生的下列支出作为长期待摊费用，按照规定摊销的，准予扣除。

（1）已足额提取折旧的固定资产的改建支出，按照固定资产预计尚可使用年限分期摊销。

（2）租入固定资产的改建支出，按照合同约定的剩余租赁期限分期摊销。

（3）固定资产的大修理支出，按照固定资产尚可使用年限分期摊销。

（4）其他应当作为长期待摊费用的支出，自支出发生月份的次月起，分期摊销，摊销年限不得低于3年。

4．投资资产

投资资产，是指企业对外进行权益性投资、债权性投资和混合性投资所形成的资产。企业对外投资期间，投资资产的成本在计算应纳税所得额时不得扣除。企业在转让或者处置投资资产时，投资资产的成本，准予扣除。

（九）居民企业应纳税额的计算

企业所得税应纳税额的计算公式为

应纳税额=应纳税所得额×税率-减免税额-抵免税额

其中，减免税额和抵免税额是指依照《中华人民共和国企业所得税法》和国务院的税收优惠规定减征、免征和抵免的应纳税额。

非居民企业应纳税额的计算

（十）企业所得税税收优惠

1．免税收入

企业所得税的免税收入主要包括：① 国债利息收入；② 居民企业直接投资于其他居民企业取得的股息、红利等权益性投资收益；③ 在中国境内设立机构、场所的非居民企业从居民企业取得与该机构、场所有实际联系的股息、红利等权益性投资收益；④ 符合条件的非营利组织的收入。

免税的股息、红利等权益性投资收益，不包括连续持有居民企业公开发行并上市流通的股票不足12个月取得的投资收益。

符合条件的非营利组织的收入，不包括非营利组织从事营利性活动取得的收入。

2．所得减免

企业从事下列项目的所得，免征企业所得税：① 蔬菜、谷物、薯类、油料、豆类、棉花、麻类、糖料、水果、坚果的种植；② 农作物新品种的选育；③ 中药材的种植；④ 林木的培育和种植；⑤ 牲畜、家禽的饲养；⑥ 林产品的采集；⑦ 灌溉、农产品初加工、兽医、农技推广、农机作业和维修等农、林、牧、渔服务业项目；⑧ 远洋捕捞。

企业从事下列项目的所得，减半征收企业所得税：① 花卉、茶及其他饮料作物和香料作物的种植；② 海水养殖、内陆养殖。

3．技术转让所得

一个纳税年度内，居民企业技术转让所得不超过 500 万元的部分，免征企业所得税；超过 500 万元的部分，减半征收企业所得税。其计算公式为

$$技术转让所得=技术转让收入-技术转让成本-相关税费$$

思维互动坊

某居民企业 2021 年转让一项技术，取得收入 1 000 万元，技术成本及相关税费为 200 万元。已知企业所得税税率为 25%。

思考：该居民企业技术转让所得应缴纳多少企业所得税？

4．小型微利企业

自 2023 年 1 月 1 日至 2027 年 12 月 31 日，对小型微利企业年应纳税所得额不超过 100 万元的部分，减按 25%计入应纳税所得额，按 20%的税率缴纳企业所得税。

自 2022 年 1 月 1 日至 2027 年 12 月 31 日，对小型微利企业年应纳税所得额超过 100 万元但不超过 300 万元的部分，减按 25%计入应纳税所得额，按 20%的税率缴纳企业所得税。

> **小贴士**
>
> 小型微利企业是指从事国家非限制和禁止行业，且同时符合年度应纳税所得额不超过 300 万元、从业人数不超过 300 人、资产总额不超过 5 000 万元三个条件的企业。

5．高新技术企业

国家需要重点扶持的高新技术企业，减按 15%的税率征收企业所得税。

6．加计扣除

企业发生的研究开发费用和安置残疾人员及国家鼓励安置的其他就业人员所支付的工资，可以在计算应纳税所得额时加计扣除，具体内容如表 5-23 所示。

表 5-23　加计扣除

加计扣除项目	扣除优惠
研究开发费用	① 企业为开发新技术、新产品、新工艺发生的研究开发费用，未形成无形资产计入当期损益的，在按照规定据实扣除的基础上，在 2018 年 1 月 1 日至 2023 年 12 月 31 日期间，再按照实际发生额的 75%在税前加计扣除；形成无形资产的，在上述期间按照无形资产成本的 175%在税前摊销 ② 制造业企业开展研发活动中实际发生的研发费用，未形成无形资产计入当期损益的，在按规定据实扣除的基础上，自 2021 年 1 月 1 日起，再按照实际发生额的 100%在税前加计扣除；形成无形资产的，自 2021 年 1 月 1 日起，按照无形资产成本的 200%在税前摊销 ③ 不适用税前加计扣除的行业：a. 烟草制造业；b. 住宿和餐饮业；c. 批发和零售业；d. 房地产业；e. 租赁和商务服务业；f. 娱乐业；g. 财政部和国家税务总局规定的其他行业

加计扣除项目	扣除优惠
残疾人工资	企业安置残疾人员的,在按照支付给残疾职工工资据实扣除的基础上,按照支付给残疾职工工资的100%加计扣除。如实际支付残疾职工工资100元,可在税前扣200元

7. 应纳税额抵免

企业购置并实际使用规定的环境保护、节能节水、安全生产等专用设备的,该专用设备的投资额的10%可以从企业当年的应纳税额中抵免;当年不足抵免的,可以在以后5个纳税年度结转抵免。

(十一)企业所得税征收管理

1. 纳税地点

企业所得税纳税地点的主要内容如表5-24所示。

表5-24 企业所得税纳税地点

类型		纳税地点
居民企业	依照中国法律、法规成立的	登记注册地
	登记注册地在境外的	实际管理机构所在地
非居民企业	设立机构、场所有实际联系的	机构、场所所在地
	未设立机构、场所或设立机构、场所但没有实际联系的	扣缴义务人所在地

2. 纳税期限

企业所得税按年计征,分月或者分季预缴,年终汇算清缴,多退少补。纳税年度自公历1月1日起至12月31日止。企业在1个纳税年度中间开业,或者终止经营活动,使该纳税年度的实际经营期不足12个月的,应当以其实际经营期为1个纳税年度。企业应当自年度终了之日起5个月内,向税务机关报送年度企业所得税纳税申报表,并汇算清缴,结清应缴应退税款。

二、个人所得税

个人所得税是对个人取得的各项应税所得征收的一种税。

(一)个人所得税纳税人及其纳税义务

1. 纳税人

依据住所和居住时间两个标准,个人所得税的纳税人区分为居民个人和非居民个人,具体内容如表5-25所示。

表5-25 个人所得税纳税人

纳税人类型	定义
居民个人	在中国境内有住所,或者无住所而一个纳税年度(公历1月1日起至12月31日止)在中国境内居住累计满183天的个人
非居民个人	在中国境内无住所又不居住,或者无住所而一个纳税年度内在中国境内居住累计不满183天的个人

2. 纳税义务

居民个人负有无限纳税义务，其取得的应纳税所得，无论是来源于中国境内还是中国境外任何地方，都要在中国缴纳个人所得税。非居民个人承担有限纳税义务，仅就其来源于中国境内的所得，向中国缴纳个人所得税。

3. 所得来源的确定

除国务院财政、税务主管部门另有规定外，下列所得，不论支付地点是否在中国境内，均为来源于中国境内的所得：① 因任职、受雇、履约等在中国境内提供劳务取得的所得；② 将财产出租给承租人在中国境内使用而取得的所得；③ 许可各种特许权在中国境内使用而取得的所得；④ 转让中国境内的不动产等财产或者在中国境内转让其他财产取得的所得；⑤ 从中国境内企业、事业单位、其他组织及居民个人处取得的利息、股息、红利所得。

（二）个人所得税应税所得项目

个人所得税应税所得项目如图 5-5 所示。

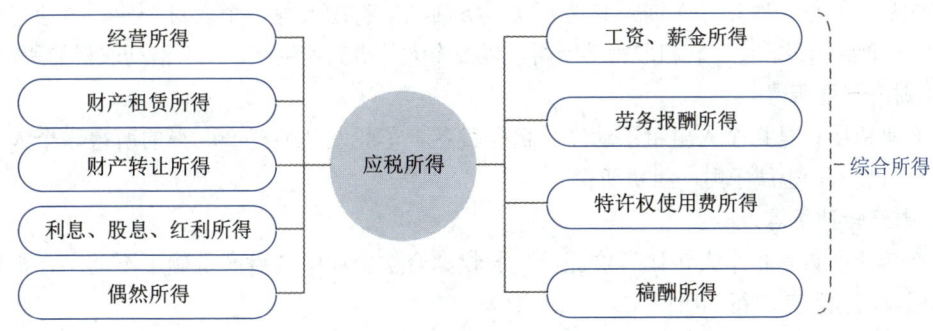

图 5-5　个人所得税应税所得项目

1. 工资、薪金所得

工资、薪金所得是指个人因任职或者受雇取得的工资、薪金、奖金、年终加薪、劳动分红、津贴、补贴及与任职或者受雇有关的其他所得。

> **敲黑板**
>
> 下列项目不属于工资、薪金，不征收个人所得税：① 独生子女补贴；② 执行公务员工资制度未纳入基本工资总额的补贴、津贴差额和家属成员的副食品补贴；③ 托儿补助费；④ 差旅费津贴、误餐补助。

2. 劳务报酬所得

劳务报酬所得是指个人从事劳务所取得的所得。个人兼职取得的收入按照"劳务报酬所得"项目缴纳个人所得税。

3. 稿酬所得

稿酬所得是指个人因其作品以图书、报刊等形式出版、发表而取得的所得。包括作者去世后，财产继承人取得的遗作稿酬。

> **敲黑板**
>
> 不以图书、报刊等形式出版、发表的翻译、审稿、书画，属于劳务报酬所得，不属于稿酬所得。

4．特许权使用费所得

特许权使用费所得是指个人提供专利权、商标权、著作权、非专利技术及其他特许权的使用权取得的所得。作者将自己的文字作品手稿原件或复印件公开拍卖取得的所得，个人取得专利赔偿所得，剧本作者从电影、电视剧的制作单位取得的剧本使用费所得，均属于特许权使用费所得。

5．经营所得

经营所得，主要是指个体工商户从事生产、经营活动取得的所得，个人独资企业投资人、合伙企业的个人合伙人来源于境内注册的个人独资企业、合伙企业生产、经营的所得，个人依法从事办学、医疗、咨询及其他有偿服务活动取得的所得，个人对企业、事业单位承包经营、承租经营及转包、转租取得的所得，以及个人从事其他生产、经营活动取得的所得。

6．财产租赁所得

财产租赁所得是指个人出租不动产、机器设备、车船及其他财产取得的所得。个人取得的房屋转租收入，也属于财产租赁所得。

7．财产转让所得

财产转让所得是指个人转让有价证券、股权、合伙企业中的财产份额、不动产、机器设备、车船及其他财产取得的所得。

8．利息、股息、红利所得

利息、股息、红利所得是指个人拥有债权、股权而取得的利息、股息、红利。

9．偶然所得

偶然所得是指个人得奖、中奖、中彩及其他偶然性质的所得。

> **敲黑板**
>
> （1）企业对累积消费达到一定额度的顾客，给予额外抽奖机会，个人的获奖所得，按照"偶然所得"项目缴纳个人所得税。
>
> （2）企业在业务宣传、广告等活动中，随机向本单位以外的个人赠送礼品（包括网络红包），以及企业在年会、座谈会、庆典及其他活动中向本单位以外的个人赠送礼品，个人取得的礼品收入，按照"偶然所得"项目缴纳个人所得税。但企业赠送的具有价格折扣或折让性质的消费券、代金券、抵用券、优惠券等礼品除外。

（三）个人所得税税率

1．综合所得适用的税率

居民个人的综合所得适用3%～45%的7级超额累进税率，具体内容如表5-26所示。

表 5-26 个人所得税税率表（居民个人综合所得适用）

级数	全年应纳税所得额	税率/%	速算扣除数/元
1	不超过 36 000 元的部分	3	0
2	超过 36 000 元至 144 000 元的部分	10	2 520
3	超过 144 000 元至 300 000 元的部分	20	16 920
4	超过 300 000 元至 420 000 元的部分	25	31 920
5	超过 420 000 元至 660 000 元的部分	30	52 920
6	超过 660 000 元至 960 000 元的部分	35	85 920
7	超过 960 000 元的部分	45	181 920

注：本表所称全年应纳税所得额是指依照法律规定，居民个人取得综合所得以每一纳税年度收入额减除费用 6 万元及专项扣除、专项附加扣除和依法确定的其他扣除后的余额。

2．经营所得适用的税率

经营所得适用 5%～35% 的 5 级超额累进税率，具体内容如表 5-27 所示。

表 5-27 个人所得税税率表（经营所得适用）

级数	全年应纳税所得额	税率/%	速算扣除数/元
1	不超过 30 000 元的部分	5	0
2	超过 30 000 元至 90 000 元的部分	10	1 500
3	超过 90 000 元至 300 000 元的部分	20	10 500
4	超过 300 000 元至 500 000 元的部分	30	40 500
5	超过 500 000 元的部分	35	65 500

3．其他所得适用的税率

财产租赁所得，财产转让所得，利息、股息、红利所得，偶然所得适用比例税率，税率为 20%。

（四）个人所得税应纳税额的计算

1．工资、薪金所得，劳务报酬所得，稿酬所得，特许权使用费所得

居民个人取得工资、薪金所得，劳务报酬所得，稿酬所得和特许权使用费所得（以下称综合所得），按纳税年度合并计算个人所得税，按月或按次预缴税款，年终汇算清缴；非居民个人取得这四项所得，不合并计算，按月或者按次"分项"计算个人所得税，不办理汇算清缴。

1）居民个人综合所得应纳税额的计算

居民个人综合所得，按年计算缴纳个人所得税，应纳税额的计算公式为

应纳税额=应纳税所得额×税率-速算扣除数

居民个人综合所得，以每一纳税年度的收入额减除费用 6 万元及专项扣除、专项附加扣除和依法确定的其他扣除后的余额，为应纳税所得额。计算公式为

应纳税所得额=每一纳税年度的收入额-6 万元-专项扣除-专项附加扣除-依法确定的其他扣除

① 在确定收入额时，劳务报酬所得、稿酬所得、特许权使用费所得以收入减除 20% 的费

用后的余额为收入额。稿酬所得的收入额减按70%计算。收入额的计算公式为

收入额=税前工资收入+劳务报酬收入×（1-20%）+稿酬收入×（1-20%）×70%+
特许权使用费收入×（1-20%）

② 专项扣除，包括居民个人按规定缴纳的基本养老保险、基本医疗保险、失业保险等社会保险费和住房公积金等。

③ 专项附加扣除，包括3岁以下婴幼儿照护、子女教育、继续教育、大病医疗、住房贷款利息或者住房租金、赡养老人等支出。专项附加扣除的具体规定如表5-28所示。

表 5-28　专项附加扣除

项目	扣除规定	
3岁以下婴幼儿照护	纳税人照护3岁以下婴幼儿子女的相关支出：按照每个婴幼儿每月2 000元的标准定额扣除	父母可以选择由其中一方按扣除标准的100%扣除，也可以选择由双方分别按扣除标准的50%扣除，具体扣除方式在一个纳税年度内不能变更
子女教育	年满3岁至博士研究生：每个子女每月2 000元	
继续教育	学历教育：教育期间每月400元	同一学历（学位）继续教育的扣除期限不能超过48个月。个人接受本科及以下学历（学位）继续教育，符合扣除条件的，可以选择由其父母按子女教育扣除，也可以选择本人按继续教育扣除，但不得同时扣除
	职业资格继续教育：取得证书当年3 600元	
大病医疗	扣除医保报销后个人负担累计超过15 000元的部分，办理年度汇算清缴时，在80 000元限额内据实扣除	纳税人发生的医药费用支出可以选择由本人或者其配偶扣除。未成年子女发生的医药费用支出可以选择由其父母一方扣除
住房贷款利息	每月1 000元	纳税人只能享受一次首套住房贷款的利息扣除。夫妻双方婚前分别购买住房发生的首套住房贷款，其贷款利息支出，婚后可以选择其中一套住房，由购买方按扣除标准的100%扣除，也可以由夫妻双方对各自购买的住房分别按扣除标准的50%扣除，具体扣除方式在一个纳税年度内不能变更。住房贷款利息的扣除期限最长不超过240个月
住房租金	"大"城市：每月1 500元	住房租金支出由签订租赁住房合同的承租人扣除。夫妻双方主要工作城市相同的，只能由一方扣除住房租金支出。纳税人及其配偶在一个纳税年度内不能同时分别享受住房贷款利息和住房租金专项附加扣除
	"中"城市：每月1 100元	
	"小"城市：每月800元	
赡养老人	独生子女：每月3 000元 非独生子女：每人分摊的额度不能超过每月1 500元	被赡养人是指年满60岁的父母，以及子女均已去世的年满60岁的祖父母、外祖父母

注："大"城市是指直辖市、省会（首府）城市、计划单列市及国务院确定的其他城市；"中"城市是指市辖区户籍人口超过100万的其他城市；"小"城市是指市辖区户籍人口不超过100万的其他城市。

④ 其他扣除，包括个人缴付符合国家规定的企业年金、职业年金，个人购买符合国家规定的商业健康保险、税收递延型商业养老保险的支出，以及国务院规定可以扣除的其他项目。

举案说法

居民个人李某为独生子女，2024 年交完社保和住房公积金后共取得税前工资、薪金收入 20 万元，劳务报酬 2 万元，稿酬 1 万元。李某有两个小孩，一个就读小学三年级，一个就读大学四年级，由其 100%扣除子女教育专项附加，李某父母均已年过 60 岁。

① 李某 2024 年收入额=工资、薪金收入 200 000+劳务报酬收入 20 000×（1−20%）+稿酬收入 10 000×（1−20%）×70%=221 600 元。

② 全年减除费用 6 万元。

③ 计算专项附加扣除。

子女教育专项附加扣除=每月 2 000 元×12 个月×2 个子女=48 000 元

赡养老人专项附加扣除=每月 3 000 元×12 个月=36 000 元

专项附加扣除=48 000+36 000=84 000 元

④ 李某 2019 年综合所得应纳税所得额=221 600−60 000−84 000=77 600 元。

⑤ 找税率和速算扣除数：全年应纳税所得额 77 600 元，适用税率 10%，速算扣除数 2 520 元。

⑥ 应纳税额=应纳税所得额×税率−速算扣除数=77 600×10%−2 520=5 240 元

2）居民个人综合所得每月或每次预缴个人所得税的计算

① 工资、薪金所得预缴个人所得税的计算。

对于居民个人取得的工资、薪金所得，扣缴义务人应当按照累计预扣法计算预扣税款，并按月办理扣缴申报。工资、薪金所得预缴个人所得税的计算公式为

工资、薪金所得预缴个人所得税的计算

本期应预扣预缴税额=（累计预扣预缴应纳税所得额×预扣率−速算扣除数）−累计减免税额−累计已预扣预缴税额

累计预扣预缴应纳税所得额=累计收入−累计免税收入−累计减除费用−累计专项扣除−累计专项附加扣除−累计依法确定的其他扣除

其中：累计减除费用，按照 5 000 元/月乘以纳税人当年截至本月在本单位的任职受雇月份数计算。

举案说法

居民个人李某为独生子女，每月交完社保和住房公积金后取得税前工资、薪金收入 30 000 元。李某有两个小孩，一个就读小学三年级，一个就读大学四年级，由其 100%扣除子女教育专项附加，李某父母均已年过 60 岁。

（1）计算 1 月李某取得工资应预扣预缴的个人所得税额。

1 月累计预扣预缴应纳税所得额=30 000−5 000×1−2 000×2−3 000=18 000 元

查找税率表，适用税率 3%，速算扣除数 0。

1 月应预扣预缴税额=18 000×3%=540 元

(2) 计算2月李某取得工资应预扣预缴的个人所得税额。

2月累计预扣预缴应纳税所得额=30 000×2-5 000×2-2 000×2×2-3 000×2=36 000元

查找税率表，适用税率3%，速算扣除数0。

2月应预扣预缴税额=36 000×3%-540=540元

② 劳务报酬所得预缴个人所得税的计算。

a．每次收入不超过4 000元的：预扣预缴税额=（每次收入额-800元）×预扣率（20%）。

b．每次收入4 000元以上的：预扣预缴税额=每次收入额×（1-20%）×预扣率（20%）-速算扣除数

预扣率和速算扣除数如表5-29所示。

表5-29　个人所得税预扣率表（居民个人劳务报酬所得预扣预缴适用）

级数	预扣预缴应纳税所得额	税率/%	速算扣除数/元
1	不超过20 000元的部分	20	0
2	超过20 000元至50 000元的部分	30	2 000
3	超过50 000元的部分	40	7 000

举案说法

① 李某受邀讲学取得劳务报酬3 000元。预扣预缴个人所得税的计算如下：

预扣预缴税额=（3 000-800）×20%=440元

② 李某受邀讲学取得收入5 000元。预扣预缴个人所得税的计算如下：

预扣预缴税额=5 000×（1-20%）×20%=800元

③ 稿酬所得预缴个人所得税的计算。

a．每次收入不超过4 000元的：预扣预缴税额=（每次收入额-800元）×70%×预扣率（20%）。

b．每次收入4 000元以上的：预扣预缴税额=每次收入额×（1-20%）×70%×预扣率（20%）。

举案说法

① 李某出版一部小说，取得稿酬3 000元。预扣预缴个人所得税的计算如下：

预扣预缴税额=（3 000-800）×70%×20%=308元

② 李某出版一部小说，取得稿酬5 000元。预扣预缴个人所得税的计算如下：

预扣预缴税额=5 000×（1-20%）×70%×20%=560元

④ 特许权使用费所得预缴个人所得税的计算。

a．每次收入不超过4 000元的：预扣预缴税额=（每次收入额-800元）×预扣率（20%）。

b．每次收入4 000元以上的：预扣预缴税额=每次收入额×（1-20%）×预扣率（20%）。

思维互动坊

李某转让一项专利权，取得转让收入 15 000 元。

思考：李某该项所得应预缴多少个人所得税？

3）非居民个人取得四项所得应纳税额的计算

非居民个人取得工资、薪金所得，劳务报酬所得，稿酬所得和特许权使用费所得，不合并计算，按月或者按次"分项"计算个人所得税。应纳税额的计算公式为

应纳税额=每月（次）应纳税所得额×税率-速算扣除数

非居民个人工资、薪金所得，劳务报酬所得，稿酬所得和特许权使用费所得应纳税所得额的确定如表 5-30 所示。

表 5-30 非居民个人四项所得应纳税所得额的确定

所得项目	每月（次）应纳税所得额	计税规则
工资、薪金所得	每月收入额-5 000	按月计税
劳务报酬所得	劳务报酬收入×（1-20%）	按次计税
稿酬所得	稿酬收入×（1-20%）×70%	
特许权使用费所得	特许权使用费收入×（1-20%）	

非居民个人工资、薪金所得，劳务报酬所得，稿酬所得和特许权使用费所得适用税率如表 5-31 所示。

表 5-31 个人所得税税率表（非居民个人四项所得适用）

级数	全年应纳税所得额	税率/%	速算扣除数/元
1	不超过 36 000 元的部分	3	0
2	超过 36 000 元至 144 000 元的部分	10	2 520
3	超过 144 000 元至 300 000 元的部分	20	16 920
4	超过 300 000 元至 420 000 元的部分	25	31 920
5	超过 420 000 元至 660 000 元的部分	30	52 920
6	超过 660 000 元至 960 000 元的部分	35	85 920
7	超过 960 000 元的部分	45	181 920

2. 经营所得

经营所得按年计征，以每一个纳税年度的收入总额减除成本、费用及损失后的余额，为应纳税所得额。经营所得应纳税额的计算公式为

应纳税额=应纳税所得额×税率-速算扣除数

3. 财产租赁所得

财产租赁所得按次计征个人所得税，以一个月内取得的收入为一次。每次收入不超过 4 000 元的，减除费用 800 元；4 000 元以上的，减除 20%的费用。其余额为应纳税所得额。

应纳税额的计算公式如下。

1）每次（月）收入不足 4 000 元的

应纳税额=［每次（月）收入额-财产租赁过程中缴纳的税费-由纳税人负担的租赁财产实际开支的修缮费用（800 元为限）-800 元］×税率（20%）

2）每次（月）收入在 4 000 元以上的

应纳税额=［每次（月）收入额-财产租赁过程中缴纳的税费-由纳税人负担的租赁财产实际开支的修缮费用（800 元为限）］×（1-20%）×税率（20%）

敲黑板

（1）个人出租房屋的个人所得税应税收入不含增值税，计算房屋出租所得可扣除的税费不包本次出租缴纳的增值税。

（2）由纳税人负担的租赁财产实际开支的修缮费用，可以扣除，但每月（次）不得超过 800 元，超过的部分准予结转以后扣除。

（3）个人出租房屋取得的所得暂减按 10% 的税率征收个人所得税。

举案说法

1 月张某出租一套住房，取得当月租金收入 6 000 元，房屋租赁过程中缴纳税费 240 元，支付该房屋的修缮费 1 000 元。张某 1 月租金所得应缴纳个人所得税=（6 000-240-800）×（1-20%）×10%=396.8 元。

4．财产转让所得

财产转让所得以转让财产的收入额减除财产原值和合理费用后的余额为应纳税所得额。应纳税额的计算公式为

应纳税额=（收入总额-财产原值-合理费用）×税率（20%）

5．利息、股息、红利所得和偶然所得

利息、股息、红利所得和偶然所得，以每次取得的收入全额为应纳税所得额，不减除任何费用。应纳税额的计算公式为

应纳税额=每次收入额×税率（20%）

法律充电站

个人将其所得通过中国境内的公益性社会组织、国家机关向教育、扶贫、济困等公益慈善事业的捐赠，捐赠额未超过纳税人申报的应纳税所得额 30% 的部分，可以从其应纳税所得额中扣除。

个人通过非营利性的社会团体和国家机关进行的下列捐赠，准予全额在税前扣除：① 向红十字事业的捐赠；② 向教育事业的捐赠；③ 向农村义务教育的捐赠；④ 对公益性青少年活动场所（包括新建）的捐赠；⑤ 向福利性、非营利性老年服务机构的捐赠；⑥ 国务院规定的其他捐赠。

（五）个人所得税税收优惠

下列所得免征个人所得税。

（1）国债利息。

（2）储蓄存款利息。

（3）国家发行的金融债券利息。

（4）保险赔款。

（5）军人的转业费、复员费、退役金。

（6）退休费。

（7）省级人民政府、国务院部委和中国人民解放军军以上单位，以及外国组织、国际组织颁发的科学、教育、技术、文化、卫生、体育、环境保护等方面的奖金。

（8）按照国家统一规定发给的补贴、津贴。

（9）个人转让自用达5年以上，并且是唯一的家庭生活用房取得的所得。

（10）个人举报、协查各种违法、犯罪行为而获得的奖金。

（11）个人在上海、深圳证券交易所转让从上市公司公开发行和转让市场取得的股票，取得的股票转让所得。

（12）个人从公开发行和转让市场取得的上市公司股票，持股期限超过1年的股息、红利所得。

> **敲黑板**
>
> 个人从公开发行和转让市场取得的上市公司股票，持股期限在1个月以内（含1个月）的，其股息、红利所得全额计入应纳税所得额；持股期限在1个月以上至1年（含1年）的，暂减按50%计入应纳税所得额。

（13）个人购买福利彩票、体育彩票，一次中奖收入在1万元以下的（含1万元）。

> **小贴士**
>
> 个人购买福利彩票、体育彩票，一次中奖收入在1万元以上的，全额征收个人所得税。

（14）以下情形的房屋产权赠与，对当事双方不征个人所得税：① 将房屋赠与配偶、父母、子女、祖父母、外祖父母、孙子女、外孙子女、兄弟姐妹；② 将房屋赠与对其承担直接抚养或者赡养义务的抚养人或赡养人；③ 房屋产权所有人死亡，依法取得房屋产权的法定继承人、遗嘱继承人或者受遗赠人。

（15）外籍个人取得的下列所得免征或暂免征收个人所得税：① 以非现金形式或实报实销形式取得的住房补贴、伙食补贴、搬迁费、洗衣费；② 按合理标准取得的境内、境外出差补贴；③ 从外商投资企业取得的股息、红利所得；④ 合理的探亲费、语言训练费、子女教育经费等。

（六）个人所得税征收管理

1. 纳税申报

个人所得税以所得人为纳税人，以支付所得的单位或者个人为扣缴义务人。扣缴义务人向个人支付应税款项时，应当依照个人所得税法规定预扣或代扣税款。

有下列情形之一的，纳税人应当依法办理纳税申报：① 取得综合所得需要办理汇算清缴；② 取得应税所得没有扣缴义务人；③ 取得应税所得，扣缴义务人未扣缴税款；④ 取得境外所得；⑤ 因移居境外注销中国户籍；⑥ 非居民个人在中国境内从两处以上取得工资、薪金所得；⑦ 国务院规定的其他情形。

需要办理汇算清缴的情形包括：① 从两处或者两处以上取得综合所得，且综合所得年收入额减去专项扣除的余额超过 6 万元；② 取得劳务报酬所得、稿酬所得、特许权使用费所得中一项或者多项所得，且综合所得年收入额减去专项扣除的余额超过 6 万元；③ 纳税年度内预缴税额低于应纳税额；④ 纳税人申请退税。

2. 纳税期限

（1）居民个人取得综合所得，按年计算个人所得税；有扣缴义务人的，由扣缴义务人按月或者按次预扣预缴税款；需要办理汇算清缴的，应当在取得所得的次年 3 月 1 日至 6 月 30 日内办理汇算清缴。

（2）纳税人取得经营所得，按年计算个人所得税，由纳税人在月度或者季度终了后 15 日内向税务机关报送纳税申报表，并预缴税款；在取得所得的次年 3 月 31 日前办理汇算清缴。

（3）纳税人取得应税所得没有扣缴义务人的，应当在取得所得的次月 15 日内向税务机关报送纳税申报表，并缴纳税款。

（4）纳税人取得应税所得，扣缴义务人未扣缴税款的，纳税人应当在取得所得的次年 6 月 30 日前，缴纳税款。

（5）居民个人从中国境外取得所得的，应当在取得所得的次年 3 月 1 日至 6 月 30 日内申报纳税。

（6）非居民个人在中国境内从两处以上取得工资、薪金所得的，应当在取得所得的次月 15 日内申报纳税。

（7）纳税人因移居境外注销中国户籍的，应当在注销中国户籍前办理税款清算。

 案例启示录

直播行业不是税收盲区

2021 年 11 月，××市税务机关稽查局对网络主播朱某某依法追缴税款、加收滞纳金并处罚款共计 6 555.31 万元；对网络主播林某某依法追缴税款、加收滞纳金并处罚款共计 2 767.25 万元。2021 年 12 月，税务部门对网络主播黄某依法追缴税款、加收滞纳金并处罚款共计 13.41 亿元。

近年来，随着直播带货成为电商平台最大的增长点，网络主播的收入也水涨船高，部分头部主播的单场带货交易额达到千万甚至上亿元。然而，直播行业不是税收盲区。从朱某某案、林某某案再到黄某案，主播偷逃税行为相继受到严肃处罚，体现了法律面前一律平等的原则，名气再大、人气再高，一旦偷逃税都难逃制裁。

启示：税收是国家的根基，是民生的保障。我国宪法规定，中华人民共和国公民有依照法律纳税的义务。国家税法具有法律权威性，任何企业和个人都不能以不法手段逃避纳税义务。依法纳税，是每个企业和公民应尽的义务。无论是企业，还是个人，都应遵守税收征管法律法规，千万不要抱有侥幸心理走上犯罪道路。偷税漏税，必将受到法律的严惩。

班级_____ 姓名_____ 学号_____

学业测评

1. 【单选题】下列各项中，不属于企业所得税纳税人的是（ ）。
   A．甲有限责任公司　　　　　　B．乙事业单位
   C．丙个人独资企业　　　　　　D．丁股份有限公司

2. 【单选题】下列各项中，属于不征税收入的是（ ）。
   A．转让财产收入　　　　　　　B．特许权使用费收入
   C．利息收入　　　　　　　　　D．财政拨款

3. 【单选题】2021年度，甲企业实现销售收入3 000万元，当年发生广告费400万元，上年度结转未扣除广告费60万元。已知广告费不超过当年销售收入15%的部分准予扣除。甲企业在计算2021年度企业所得税应纳税所得额时，准予扣除的广告费金额为（ ）。
   A．340万元　　B．510万元　　C．450万元　　D．60万元

4. 【单选题】甲公司2021年应纳税所得额为100万元，当年购置《环境保护专用设备企业所得税优惠目录》规定的环境保护专用设备一台，投资额60万元，当年即投入使用。已知企业所得税税率为25%。甲公司2021年度企业所得税应纳税额为（ ）。
   A．25万元　　B．10万元　　C．19万元　　D．14.5万元

5. 【单选题】周某购买彩票中奖获奖金30 000元，周某领奖时支付食宿费400元。已知偶然所得个人所得税税率为20%。周某中奖所得应缴纳个人所得税（ ）。
   A．5 920元　　B．4 736元　　C．6 000元　　D．4 800元

6. 【单选题】2021年1月张某出租一套住房，取得当月租金收入3 800元，财产租赁过程中缴纳税费152元，发生修缮费600元。已知个人出租住房暂减按10%的税率征收个人所得税。张某当月租金收入应缴纳个人所得税（ ）。
   A．224.8元　　B．300元　　C．304.8元　　D．380元

7. 【多选题】下列各项中，在计算企业所得税应纳税所得额时，不得扣除的有（ ）。
   A．罚金　　B．诉讼费用　　C．罚款　　D．税收滞纳金

8. 【多选题】下列各项中，暂免征收个人所得税的有（ ）。
   A．赵某转让自用满10年，并且是唯一的家庭生活用房取得的所得500 000元
   B．在校学生李某因参加勤工俭学活动取得的1个月劳务报酬所得1 000元
   C．王某取得的储蓄存款利息1 500元
   D．张某因举报某公司违法行为获得的奖金20 000元

9. 【多选题】下列各项中，应按照"特许权使用费所得"税目计缴个人所得税的有（ ）。
   A．作家公开拍卖自己的小说手稿原件取得的收入
   B．个人取得的专利赔偿收入
   C．专利权人许可他人使用自己的专利取得的收入
   D．商标权人许可他人使用商标取得的收入

10. 【多选题】个人的下列所得中，免征个人所得税的有（ ）。
    A．国债利息　　　　　　　　　B．军人的转业费
    C．出租厂房取得的租金　　　　D．国家发行的金融债券利息

班级_____ 姓名_____ 学号_____

实训育才

掌握个税算法，牢牢守住"钱袋子"

一、实训目标

个人所得税是我们日常工作、生活中接触最频繁的税种，通过实训，强化学生对个人所得税基本要素的掌握，使学生能够根据资料正确计算出应纳税额。

二、实训内容

（1）对自己 10 年后的收入进行设想，并完成个人收入资料的编写。

（2）帮同学计算其 10 年后的收入应缴纳多少个人所得税。

三、实训要求

编写的 10 年后的个人收入资料符合法律规定，帮同学计算的个人所得税税额准确。

四、实训流程

第一步：教师组织学生对自己 10 年后的生活进行设想，并编写个人收入资料。

第二步：将学生填写的个人收入资料全部放入密封的箱子中。

第三步：学生从箱子中随机抽取一份个人收入资料，通过查找税率表，对资料上的各项收入计算应缴纳的个人所得税税额。

第四步：教师点评、总结。

项目五 税收法律制度——引导资源的合理配置

任务三 财产和行为税法律制度：实现协调发展

以案启思

2017年1月，甲公司欲购买一处厂房，在购买厂房时被告知，除了支付厂房价款外，还需要缴纳契税和印花税。

2017年2月，甲公司欲购买一辆小汽车，在购买小汽车时被告知，除了支付小汽车价款外，还需要缴纳车辆购置税。

2017年12月，甲公司接到主管税务机关发出的《税务事项告知书》，告知甲公司针对其拥有并使用的厂房，每年需要按规定缴纳房产税和城镇土地使用税；针对其拥有的小汽车，每年需要按规定缴纳车船税。

2022年12月，甲公司将厂房对外出售，在出售厂房时被告知，除了按规定缴纳增值税外，还需要缴纳土地增值税。

思考

（1）契税、印花税、车辆购置税、房产税、城镇土地使用税、车船税和土地增值税分别是什么？除了上面所说的税，你还知道哪些税？

（2）甲公司购买厂房和小汽车时已经按规定缴纳了相关税收，在拥有并使用期间，是否还需要缴纳房产税、城镇土地使用税和车船税？

（3）甲公司出售厂房时缴纳的增值税和土地增值税，是否构成重复征税？

法海拾贝

一、房产税

房产税是以房产为征税对象，按照房产的计税价值或房产租金收入向房产所有人或经营管理人等征收的一种税。

（一）房产税纳税人与征税范围

房产税纳税人是指在我国城市、县城、建制镇和工矿区内（不包括农村）拥有房屋产权的单位和个人。房产税征税范围为城市、县城、建制镇和工矿区（不包括农村）的房屋，包括与房屋相连的建筑，如室内游泳池、地下室、地下停车场等。

房产税纳税人与征税范围

（二）房产税应纳税额的计算

房产税按年计征，税额的计算分为两种：自用的房产，以房产余值（房产的原值减除规定比例后的剩余价值）为计税依据，称为从价计征；出租的房产，以房屋出租取得的租金收入为计税依据，称为从租计征。

1. 从价计征房产税应纳税额的计算

从价计征房产税应纳税额的计算公式为

从价计征的房产税应纳税额=房产原值×（1−扣除比例）×税率（1.2%）

公式中，扣除比例幅度为10%～30%，具体减除幅度由省、自治区、直辖市人民政府规定。

> **法律充电站**
>
> 房产原值，是指纳税人按照会计制度规定，在账簿固定资产科目中记载的房屋原价。房产原值包括与房屋不可分割的各种附属设备或一般不单独计算价值的配套设施，如给排水、采暖、照明、消防、中央空调、智能化楼宇设备、电梯、升降机、过道、晒台等。
>
> 凡以房屋为载体，不可随意移动的附属设备和配套设施，无论在会计核算中是否单独记账与核算，都应计入房产原值，计征房产税。
>
> 纳税人对原有房屋进行改建、扩建的，要相应地增加房屋的原值。对更换房屋附属设备和配套设施的，在将其价值计入房产原值时，可扣减原来相应设备和设施的价值；对附属设备和配套设施中易损坏、需要经常更换的零配件，更新后不再计入房产原值。

2. 从租计征房产税应纳税额的计算

从租计征房产税应纳税额的计算公式为

从租计征的房产税应纳税额=租金收入×税率（12%）

公式中，租金收入为不含增值税收入。

> **举案说法**
>
> 2021年甲公司的房产原值为1 000万元，已提折旧400万元。已知当地规定的房产税扣除比例为30%。甲公司2021年应缴纳房产税=1 000×（1−30%）×1.2%=8.4万元。
>
> 2022年甲公司将该房产对外出租，租期1年，取得含增值税租金19.95万元。甲公司2022年应缴纳房产税=19.95÷（1+5%）×12%=2.28万元。

（三）房产税税收优惠

（1）国家机关、人民团体、军队自用的房产，免征房产税。

（2）由国家财政部门拨付事业经费的单位（学校、托儿所、幼儿园、敬老院等）自用的房产，免征房产税。

（3）宗教寺庙、公园、名胜古迹自用的房产（举行宗教仪式等的房屋，宗教人员使用的生活用房屋，公园、名胜古迹内供公共参观游览的房屋及其管理单位的办公用房屋），免征房产税。

> **敲黑板**
>
> 宗教寺庙、公园、名胜古迹中附设的营业单位，如影剧院、饮食部、茶社、照相馆等所使用的房产及出租的房产，不属于免税范围，应征收房产税。

（4）非营利性医疗机构、疾病控制机构和妇幼保健机构等卫生机构自用的房产，免征房产税。

（5）老年服务机构自用的房产，免征房产税。

（6）个人所有非营业用的房产，免征房产税。

对个人拥有的营业用房或者出租的房产，应征收房产税。

（7）对个人出租住房，不区分用途，按4%的税率征收房产税；对企事业单位、社会团体及其他组织按市场价格向个人出租用于居住的住房，减按4%的税率征收房产税。

（四）房产税征收管理

1．纳税义务发生时间

（1）纳税人将原有房产用于生产经营，从生产经营之月起缴纳房产税。

（2）纳税人自行新建房屋用于生产经营，从建成次月起缴纳房产税。

（3）纳税人委托施工企业建设的房屋，从办理验收手续次月起缴纳房产税。

（4）纳税人购置新建商品房，从房屋交付使用次月起缴纳房产税。

（5）纳税人购置存量房，从办理房屋权属转移、变更登记手续，房地产权属登记机关签发房屋权属证书次月起缴纳房产税。

（6）纳税人出租、出借房产，从交付出租、出借房产次月起缴纳房产税。

（7）房地产开发企业自用、出租、出借本企业建造的商品房，从房屋使用或交付次月起缴纳房产税。

（8）纳税人因房产实物或权利状态发生变化而依法终止房产税纳税义务的，其应纳税款的计算应截至房产的实物或权利状态发生变化的当月末。

2．纳税地点

纳税人应当向房产所在地税务机关申报缴纳房产税。

3．纳税期限

房产税实行按年计算、分期缴纳的征收方法，具体纳税期限由省、自治区、直辖市人民政府确定。

二、城镇土地使用税

城镇土地使用税是国家在城市、县城、建制镇和工矿区（不包括农村）范围内，对使用土地的单位和个人，以其实际占用的土地面积为计税依据，按照规定的税额（定额税率）计算征收的一种税。

（一）城镇土地使用税纳税人与征税范围

城镇土地使用税纳税人是指在城市、县城、建制镇、工矿区（不包括农村）范围内使用土地的单位和个人。城镇土地使用税征税范围为城市、县城、建制镇、工矿区范围内的土地。

(二)城镇土地使用税应纳税额的计算

城镇土地使用税按年计征,以纳税人实际占用的土地面积为计税依据。土地面积以平方米为计量标准。城镇土地使用税应纳税额的计算公式为

$$年应纳税额 = 实际占用应税土地面积 \times 定额税率$$

城镇土地使用税采用定额税率,按大、中、小城市和县城、建制镇、工矿区分别规定每平方米城镇土地使用税年应纳税额,具体标准如下:大城市 1.5~30 元;中等城市 1.2~24 元;小城市 0.9~18 元;县城、建制镇、工矿区 0.6~12 元。省、自治区、直辖市人民政府,在上述规定的税额幅度内,根据市政建设情况、经济繁荣程度等条件,确定所辖地区的适用税额幅度。

(三)城镇土地使用税税收优惠

1. 基本优惠

下列用地免征城镇土地使用税。

(1)国家机关、人民团体、军队,由国家财政部门拨付事业经费的单位、老年服务机构(老年社会福利院、敬老院、老年服务中心、老年公寓等)自用的土地。

(2)市政街道、广场、绿化地带等公共用地。

(3)直接用于农、林、牧、渔业的生产用地。

(4)宗教寺庙、公园、名胜古迹自用的土地。

2. 特殊优惠

城镇土地使用税特殊优惠的内容如表 5-32 所示。

表 5-32 城镇土地使用税特殊优惠

项目	内容	征免规定
无偿使用土地	免税单位无偿使用纳税单位的土地	免税
	纳税单位无偿使用免税单位的土地	征税
企业的铁路专用线、公路等用地	在企业厂区以外、与社会公用地段未加隔离的用地	免税
	在企业厂区以内的用地	征税
火电厂	厂区围墙外的灰场、输灰管、输油(气)管道、铁路专用线用地	免税
	厂区围墙外的其他用地和厂区围墙内的用地	征税
民航机场用地	机场飞行区(包括跑道、滑行道、停机坪、安全带、夜航灯光区)用地、场内外通信导航设施用地、飞行区四周排水防洪设施用地、机场道路中的场外道路用地	免税
	机场道路中的场内道路用地、机场工作区用地(包括候机楼、停车场、办公、生产和维修用地)、生活区用地、绿化用地	征税
林业系统用地	育林地、运材道、防火道、防火设施用地,森林公园、自然保护区用地	免税
	其他生产(如厂房)、办公、生活区用地	征税
盐场、盐矿用地	盐场的盐滩、盐矿的矿井用地	免税
	其他生产(如厂房)、办公、生活区用地	征税

续表

项目	内容	征免规定
供电部门、水电站用地	供电部门的输电线路用地、变电站用地	免税
	供电部门、水电站的生产（包括坝内、坝外式厂房）、办公、生活区用地	征税
水利设施用地	水利设施及其管护用地（如水库库区、大坝、堤防、灌渠、泵站等）	免税
	其他生产（如厂房）、办公、生活区用地	征税
交通运输部门港口用地	港口的码头用地（包括岸边码头、伸入水中的浮码头、堤岸、堤坝、栈桥等）	免税
	其他用地	征税
体育场馆用地	国家机关、军队、人民团体、财政补助事业单位、居民委员会、村民委员会拥有的体育场馆，用于体育活动的用地	免税
	企业拥有并运营管理的大型体育场馆，用于体育活动的用地	减半征税

（四）城镇土地使用税征收管理

1．纳税义务发生时间

（1）纳税人购置新建商品房，从房屋交付使用次月起缴纳城镇土地使用税。

（2）纳税人购置存量房，从办理房屋权属转移、变更登记手续，房地产权属登记机关签发房屋权属证书次月起缴纳城镇土地使用税。

（3）纳税人出租、出借房产，从交付出租、出借房产次月起缴纳城镇土地使用税。

（4）以出让或转让方式有偿取得土地使用权，从合同约定交付土地时间次月起缴纳城镇土地使用税；合同未约定交付土地时间的，从合同签订次月起缴纳城镇土地使用税。

（5）纳税人新征用的耕地，从批准征用之日起满1年时开始缴纳城镇土地使用税。

（6）纳税人新征用的非耕地，从批准征用次月起缴纳城镇土地使用税。

2．纳税地点

纳税人应当向土地所在地税务机关申报缴纳城镇土地使用税。

3．纳税期限

城镇土地使用税实行按年计算、分期缴纳的征收方法，具体纳税期限由省、自治区、直辖市人民政府确定。

 思维互动坊

某林场占地面积100万平方米，其中森林公园占地58万平方米，防火设施占地17万平方米，办公用地占地10万平方米，生活区用地占地15万平方米。已知当地规定的城镇土地使用税每平方米年税额为0.8元。

思考：该林场每年需要缴纳多少城镇土地使用税？

三、车船税

车船税,是依照法律规定对中国境内的车辆和船舶,按照规定税目和税额计算征收的一种税。

(一) 车船税纳税人与征税范围

车船税纳税人是指在中国境内拥有并使用特定车辆、船舶的所有人或管理人。车船税征税范围是指在中国境内属于《中华人民共和国车船税法》所规定的应税车辆和船舶,具体包括:① 依法应当在车船登记管理部门登记的机动车辆和船舶;② 依法不需要在车船登记管理部门登记的在单位内部场所行驶或者作业的机动车辆和船舶。

(二) 车船税税目、税率

车船税采用定额税率,又称固定税额。车船税税目、税率如表 5-33 所示。

表 5-33 车船税税目、税率表

税目		计税单位	年基准税额/元	备注
乘用车		每辆	60~5 400	核定载客人数 9 人(含)以下,按发动机气缸容量(排气量)分档
商用车	客车	每辆	480~1 440	核定载客人数 9 人以上,包括电车
	货车	整备质量每吨	16~120	包括半挂牵引车、三轮汽车和低速载货汽车等
	挂车	整备质量每吨	按照货车税额的 50%计算	
其他车辆	专用作业车 轮式专用机械车	整备质量每吨	16~120	不包括拖拉机
摩托车		每辆	36~180	
船舶	机动船舶	净吨位每吨	3~6	拖船、非机动驳船分别按照机动船舶税额的 50%计算
	游艇	艇身长度每米	600~2 000	

车辆的具体适用税额由省、自治区、直辖市人民政府在规定的税额幅度内确定并报国务院备案。船舶的具体适用税额由国务院在规定的税额幅度内确定。

(三) 车船税应纳税额的计算

各类车船应纳车船税税额的计算公式如表 5-34 所示。

表 5-34 车船税应纳税额的计算公式

车船类型	应纳税额的计算公式
乘用车、客车、摩托车	应纳税额=辆数×年基准税额
货车、专用作业车、轮式专用机械车	应纳税额=整备质量吨位数×年基准税额
挂车	应纳税额=整备质量吨位数×货车年基准税额×50%

续表

车船类型	应纳税额的计算公式
拖船、非机动驳船	应纳税额=净吨位数×机动船舶年基准税额×50%
其他机动船舶	应纳税额=净吨位数×年基准税额
游艇	应纳税额=艇身长度×年基准税额

购置的新车船,购置当年的应纳税额自纳税义务发生的当月起按月计算。车船税税额计算公式为:应纳税额=年应纳税额÷12×应纳税月份数

举案说法

6月15日,甲公司购买两辆乘用车。已知乘用车发动机汽缸容量排气量为1.6升,当地规定的车船税年基准税额为480元/辆。甲公司当年应缴纳车船税=2×480÷12×7=560元。

(四)车船税税收优惠

下列车船免征车船税。

(1)捕捞、养殖渔船。

(2)军队、武装警察部队专用车船。

(3)警用车船。警用车船是指公安机关、国家安全机关、监狱、劳动教养管理机关和人民法院、人民检察院领取警用牌照的车辆和执行警务的专用船舶。

(4)悬挂应急救援专用号牌的国家综合性消防救援车辆和国家综合性消防救援船舶。

(5)依照法律规定应当予以免税的外国驻华使领馆、国际组织驻华代表机构及其有关人员的车船。

(6)纯电动商用车、插电式(含增程式)混合动力汽车、燃料电池商用车。

(五)车船税征收管理

1. 纳税义务发生时间

车船税纳税义务发生时间为取得车船所有权或者管理权的当月。

2. 纳税地点

纳税人自行申报缴纳车船税的,纳税地点为车船登记地;依法不需要办理登记的车船,纳税地点为车船的所有人或管理人所在地。扣缴义务人代扣代缴车船税的,纳税地点为扣缴义务人所在地。

3. 纳税期限

车船税按年申报,分月计算,一次性缴纳。纳税年度为公历1月1日至12月31日。车船税的具体申报纳税期限由省、自治区、直辖市人民政府确定。

四、契税

契税是指国家在土地、房屋权属转移时，按照当事人双方签订的合同（契约）及所确定价格的一定比例，向权属承受人征收的一种税。

（一）契税纳税人与征税范围

契税纳税人是指在我国境内承受土地、房屋权属转移的单位和个人。契税以在我国境内转移土地、房屋权属的行为作为征税对象。转移土地、房屋权属的行为包括土地使用权出让、土地使用权转让，房屋买卖，房屋赠与，房屋互换，房地产投资入股、偿还债务、奖励等行为。

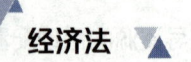

土地、房屋典当、分拆（分割）、抵押、出租等行为，不属于契税征税范围。

土地使用权出让，是指国家以土地所有者的身份将土地使用权在一定年限内让与土地使用者，并由土地使用者向国家支付土地使用权出让金的行为，它属于土地买卖的一级市场。

土地使用权转让，是指土地使用者通过出让等形式取得土地使用权后，将土地使用权再转让的行为，包括出售、交换和赠与，它属于土地买卖的二级市场。

（二）契税应纳税额的计算

契税应纳税额的计算公式为

$$应纳税额 = 计税依据 \times 税率$$

1. 计税依据

按照土地、房屋权属转移的形式、定价方法的不同，契税的计税依据确定如下。

（1）土地使用权出让、出售，房屋买卖，以成交价格作为计税依据。

（2）土地使用权赠与、房屋赠与及其他没有价格的转移土地、房屋权属行为，以税务机关核定的价格作为计税依据。

（3）土地使用权互换、房屋互换，以所互换的土地使用权、房屋价格的差额作为计税依据。

举案说法

① 张某用200万元的房屋换李某200万元的房屋。交换价格相等，张某和李某都不用交契税。

② 张某用200万元的房屋换李某180万元的房屋，李某向张某支付差价20万元。李某属于多交付货币的一方，由李某按照差价20万元作为计税依据交税。

③ 张某用200万元的房屋换李某200万元的小汽车。相当于张某买200万元的小汽车，李某买200万元的房屋，张某买小汽车不用交契税，李某按照200万元作为计税依据交税。

（4）以划拨方式取得的土地使用权，经批准改为出让方式重新取得该土地使用权的，由该土地使用权人以补缴的土地出让价款作为计税依据。

契税计税依据不包括增值税。

2. 税率

契税采用比例税率，实行 3%～5%的幅度税率，具体适用税率由各省、自治区、直辖市人民政府在规定的税率幅度内提出，报同级人民代表大会常务委员会决定，并报全国人民代表大会常务委员会和国务院备案。

（三）契税税收优惠

有下列情形之一的，免征契税。

（1）国家机关、事业单位、社会团体、军事单位承受土地、房屋权属用于办公、教学、医疗、科研、军事设施。

（2）非营利性的学校、医疗机构、社会福利机构承受土地、房屋权属用于办公、教学、医疗、科研、养老、救助。

（3）承受荒山、荒地、荒滩土地使用权用于农、林、牧、渔业生产。

（4）婚姻关系存续期间夫妻之间变更土地、房屋权属。

（5）法定继承人通过继承承受土地、房屋权属。

（6）依照法律规定应当予以免税的外国驻华使馆、领事馆和国际组织驻华代表机构承受土地、房屋权属。

（四）契税征收管理

1. 纳税义务发生时间

契税纳税义务发生时间为纳税人签订土地、房屋权属转移合同的当日，或者纳税人取得其他具有土地、房屋权属转移合同性质凭证的当日。

2. 纳税地点

纳税人应当向土地、房屋所在地税务机关申报缴纳契税。

五、印花税

印花税是对经济活动和经济交往中书立、使用的应税经济凭证征收的一种税。因纳税人主要是通过在应税凭证上粘贴印花税票来完成纳税义务，故名印花税。

（一）印花税纳税人

印花税纳税人是指在中国境内书立应税凭证、进行证券交易的单位和个人。根据书立、使用应税凭证的不同，纳税人可分为立合同人、立账簿人、立据人、使用人、证券交易出让方，具体内容如图 5-6 所示。

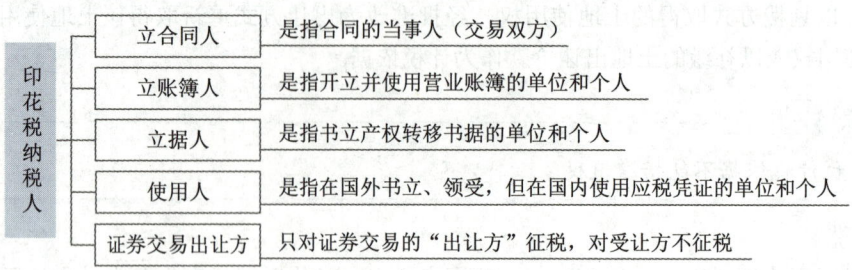

图 5-6 印花税纳税人

印花税纳税人不包括合同的担保人、证人、鉴定人和证券交易的受让方。

(二) 印花税征税范围

我国现行印花税采取正列举形式,只对法律规定中列举的凭证(包括电子形式)征税,没有列举的凭证不征税。列举的凭证分为四类,即合同类、产权转移书据类、营业账簿类、证券交易类。

1. 合同类

征收印花税的合同包括 11 类:买卖合同、借款合同、融资租赁合同、租赁合同、承揽合同、建设工程合同、运输合同、技术合同、保管合同、仓储合同、财产保险合同。

建设工程合同包括勘察、设计、建筑、安装工程合同的总包合同、分包合同和转包合同。技术合同包括技术开发、转让、咨询和服务合同。技术转让合同包括专利申请权转让、非专利技术转让合同,不包括专利权转让、专有技术使用权转让合同。

2. 产权转移书据类

产权转移书据包括 4 类:土地使用权出让书据,土地使用权、房屋等建筑物和构筑物所有权转让书据,股权转让书据(不包括在证券交易所交易的股票),商标专用权、著作权、专利权、专有技术使用权转让书据。

3. 营业账簿类

按照营业账簿反映的内容不同,分为记载资金的营业账簿和其他营业账簿。目前,我国只对记载资金的营业账簿征收印花税,对其他营业账簿不征收印花税。记载资金的营业账簿是指反映生产经营单位实收资本和资本公积金额增减变化的账簿。

4. 证券交易类

证券交易,是指转让在依法设立的证券交易所、国务院批准的其他证券交易所交易的股票和以股票为基础发行的存托凭证。

(三) 印花税应纳税额的计算

印花税应纳税额的计算公式为

$$应纳税额 = 计税依据 \times 税率$$

印花税计税依据与税率如表 5-35 所示。

表 5-35　印花税计税依据与税率

税目		计税依据	税率
合同	买卖合同	价款	万分之三
	承揽合同	报酬	万分之三
	建设工程合同	价款	万分之三
	运输合同	运输费用	万分之三
	技术合同	价款、报酬或者使用费	万分之三
	租赁合同	租金	千分之一
	保管合同	保管费	千分之一
	仓储合同	仓储费	千分之一
	财产保险合同	保险费	千分之一
	借款合同	借款金额	万分之零点五
	融资租赁合同	租金	万分之零点五
产权转移书据	土地使用权出让书据	价款	万分之五
	土地使用权、房屋等建筑物和构筑物所有权转让书据		
	股权转让书据		
	商标专用权、著作权、专利权、专有技术使用权转让书据	价款	万分之三
营业账簿		实收资本（股本）、资本公积合计金额	万分之二点五
证券交易		成交金额	千分之一

（四）印花税税收优惠

下列凭证，免征印花税。

（1）应税凭证的副本或者抄本。

（2）依照法律规定应当予以免税的外国驻华使馆、领事馆和国际组织驻华代表机构为获得馆舍书立的应税凭证。

（3）中国人民解放军、中国人民武装警察部队书立的应税凭证。

（4）农民、家庭农场、农民专业合作社、农村集体经济组织、村民委员会购买农业生产资料或者销售农产品书立的买卖合同和农业保险合同。

（5）无息或者贴息借款合同、国际金融组织向中国提供优惠贷款书立的借款合同。

（6）财产所有权人将财产赠与政府、学校、社会福利机构、慈善组织书立的产权转移书据。

（7）非营利性医疗卫生机构采购药品或者卫生材料书立的买卖合同。

（8）个人与电子商务经营者订立的电子订单。

（五）印花税征收管理

1. 纳税义务发生时间

印花税纳税义务发生时间为纳税人书立应税凭证或者完成证券交易的当日。证券交易印花税由证券登记结算机构代扣代缴，扣缴义务发生时间为证券交易完成的当日。

2. 纳税地点

纳税人为单位的，应当向其机构所在地的主管税务机关申报缴纳印花税；纳税人为个人的，应当向应税凭证书立地或者纳税人居住地的主管税务机关申报缴纳印花税。不动产产权发生转移的，纳税人应当向不动产所在地的主管税务机关申报缴纳印花税。

3. 纳税期限

印花税按季、按年或者按次计征。实行按季、按年计征的，纳税人应当自季度、年度终了之日起15日内申报缴纳税款；实行按次计征的，纳税人应当自纳税义务发生之日起15日内申报缴纳税款。证券交易印花税按周解缴。证券交易印花税扣缴义务人应当自每周终了之日起5日内申报解缴税款及银行结算的利息。

4. 纳税方式

印花税可以采用粘贴印花税票或者由税务机关依法开具其他完税凭证的方式缴纳。印花税票粘贴在应税凭证上的，由纳税人在每枚税票的骑缝处盖戳注销或者画销。

六、土地增值税

土地增值税是对转让国有土地使用权、地上建筑物及其附着物并取得收入的单位和个人，就其转让房地产所取得的增值额征收的一种税。

（一）土地增值税纳税人与征税范围

土地增值税纳税人是指转让国有土地使用权、地上建筑物及其附着物并取得收入的单位和个人。

在确定土地增值税征税范围时，需要注意以下几点。

（1）土地增值税只对转让国有土地使用权的行为征税，对出让国有土地使用权的行为不征税。

（2）房产所有人、土地使用权所有人将房屋产权、土地使用权赠与直系亲属或承担直接赡养义务人的行为，不征收土地增值税；房产所有人、土地使用权所有人通过中国境内非营利的社会团体、国家机关将房屋产权、土地使用权赠与教育、民政和其他社会福利、公益事业的行为，不征收土地增值税。其他房地产赠与行为，征收土地增值税。

（3）对于一方出地，另一方出资金，双方合作建房，建成后按比例分房自用的，暂免征收土地增值税；建成后转让的，应征收土地增值税。

（4）对个人之间互换自有居住用房地产的，经当地税务机关核实，可以免征土地增值税；其他房地产的交换，应征收土地增值税。

（5）房地产的出租、抵押行为，房地产的代建行为，房地产的重新评估，不属于土地增值税征税范围。

（二）土地增值税税率

土地增值税实行4级超率累进税率，具体如表5-36所示。

表 5-36　土地增值税税率

级数	增值额与扣除项目金额的比率	税率/%	速算扣除系数/%
1	不超过 50%的部分	30	0
2	超过 50%至 100%的部分	40	5
3	超过 100%至 200%的部分	50	15
4	超过 200%的部分	60	35

（三）土地增值税计税依据

土地增值税的计税依据是纳税人转让房地产所取得的增值额。转让房地产的增值额，是纳税人转让房地产的收入（不含增值税）减除税法规定的扣除项目金额后的余额。

1. 新开发房地产的扣除项目及其金额

准予纳税人从房地产转让收入额减除的扣除项目金额具体包括以下内容。

（1）取得土地使用权所支付的金额。取得土地使用权所支付的金额包括两方面内容：① 纳税人为取得土地使用权所支付的地价款；② 纳税人在取得土地使用权时按国家统一规定缴纳的有关费用和税金，如登记费、过户手续费和契税。

（2）房地产开发成本。房地产开发成本，是指纳税人房地产开发项目实际发生的成本，包括土地征用及拆迁补偿费、前期工程费、建筑安装工程费、基础设施费、公共配套设施费、开发间接费用等。

（3）房地产开发费用。房地产开发费用是指与房地产开发项目有关的销售费用、管理费用、财务费用。房地产开发费用按以下两种情况进行扣除：

① 利息支出能够按转让房地产项目计算分摊并提供金融机构证明的，允许扣除的房地产开发费用为

允许扣除的房地产开发费用＝利息＋（取得土地使用权所支付的金额＋房地产开发成本）×省级政府确定的比例（5%以内）

> **敲黑板**
> 利息的上浮幅度按国家的有关规定执行，超过上浮幅度的部分不允许扣除；对于超过贷款期限的利息部分和加罚的利息不允许扣除。

② 利息支出不能按转让房地产项目计算分摊或不能提供金融机构证明的，允许扣除的房地产开发费用为

允许扣除的房地产开发费用＝（取得土地使用权所支付的金额＋房地产开发成本）×省级政府确定的比例（10%以内）

（4）与转让房地产有关的税金。与转让房地产有关的税金，是指在转让房地产时缴纳的城市维护建设税、印花税、教育费附加。

举案说法

甲公司开发一项房地产项目，取得土地使用权支付的金额为1 000万元；发生开发成本6 000万元；发生管理费用、销售费用、财务费用合计2 000万元，其中利息支出900万元无法提供金融机构贷款利息证明。已知当地房地产开发费用的计算扣除比例为10%。甲公司计算缴纳土地增值税时，可以扣除的房地产开发费用=（取得土地使用权所支付的金额+房地产开发成本）×10%=（1 000+6 000）×10%=700万元。

（5）财政部确定的其他扣除项目。对从事房地产开发的纳税人可按规定计算的金额之和，加计20%的扣除。此条优惠只适用于从事房地产开发的纳税人，除此之外的其他纳税人不适用。

2. 旧房及建筑物的扣除项目及其金额

（1）按评估价格扣除。转让旧房应按房屋及建筑物的评估价格、取得土地使用权所支付的地价款和按国家统一规定缴纳的有关费用，以及在转让环节缴纳的税金作为扣除项目金额计征土地增值税。旧房及建筑物的评估价格是指在转让已使用的房屋及建筑物时，由政府批准设立的房地产评估机构评定的重置成本价乘以成新度折扣率后的价格。

法律充电站

重置成本价是指对旧房及建筑物，按转让时的建材价格及人工费用计算建造同样面积、同样层次、同样结构、同样建设标准的新房及建筑物所需花费的成本费用。

（2）按购房发票金额计算扣除。纳税人转让旧房及建筑物，凡不能取得评估价格，但能提供购房发票的，经当地税务部门确认，扣除项目金额可按发票所载金额并从购买年度起至转让年度止每年加计5%计算。对于纳税人购房时缴纳的契税，凡能够提供契税完税凭证的，准予作为"与转让房地产有关的税金"予以扣除，但不作为加计5%的基数。

（四）土地增值税应纳税额的计算

土地增值税应纳税额的计算公式为

应纳税额=增值额×适用税率-扣除项目金额×速算扣除系数

（五）土地增值税税收优惠

（1）纳税人建造普通标准住宅出售，增值额未超过扣除项目金额20%的，免征土地增值税；超过20%的，应按全部增值额缴纳土地增值税。

（2）企事业单位、社会团体及其他组织转让旧房作为公共租赁住房房源且增值额未超过扣除项目金额20%的，免征土地增值税。

（3）自2008年11月1日起，个人转让住房，免征土地增值税。

（4）因城市实施规划、国家建设的需要依法征用、收回的房地产，免征土地增值税；因城市实施规划、国家建设的需要而搬迁，由纳税人自行转让原房地产的，免征土地增值税。

（六）土地增值税征收管理

1. 纳税申报

纳税人应在转让房地产合同签订后的7日内，到房地产所在地主管税务机关办理纳税申报。

项目五　税收法律制度——引导资源的合理配置

2．纳税清算

土地增值税以国家有关部门审批的房地产开发项目为单位进行清算，对于分期开发的项目，以分期项目为单位清算。

符合下列情形之一的，纳税人应进行土地增值税的清算：① 房地产开发项目全部竣工、完成销售的；② 整体转让未竣工决算房地产开发项目的；③ 直接转让土地使用权的。

符合下列情形之一的，主管税务机关可要求纳税人进行土地增值税清算：① 已竣工验收的房地产开发项目，已转让的房地产建筑面积占整个项目可售建筑面积的比例在85%以上，或虽未超过85%，但剩余的可售建筑面积已经出租或自用的；② 取得销售（预售）许可证满3年仍未销售完毕的；③ 纳税人申请注销税务登记但未办理土地增值税清算手续的。

七、资源税

资源税是对在我国领域或管辖的其他海域开发应税资源的单位和个人征收的一种税。

（一）资源税纳税人与征税范围

资源税纳税人是指在中国领域或管辖的其他海域开发应税资源的单位和个人。资源税征税范围包括能源矿产、金属矿产、非金属矿产、水气矿产和盐五大类。

（二）资源税应纳税额的计算

资源税采用比例税率或者定额税率两种形式，以纳税人开发应税资源产品的销售额或者销售数量为计税依据。资源税应纳税额的计算公式为

$$应纳税额=销售额×比例税率$$
$$应纳税额=销售数量×定额税率$$

1．销售额

销售额是指纳税人销售应税产品向购买方收取的全部价款，但不包括收取的增值税税款。计入销售额中的相关运杂费用，凡取得增值税发票或者其他合法有效凭据的，准予从销售额中减除。相关运杂费用是指应税产品从坑口或者洗选（加工）地到车站、码头或者购买方指定地点的运输费用、建设基金及随运销产生的装卸、仓储、港杂费用。

2．销售数量

销售数量包括纳税人开采或者生产应税产品的实际销售数量和自用于应当缴纳资源税情形的应税产品数量。

　法律充电站

纳税人申报的应税产品销售额明显偏低且无正当理由的，或者有视同销售应税产品行为而无销售额的，主管税务机关可以按下列顺序确定其应税产品销售额：① 按纳税人最近时期同类产品的平均销售价格确定；② 按其他纳税人最近时期同类产品的平均销售价格确定；③ 按后续加工非应税产品销售价格，减去后续加工环节的成本利润后确定；④ 按应税产品组成计税价格确定，组成计税价格=成本×（1+成本利润率）÷（1−资源税税率）。

（三）资源税税收优惠

有下列情形之一的，免征资源税。

（1）开采原油及在油田范围内运输原油过程中用于加热的原油、天然气。

（2）煤炭开采企业因安全生产需要抽采的煤成（层）气。

（四）资源税征收管理

纳税人销售应税产品，纳税义务发生时间为收讫销售款或者取得索取销售款凭据的当日；自用应税产品的，为移送应税产品的当日。纳税人应当在应税产品开采地或者生产地的税务机关缴纳资源税。

八、耕地占用税

耕地占用税是为了合理利用土地资源，加强土地管理，保护耕地，对占用耕地建房或者从事非农业建设的单位和个人征收的一种税。

（一）耕地占用税纳税人与征税范围

在中国境内占用耕地建设建筑物、构筑物或者从事非农业建设的单位和个人，为耕地占用税的纳税人。耕地占用税征税范围包括纳税人为建设建筑物、构筑物或者从事其他非农业建设而占用的国家所有和集体所有的耕地。耕地是指用于种植农作物的土地，包括园地、林地、草地、农田水利用地、养殖水面、渔业水域滩涂及其他农用地。

占用耕地建设直接为农业生产服务的生产设施的，不缴纳耕地占用税。

（二）耕地占用税应纳税额的计算

耕地占用税实行定额税率。耕地占用税以纳税人实际占用耕地面积为计税依据，按照规定的适用税额标准计算应纳税额，一次性缴纳。耕地占用税应纳税额的计算公式为

$$应纳税额=实际占用耕地面积（平方米）\times 定额税率$$

（三）耕地占用税税收优惠

（1）军事设施、学校、幼儿园、社会福利机构、医疗机构占用耕地，免征耕地占用税。

（2）农村居民在规定用地标准以内占用耕地新建自用住宅，按照当地适用税额减半征收耕地占用税。

（3）农村烈士遗属、因公牺牲军人遗属、残疾军人及符合农村最低生活保障条件的农村居民，在规定用地标准以内新建自用住宅，免征耕地占用税。

（4）铁路线路、公路线路、飞机场跑道、停机坪、港口、航道、水利工程占用耕地，减按每平方米 2 元的税额征收耕地占用税。

（四）耕地占用税征收管理

耕地占用税的纳税义务发生时间为纳税人收到自然资源主管部门办理占用耕地手续的书面通知的当日。纳税人应当自纳税义务发生之日起 30 日内向耕地所在地税务机关申报缴纳耕

地占用税。

九、环境保护税

环境保护税是为了保护和改善环境,减少污染物排放,对在我国领域及管辖海域直接向环境排放应税污染物的企事业单位和其他生产经营者征收的一种税。

(一)环境保护税纳税人与征税范围

环境保护税纳税人是指在中国领域和管辖的其他海域,直接向环境排放应税污染物的企事业单位和其他生产经营者。应税污染物是指大气污染物、水污染物、固体废物(煤矸石、尾矿、危险废物、冶炼渣、粉煤灰、炉渣及其他固体废物)和噪声(工业噪声)。

(二)环境保护税应纳税额的计算

环境保护税实行定额税率。环境保护税税目、计税单位、税率、应纳税额的计算如表 5-37 所示。

表 5-37 环境保护税税目、计税单位、税率、应纳税额的计算

税目		计税单位	税率	应纳税额的计算
大气污染物		每污染当量	1.2~12 元	应纳税额=污染当量数×定额税率
水污染物		每污染当量	1.4~14 元	应纳税额=污染当量数×定额税率
固体废物	煤矸石	每吨	5 元	应纳税额=固体废物排放量×定额税率
	尾矿		15 元	
	危险废物		1 000 元	
	冶炼渣、粉煤灰、炉渣及其他固体废物		25 元	
噪声	工业噪声	超标 1~3 分贝	每月 350 元	应纳税额=超过国家规定标准的分贝数对应的具体适用税额
		超标 4~6 分贝	每月 700 元	
		超标 7~9 分贝	每月 1 400 元	
		超标 10~12 分贝	每月 2 800 元	
		超标 13~15 分贝	每月 5 600 元	
		超标 16 分贝以上	每月 11 200 元	

(三)环境保护税税收优惠

下列情形,暂予免征环境保护税。

(1)农业生产(不包括规模化养殖)排放应税污染物的。

(2)机动车、铁路机车、非道路移动机械、船舶和航空器等流动污染源排放应税污染物的。

(3)依法设立的城乡污水集中处理、生活垃圾集中处理场所排放相应应税污染物,不超过国家和地方规定的排放标准的。

(4)纳税人综合利用的固体废物,符合国家和地方环境保护标准的。

（四）环境保护税征收管理

环境保护税纳税义务发生时间为纳税人排放应税污染物的当日。纳税人应当向应税污染物排放地的税务机关申报缴纳环境保护税。环境保护税按月计算，按季申报缴纳，自季度终了之日起15日内，向税务机关办理纳税申报并缴纳税款。不能按固定期限计算缴纳的，可以按次申报缴纳，自纳税义务发生之日起15日内，向税务机关办理纳税申报并缴纳税款。

十、烟叶税

烟叶税是向收购烟叶的单位征收的一种税。

（一）烟叶税纳税人与征税范围

烟叶税纳税人为在中国境内依照规定收购烟叶的单位。烟叶税的征税范围包括晾晒烟叶、烤烟叶。

（二）烟叶税应纳税额的计算

烟叶税实行比例税率，税率为20%。烟叶税的计税依据为纳税人收购烟叶实际支付的价款总额，包括纳税人支付给烟叶生产销售单位和个人的烟叶收购价款和价外补贴。其中，价外补贴统一按烟叶收购价款的10%计算。烟叶税应纳税额的计算公式为

$$应纳税额=（收购价款+价外补贴）×税率（20\%）$$
$$=收购价款×（1+10\%）×税率（20\%）$$

（三）烟叶税征收管理

烟叶税的纳税义务发生时间为纳税人收购烟叶的当日。烟叶税在烟叶收购环节征收。纳税人收购烟叶即发生纳税义务。

纳税人收购烟叶，应当向烟叶收购地的主管税务机关申报缴纳烟叶税。

烟叶税按月计征，纳税人应于纳税义务发生月终了之日起15日内申报并缴纳税款。

十一、船舶吨税

船舶吨税是对自中国境外港口进入境内港口的船舶（包括中国国籍的船舶）征收的一种税。

（一）船舶吨税纳税人

对自中国境外港口进入中国境内港口的船舶（以下简称应税船舶）征收船舶吨税，以应税船舶负责人为纳税人。

（二）船舶吨税税目、税率

船舶吨税税目按船舶净吨位的大小分等级设置为4个税目。税率采用定额税率，分为30日、90日和1年三种不同的税率，具体分为两类：普通税率和优惠税率。船舶吨税税目、税率如表5-38所示。

表 5-38　船舶吨税税目、税率　　　　　　　　　　　　　　　　单位：元/净吨

税目	税率					
	普通税率			优惠税率		
	1 年	90 日	30 日	1 年	90 日	30 日
不超过 2 000 净吨	12.6	4.2	2.1	9.0	3.0	1.5
超过 2 000 净吨，但不超过 10 000 净吨	24.0	8.0	4.0	17.4	5.8	2.9
超过 10 000 净吨，但不超过 50 000 净吨	27.6	9.2	4.6	19.8	6.6	3.3
超过 50 000 净吨	31.8	10.6	5.3	22.8	7.6	3.8

敲黑板

（1）适用优惠税率的船舶有：① 中国国籍的应税船舶；② 船籍国（地区）与中国签订含有相互给予船舶税费最惠国待遇条款的条约或者协定的应税船舶。

（2）拖船和非机动驳船分别按照相同净吨位船舶税率的 50% 计征税款。

（三）船舶吨税应纳税额的计算

船舶吨税以船舶净吨位为计税依据。船舶吨税应纳税额的计算公式为

$$应纳税额 = 应税船舶净吨位 \times 定额税率$$

（四）船舶吨税税收优惠

下列船舶免征船舶吨税。

（1）应纳税额在人民币 50 元以下的船舶。

（2）自境外以购买、受赠、继承等方式取得船舶所有权的初次进口到港的空载船舶。

（3）吨税执照期满后 24 小时内不上下客货的船舶。

（4）避难、防疫隔离、修理、改造、终止运营或者拆解，并不上下客货的船舶。

（5）非机动船舶（不包括非机动驳船）。

（6）捕捞、养殖渔船。

（7）军队、武装警察部队专用或者征用的船舶。

（8）警用船舶。

（9）依照法律规定应当予以免税的外国驻华使领馆、国际组织驻华代表机构及其有关人员的船舶。

（五）船舶吨税征收管理

船舶吨税纳税义务发生时间为应税船舶进入港口的当日。应税船舶在吨税执照期满后尚未离开港口的，应当申领新的吨税执照，自上一次执照期满的次日起续缴吨税。

船舶吨税由海关负责征收。应税船舶负责人应当自海关填发船舶吨税缴款凭证之日起 15 日内缴清税款。

法律充电站

纳税人实施税收违法行为的法律责任

1. 违反税务管理规定的法律责任

（1）纳税人有下列行为之一的，由税务机关责令限期改正，可以处2 000元以下的罚款；情节严重的，处2 000元以上1万元以下的罚款：① 未按照规定设置、保管账簿或者保管记账凭证和有关资料的；② 未按照规定将财务、会计制度或者财务、会计处理办法和会计核算软件报送税务机关备查的；③ 未按照规定将其全部银行账号向税务机关报告的；④ 未按照规定安装、使用税控装置，或者损毁或者擅自改动税控装置的；⑤ 未按照规定的期限办理纳税申报和报送纳税资料的。

（2）非法印制、转借、倒卖、变造或者伪造完税凭证的，由税务机关责令改正，处2 000元以上1万元以下的罚款；情节严重的，处1万元以上5万元以下的罚款；构成犯罪的，依法追究刑事责任。

2. 偷税（逃税）行为的法律责任

偷税（逃税）行为，是指纳税人采取欺骗、隐瞒手段进行虚假纳税申报或者不申报，逃避缴纳税款的行为。纳税人采取伪造、变造、隐匿、擅自销毁账簿、记账凭证，或者在账簿上多列支出或者不列、少列收入，或者经税务机关通知申报而拒不申报或者进行虚假的纳税申报的手段，不缴或者少缴应纳税款的，由税务机关追缴其不缴或者少缴的税款、滞纳金，并处不缴或者少缴税款50%以上5倍以下的罚款；构成犯罪的，依法追究刑事责任。

3. 欠税行为的法律责任

欠税行为，是指纳税人欠缴应纳税款，采取转移或者隐匿财产的手段，妨碍税务机关追缴欠缴的税款的行为。纳税人欠税的，由税务机关追缴欠缴的税款、滞纳金，并处欠缴税款50%以上5倍以下的罚款；构成犯罪的，依法追究刑事责任。

4. 抗税行为的法律责任

抗税行为，是指纳税人、扣缴义务人以暴力、威胁方法拒不缴纳税款的行为。对抗税行为，除由税务机关追缴其拒缴的税款、滞纳金外，依法追究刑事责任。情节轻微、未构成犯罪的，由税务机关追缴其拒缴的税款、滞纳金，并处拒缴税款1倍以上5倍以下的罚款。

5. 骗税行为的法律责任

骗税行为，是指纳税人以假报出口或者其他欺骗手段，骗取国家出口退税款的行为。纳税人有骗税行为的，由税务机关追缴其骗取的退税款，并处骗取税款1倍以上5倍以下的罚款；构成犯罪的，依法追究刑事责任。对骗取国家出口退税款的，税务机关可以在规定期间内停止为其办理出口退税。

班级_____ 姓名_____ 学号_____

学业测评

1. 【单选题】下列各项中，不属于房产税征税范围的是（ ）。
   A．建制镇的房屋　　　　　　　B．农村的房屋
   C．县城的房屋　　　　　　　　D．城市的房屋

2. 【单选题】甲公司委托某施工企业建造一幢办公楼，工程于2021年12月完工，2022年1月办妥（竣工）验收手续，4月付清全部价款。甲公司此幢办公楼房产税的纳税义务发生时间是（ ）。
   A．2021年12月　　B．2022年1月　　C．2022年2月　　D．2022年4月

3. 【单选题】10月王某购买一套住房，支付房价97万元、增值税税额10.67万元。已知契税适用税率为3%。王某应缴纳契税税额是（ ）。
   A．3.230 1万元　　B．3万元　　C．2.589 9万元　　D．2.91万元

4. 【单选题】下列各项中，属于土地增值税纳税人的是（ ）。
   A．出售房屋的企业　　　　　　B．购买房屋的个人
   C．出租房屋的个人　　　　　　D．购买房屋的企业

5. 【单选题】下列经营者中，属于资源税纳税人的是（ ）。
   A．销售汽油的加油站　　　　　B．进口铁矿石的冶炼厂
   C．销售精盐的超市　　　　　　D．开采原煤的煤矿企业

6. 【单选题】下列属于烟叶税纳税人的是（ ）。
   A．生产烟叶的个人　　　　　　B．收购烟叶的单位
   C．销售香烟的单位　　　　　　D．消费香烟的个人

7. 【多选题】下列城市用地中，免予缴纳城镇土地使用税的有（ ）。
   A．公园自用的土地　　　　　　B．市政街道公共用地
   C．国家机关自用的土地　　　　D．企业生活区用地

8. 【多选题】下列各项中，属于车船税征税范围的有（ ）。
   A．地铁列车　　B．游艇　　C．两轮摩托车　　D．拖拉机

9. 【多选题】环境保护税的征税范围包括（ ）。
   A．大气污染　　B．光污染　　C．水污染　　D．噪声污染

10. 【多选题】下列各项中，属于印花税征税范围的有（ ）。
    A．审计咨询合同　　　　　　　B．财产保险合同
    C．技术中介合同　　　　　　　D．建筑工程分包合同

11. 【判断题】王某转让位于市中心的一套房产，该交易涉及的契税应由王某申报缴纳。（ ）

12. 【判断题】纳税人建造普通标准住宅出售，增值额超过扣除项目金额20%的，应按全部增值额计算缴纳土地增值税。（ ）

13. 【判断题】名胜古迹自用的房产免征房产税。（ ）

175

班级_____　　姓名_____　　学号_____

> **实训育才**

房车赋税巧解，畅享品质生活

一、实训目标

通过实训，强化学生对各种税的认识，使学生能够结合实际生活理解各项税收。

二、实训内容

说出与房子或车有关的税收。

三、实训要求

表达清晰、准确、全面、合理。

四、实训流程

第一步：将学生分为两组。设置"房子""车"两个题目。

第二步：每组派代表以抽签的方式决定本组题目。

第三步：各组围绕本组抽取的题目展开讨论。讨论话题包括：与题目相关的税收有哪些，在什么情况下交什么税，纳税人是谁，计税依据是什么。

第四步：每组派代表陈述本组讨论的结果。

第五步：小组互相评议，教师点评、总结。

项目六

市场主体法律制度
——规范市场主体行为的依据

项目导读

市场主体法律制度是经济法最重要的组成部分,是调整国家管理市场主体过程中产生的社会关系的法律规范的总称。市场主体是指在市场上从事商品交易活动的组织和个人。个人独资企业、合伙企业和公司是市场经济活动中最常见的市场主体,也是毕业生创业时选择最多的主体形式。

本项目主要介绍个人独资企业的设立条件、事务管理、解散和清算,合伙企业的类型、设立条件、事务执行、解散和清算,公司的类型、设立条件、组织机构等内容,具体如图6-1所示。

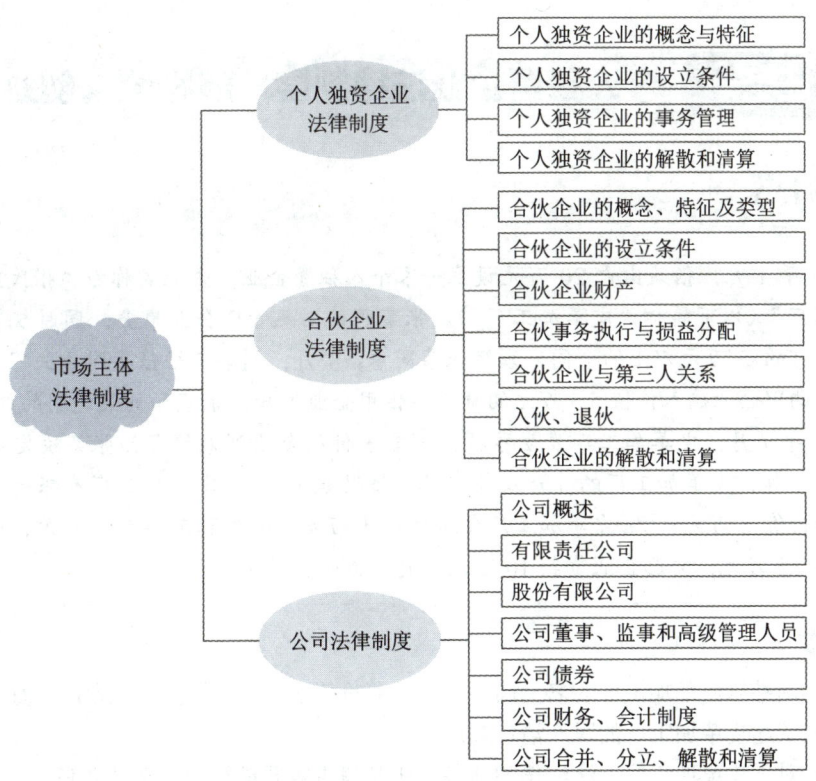

图6-1 知识框架图

经济法

学习目标

知识目标

（1）了解个人独资企业的概念与特征，个人独资企业的设立条件；合伙企业的概念、特征及类型，合伙企业财产，合伙企业解散和清算；公司债券，公司合并、分立、解散和清算。

（2）熟悉个人独资企业的事务管理，个人独资企业的解散和清算；合伙企业的设立条件，合伙事务执行与损益分配，合伙企业与第三人关系；公司财务、会计制度。

（3）掌握合伙人入伙与退伙；有限责任公司与股份有限公司的设立条件、组织机构、股权的转让，公司董事、监事和高级管理人员。

能力目标

（1）能够正确认识普通合伙企业与有限合伙企业，明确普通合伙人与有限合伙人的区别。

（2）能够正确认识有限责任公司与股份有限公司，明确有限责任公司与股份有限公司组织机构的区别。

素质目标

正确认识市场主体应遵守的法律制度，树立依法经营、诚信经营的理念。

任务一 个人独资企业法律制度：鼓励个人创业

以案启思

2020年1月，张某出资20万元设立一家个人独资企业，企业名称为"张氏皮革有限责任加工厂"（以下简称"皮革加工厂"）。张某聘请刘某管理企业事务，同时规定，凡刘某对外签订的5万元以上的合同，须经张某同意。8月，刘某未经张某同意，以皮革加工厂的名义向甲企业购入价值5.5万元的货物。但甲企业不知道张某和刘某之间的约定。

2021年7月，皮革加工厂发生亏损，不能支付乙企业到期债务，张某决定解散该企业。经过清算，皮革加工厂的资产及债权债务情况如下：① 皮革加工厂有银行存款4万元，实物折价8万元；② 皮革加工厂欠缴税款1万元，欠发职工工资2万元，欠交社会保险费用0.5万元，欠乙企业货款10万元，欠甲企业货款5.5万元。

思考

（1）刘某以皮革加工厂的名义向甲企业购买价值5.5万元货物的行为是否有效？

（2）试述皮革加工厂的财产清偿顺序。

（3）对于皮革加工厂无法清偿的债务，张某是否需要继续承担清偿责任？

项目六　市场主体法律制度——规范市场主体行为的依据

法海拾贝

一、个人独资企业的概念与特征

个人独资企业，是指依法在中国境内设立，由一个自然人投资，财产为投资人个人所有，投资人以其个人财产对企业债务承担无限责任的经营实体。

个人独资企业具有以下特征：① 投资人是一个自然人；② 财产为投资人个人所有；③ 个人独资企业是独立的民事主体，可以自己的名义从事民事活动；④ 个人独资企业不具有法人资格，无独立承担民事责任的能力，投资人以其个人财产对企业债务承担无限责任。

举案说法

> 李某投资设立甲个人独资企业（以下简称"甲企业"）。甲企业与乙银行签订了一份 10 万元的借款合同。在签订借款合同时，应当以甲企业的名义签订，因为个人独资企业是独立的民事主体，可以自己的名义从事民事活动。银行贷款到期，如果以甲企业的全部财产仍不能偿还时，则李某应当以自己个人的其他财产对甲企业债务承担无限责任，因为个人独资企业无独立承担民事责任的能力。

二、个人独资企业的设立条件

设立个人独资企业应当具备的条件如下。

（一）投资人为一个自然人

个人独资企业是由一个自然人投资的企业。非自然人，如国家机关、企业、事业单位等，不能作为个人独资企业的投资人。此外，党政机关领导干部、法官、检察官等法律、行政法规禁止从事营利性活动的人，不得作为投资人申请设立个人独资企业。

（二）有合法的企业名称

个人独资企业应当有自己的名称，其名称应与其责任形式及从事的行业相符合，且不得与登记主管机关管辖区内的同行业企业名称相同或相似。此外，其名称不得使用"有限责任"或者"公司"字样，但可以叫"厂""店""部""中心""工作室"等。

 思维互动坊

假设你想设立一家个人独资企业，请给该企业拟定一个名称。

（三）有投资人申报的出资

个人独资企业的投资人应当根据其企业的规模申报相当的经营资金，投资的形式可以是货币，也可以是实物、土地使用权、知识产权或者其他财产权利。投资人可以个人财产出资，也可以家庭共有财产出资。以家庭共有财产出资的，投资人应当在设立（变更）登记申请书上予以注明，并依法以家庭共有财产对企业债务承担无限责任。

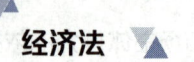

（四）有固定的生产经营场所和必要的生产经营条件

作为一个经营实体，个人独资企业只有具有固定的生产经营场所和必要的生产经营条件，才能具有一定的稳定性。生产经营场所包括企业的住所（主要办事机构所在地）和与生产经营相适应的场所；必要的生产经营条件是指根据企业的业务性质、规模等因素而需具备的设施、设备等方面的条件。

（五）有必要的从业人员

个人独资企业需要有与其生产经营范围、规模相适应的从业人员。

三、个人独资企业的事务管理

（一）事务管理方式

个人独资企业的投资人可以自行管理企业事务，也可以委托或者聘用其他具有民事行为能力的人负责企业的事务管理；投资人委托或者聘用他人管理个人独资企业的事务，应当与受托人或者被聘用的人签订书面合同，合同应当明确委托的具体内容、授予的权利范围等。

（二）受托人或被聘用人的义务

受托人或者被聘用的人员应当履行诚信、勤勉义务，按照与投资人签订的合同负责个人独资企业的事务管理。受托人或者被聘用的人员不得有以下行为：① 利用职务上的便利，索取或者收受贿赂；② 利用职务或者工作上的便利侵占企业财产；③ 挪用企业的资金归个人使用或者借贷他人；④ 擅自将企业资金以个人名义或者以他人名义开立账户储存；⑤ 擅自以企业财产提供担保；⑥ 未经投资人同意，从事与本企业相竞争的业务；⑦ 未经投资人同意，同本企业订立合同或者进行交易；⑧ 未经投资人同意，擅自将企业商标或者其他知识产权转让给他人使用；⑨ 泄露本企业的商业秘密；⑩ 法律、行政法规禁止的其他行为。

> 投资人对受托人或者被聘用的人员职权的限制，不得对抗善意第三人。所称善意第三人，是指本着合法交易的目的，诚实地通过受托人或者被聘用的人员，与个人独资企业之间建立民事、商事法律关系的法人、非法人团体或者自然人。个人独资企业的投资人与受托人或者被聘用的人员之间有关权利的限制只对受托人或者被聘用的人员有效，对第三人并无约束力，受托人或者被聘用的人员超出投资人的限制与善意第三人的有关业务交往应当有效。

思维互动坊

李某投资设立甲个人独资企业（以下简称"甲企业"），聘请王某管理企业事务，但约定对外签订超过10万元的合同，应经李某本人同意。某日，王某未经李某同意以甲企业的名义与刘某签订了15万元的合同。刘某不知李某对王某的授权限制，依约供货。甲企业未按期付款，由此发生争议。下列表述中，符合法律规定的是（　　）。

A．甲企业与刘某签订的合同有效

B. 王某仅对 10 万元以下的交易有决定权,所以甲企业与刘某签订的合同无效
C. 李某向刘某出示给王某的授权委托书后,可以不履行付款义务
D. 李某向刘某出示给王某的授权委托书后,付款 10 万元,剩余 5 万元由刘某找王某支付

四、个人独资企业的解散和清算

(一)个人独资企业的解散

个人独资企业的解散,也称个人独资企业的终止,是指个人独资企业因出现法定的事由而导致其民事主体资格消灭的行为。个人独资企业有下列情形之一时,应当解散:① 投资人决定解散;② 投资人死亡或者被宣告死亡,无继承人或者继承人放弃继承;③ 被依法吊销营业执照;④ 法律、行政法规规定的其他情形。

(二)个人独资企业的清算

清算是指终结企业的一切法律关系,处理企业剩余财产的程序。个人独资企业解散时,应当进行清算。清算的主要程序如下。

1. 通知和公告债权人

个人独资企业解散时,由投资人自行清算或者由债权人申请人民法院指定清算人进行清算。投资人自行清算的,应当在清算前 15 日内书面通知债权人,无法通知的,应当予以公告。债权人应当在接到通知之日起 30 日内,未接到通知的应当在公告之日起 60 日内,向投资人申报其债权。

2. 财产清偿

个人独资企业解散的,财产应当按照下列顺序清偿:① 所欠职工工资和社会保险费用;② 所欠税款;③ 其他债务。个人独资企业财产不足以清偿债务的,投资人应当以其个人的其他财产予以清偿。

清算期间,个人独资企业不得开展与清算目的无关的经济活动。在按上述财产清偿顺序清偿债务前,投资人不得转移、隐匿财产。

3. 注销登记

个人独资企业清算结束后,投资人或者人民法院指定的清算人应当编制清算报告,并于清算结束之日起 15 日内向原登记机关申请注销登记。经登记机关注销登记,个人独资企业终止。个人独资企业办理注销登记时,应当缴回营业执照。

个人独资企业解散后,原投资人对个人独资企业存续期间的债务仍应承担偿还责任,但债权人在 5 年内未向债务人提出偿债请求的,该责任消灭。

班级_____ 姓名_____ 学号_____

学业测评

1.【单选题】赵某投资设立个人独资企业，并将企业事务委托给孙某管理。关于该企业事务管理的下列表述中，正确的是（　　）。

   A．未经赵某同意，孙某不得从事与该企业相竞争的业务

   B．赵某和孙某可以协商确定是否采用书面合同形式建立委托管理关系

   C．孙某与该企业订立合同，若有利于该企业，则不需要事先取得赵某同意

   D．孙某超出赵某的授权范围而与善意第三人签订的合同，无效

2.【单选题】王某设立甲个人独资企业（以下简称"甲企业"），委托李某管理企业事务，授权其可决定 50 万元以下的交易。后李某以甲企业的名义向乙企业购买 60 万元的商品，乙企业不知王某对李某的授权限制，甲、乙企业因付款问题发生争议。关于甲、乙企业商品买卖合同付款责任的下列表述中，正确的是（　　）。

   A．应由李某承担付款责任

   B．甲企业应承担向乙企业付款 50 万元责任，余款由乙企业向李某个人追讨

   C．甲企业不承担付款责任

   D．甲企业应承担全额付款责任

3.【单选题】个人独资企业解散时，由投资人自行清算的，应当在清算前（　　）日内书面通知债权人，无法通知的，应当予以公告。

   A．10　　　　　B．15　　　　　C．30　　　　　D．60

4.【单选题】个人独资企业解散的，财产的清偿顺序为（　　）。

   ① 所欠职工工资和社会保险费用；② 所欠税款；③ 所欠债权人债务。

   A．①②③　　　B．②①③　　　C．③①②　　　D．②③①

5.【多选题】个人独资企业有下列哪些情形的，应当解散。（　　）

   A．经营期限届满　　　　　　　B．投资人决定解散

   C．投资人死亡，没有继承人　　D．因违法经营而被吊销营业执照

6.【多选题】下列各项中，可以用作个人独资企业名称的有（　　）。

   A．云滇针织品有限公司　　　　B．昆海化妆品经销公司

   C．樱园服装设计中心　　　　　D．霞光婚纱摄影工作室

7.【判断题】个人独资企业财产不足以清偿债务的，投资人应当以其个人的其他财产予以清偿。（　　）

8.【判断题】个人独资企业解散后，其债权人在 2 年内未向原投资人提出偿债请求的，原投资人的偿还责任消灭。（　　）

班级_____　　　姓名_____　　　学号_____

实训育才

商海逐浪，梦想"企"航

一、实训目标

通过实训，强化学生对个人独资企业的设立条件、事务管理、解散和清算相关知识的理解和运用，同时提升学生的实践能力。

二、实训内容

（1）模拟设立一家个人独资企业，拟定企业名称。
（2）以3天为期限，在校园内模拟运营个人独资企业。
（3）模拟个人独资企业解散和清算。

三、实训要求

明确个人独资企业的设立条件，企业名称符合规定，清算流程完整、准确。

四、实训流程

第一步：学生自由分成若干小组，每组6~8人。每组设组长1名、副组长1名。
第二步：以小组为单位，模拟创立个人独资企业，包括决定企业名称、企业经营范围、小组成员在企业中的角色。
第三步：各小组每天利用中午与课余时间在校园内模拟经营个人独资企业，如销售旧物、提供打水服务等。组长负责管理企业事务，副组长负责记录企业经营情况。
第四步：活动结束后，各小组进行个人独资企业解散和清算，模拟企业清算过程。
第五步：各小组进行活动总结并派代表进行总结陈述，教师点评、总结。

任务二 合伙企业法律制度：整合资源优势

以案启思

甲、乙、丙共同设立一家普通合伙企业。合伙协议约定：甲以现金人民币10万元出资，乙以房屋作价人民币15万元出资，丙以劳务作价人民币8万元出资；各合伙人按相同比例分配盈利、分担亏损。普通合伙企业成立后为扩大经营，向银行贷款人民币30万元。

2020年8月，甲提出退伙，鉴于当时合伙企业盈利，乙、丙表示同意。同月，甲办理了退伙结算手续。2020年10月，丁入伙。丁入伙后，因经营环境变化，企业严重亏损。2021年5月，乙、丙、丁决定解散合伙企业，并将合伙企业现有财产价值人民币5万元予以分配，但对未到期的银行贷款未予清偿。

银行贷款到期后，银行找合伙企业清偿债务，发现该企业已经解散，遂向甲要求偿还全部贷款，甲称自己早已退伙，不负责清偿债务。银行向乙要求偿还全部贷款，乙表示只按照合伙协议约定的比例清偿相应数额。银行向丙要求偿还全部贷款，丙则表示自己是以劳务出资的，不承担偿还贷款的义务。银行向丁要求偿还全部贷款，丁称该笔贷款是在自己入伙前发生的，不负责清偿。

> **思考**
> （1）甲、乙、丙、丁各自的主张能否成立？为什么？
> （2）合伙企业所欠银行贷款应如何清偿？

法海拾贝

一、合伙企业的概念、特征及类型

（一）合伙企业的概念与特征

合伙企业是指自然人、法人和其他组织依法在中国境内设立的普通合伙企业和有限合伙企业。合伙企业具有以下特征：① 合伙企业是合伙人共同出资、合伙经营、共享收益、共担风险的自愿联合；② 合伙企业是独立的民事主体，可以自己的名义从事民事活动；③ 合伙企业不具有法人资格，无独立承担民事责任的能力。

（二）合伙企业的类型

合伙企业分为普通合伙企业和有限合伙企业。普通合伙企业由普通合伙人组成，合伙人对合伙企业债务承担无限连带责任。有限合伙企业由普通合伙人和有限合伙人组成，普通合伙人对合伙企业债务承担无限连带责任，有限合伙人以其认缴的出资额为限，对合伙企业债

务承担责任。

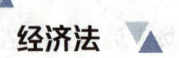 小贴士

> 普通合伙企业中还有一种特殊形态的合伙企业，即特殊的普通合伙企业，其合伙人对一般债务承担无限连带责任；对特殊债务，有过错的合伙人承担无限连带责任，其他合伙人承担有限责任。

二、合伙企业的设立条件

（一）普通合伙企业的设立条件

1. 有两个以上合伙人

普通合伙企业的合伙人至少应有两个，可以是自然人、法人或其他组织。合伙人为自然人的，应当具有完全民事行为能力。

> 国有独资公司、国有企业、上市公司及公益性的事业单位、社会团体不得成为普通合伙人。

2. 有书面合伙协议

合伙协议是由各合伙人通过协商，共同决定相互间的权利、义务而达成的具有法律约束力的文件。合伙协议应当依法由全体合伙人协商一致，以书面形式订立。合伙协议应当载明下列事项：① 合伙企业的名称和主要经营场所的地点；② 合伙目的和合伙经营范围；③ 合伙人的姓名或者名称、住所；④ 合伙人的出资方式、数额和缴付期限；⑤ 利润分配、亏损分担方式；⑥ 合伙事务的执行；⑦ 入伙与退伙；⑧ 争议解决办法；⑨ 合伙企业的解散与清算；⑩ 违约责任。

合伙协议经全体合伙人签名、盖章后生效。合伙人按照合伙协议享有权利，履行义务。修改或者补充合伙协议，应当经全体合伙人一致同意；但是，合伙协议另有约定的除外。

3. 有合伙人认缴或者实际缴付的出资

普通合伙企业的合伙人可以用货币、实物、知识产权、土地使用权或者其他财产权利出资，也可以用劳务出资。合伙人以实物、知识产权、土地使用权或者其他财产权利出资，需要评估作价的，可以由全体合伙人协商确定，也可以由全体合伙人委托法定评估机构评估。合伙人以劳务出资的，其评估办法由全体合伙人协商确定，并在合伙协议中载明。

合伙人应当按照合伙协议约定的出资方式、数额和缴付期限，履行出资义务。以非货币财产出资的，依照法律、行政法规的规定，需要办理财产权转移手续的，应当依法办理。

4. 有合伙企业的名称

合伙企业的名称是合伙企业人格特定化的标志，一般具有唯一性和排他性。普通合伙企业的名称中应当标明"普通合伙"的字样，不得使用"有限"或者"有限责任"的字样。

5. 有固定的生产经营场所

普通合伙企业必须有固定的合法经营场所，即合伙企业从事生产经营活动的地方。

（二）有限合伙企业的设立条件

1．有符合规定的合伙人

有限合伙企业由 2 个以上 50 个以下合伙人设立；但是，法律另有规定的除外。有限合伙企业至少应当有一个普通合伙人。

2．有书面合伙协议

有限合伙企业的合伙协议除符合普通合伙企业的合伙协议规定外，还应当载明下列事项：① 普通合伙人和有限合伙人的姓名或者名称、住所；② 执行事务合伙人应具备的条件和选择程序；③ 执行事务合伙人权限与违约处理办法；④ 执行事务合伙人的除名条件和更换程序；⑤ 有限合伙人入伙、退伙的条件、程序及相关责任；⑥ 有限合伙人和普通合伙人相互转变的程序。

3．有合伙人认缴或者实际缴付的出资

有限合伙人可以用货币、实物、知识产权、土地使用权或者其他财产权利作价出资。有限合伙人不得以劳务出资。

有限合伙人应当按照合伙协议的约定按期足额缴纳出资；未按期足额缴纳的，应当承担补缴义务，并对其他合伙人承担违约责任。

 小贴士

> 有限合伙企业的普通合伙人可以劳务出资。

4．有合伙企业的名称

有限合伙企业名称中应当标明"有限合伙"字样。

5．有固定的生产经营场所

有限合伙企业必须有固定的合法经营场所。

三、合伙企业财产

（一）合伙企业财产的概念和构成

合伙企业财产是指合伙存续期间，合伙人的出资、以合伙企业名义取得的收益和依法取得的其他财产。由此可知，合伙企业财产由以下三个部分构成。

（1）合伙人的出资。合伙人的出资形成合伙企业的原始财产，其数额是全体合伙人认缴的财产，而非实际缴纳的财产。

（2）以合伙企业名义取得的收益。合伙企业作为一个独立的经济实体，可以有自己的独立利益，因此，以其名义取得的收益作为合伙企业获得的财产，当然归属于合伙企业，成为合伙企业财产的一部分。以合伙企业名义取得的收益，主要包括合伙企业的公共积累资金、未分配的盈余、合伙企业债权、合伙企业取得的工业产权和非专利技术等财产权利。

（3）依法取得的其他财产。例如，合法接受的赠与财产等。

（二）合伙企业财产的性质

合伙企业的财产具有独立性和完整性两方面的特征。所谓独立性，是指合伙企业的财产独立于合伙人，合伙人出资以后，便丧失了对其作为出资部分的财产的所有权或者持有权、占有权，合伙企业的财产权主体是合伙企业，而不是单独的每一个合伙人。所谓完整性，是指合伙企业的财产作为一个完整的统一体而存在，合伙人对合伙企业财产权益的表现形式，仅是依照合伙协议所确定的财产收益份额或者比例。

除法律另有规定外,合伙人在合伙企业清算前,不得请求分割合伙企业的财产。合伙人在合伙企业清算前私自转移或者处分合伙企业财产的,合伙企业不得以此对抗善意第三人。

(三)合伙人财产份额的转让和出质

1. 合伙人财产份额的转让

合伙人财产份额的转让,是指合伙人向他人转让其在合伙企业中的全部或者部分财产份额的行为。合伙人财产份额的转让将会影响到合伙企业及各合伙人的切身利益,因此《中华人民共和国合伙企业法》(以下简称《合伙企业法》)对合伙人财产份额的转让作了限制性规定,具体如表6-1所示。

表6-1 合伙人财产份额的转让规定

合伙人类型	具体规定
普通合伙人	① 普通合伙人之间转让在合伙企业中的全部或者部分财产份额时,应当通知其他合伙人 ② 除合伙协议另有约定外,普通合伙人向合伙人以外的人转让其在合伙企业中的全部或者部分财产份额时,须经其他合伙人一致同意。普通合伙人向合伙人以外的人转让其在合伙企业中的财产份额的,在同等条件下,其他合伙人有优先购买权;但是,合伙协议另有约定的除外
有限合伙人	① 有限合伙人之间转让在合伙企业中的全部或者部分财产份额时,应当通知其他合伙人 ② 有限合伙人可以按照合伙协议的约定向合伙人以外的人转让其在有限合伙企业中的财产份额,但应当提前30日通知其他合伙人。有限合伙人对外转让其在有限合伙企业中的财产份额时,其他合伙人有优先购买权

2. 合伙人财产份额的出质

合伙人财产份额的出质,是指合伙人将其在合伙企业中的财产份额作为质押物来担保债权人债权实现的行为。由于合伙人以财产份额出质可能导致该财产份额依法发生权利转移,因此,《合伙企业法》对合伙人财产份额的出质作了限制性规定,具体如表6-2所示。

表6-2 合伙人财产份额的出质规定

合伙人类型	具体规定
普通合伙人	普通合伙人以其在合伙企业中的财产份额出质的,须经其他合伙人一致同意;未经其他合伙人一致同意,其行为无效,由此给善意第三人造成损失的,由行为人依法承担赔偿责任
有限合伙人	有限合伙人可以将其在有限合伙企业中的财产份额出质,但合伙协议另有约定的除外

思维互动坊

甲、乙、丙、丁共同投资设立一家有限合伙企业,甲、乙为普通合伙人,丙、丁为有限合伙人。下列有关合伙人以财产份额出质的表述中,符合规定的有( )。

A. 经乙、丙、丁同意,甲可以其在合伙企业中的财产份额出质

B. 如果合伙协议没有约定，即使甲、乙均不同意，丁也可以其在合伙企业中的财产份额出质
C. 合伙协议可以约定，经半数以上合伙人同意，乙可以其在合伙企业中的财产份额出质
D. 合伙协议可以约定，未经半数以上合伙人同意，丙不得以其在合伙企业中的财产份额出质

四、合伙事务执行与损益分配

（一）合伙事务执行的形式

1. 普通合伙企业

普通合伙企业的合伙人对执行合伙事务享有同等的权利，可以由全体合伙人共同执行合伙事务，也可以按照合伙协议的约定或者经全体合伙人决定，委托一个或者数个合伙人对外代表合伙企业，执行合伙事务。委托一个或者数个合伙人执行合伙事务的，其他合伙人不再执行合伙事务。

2. 有限合伙企业

有限合伙企业由普通合伙人执行合伙事务。有限合伙人不执行合伙事务，不得对外代表有限合伙企业。

> **法律充电站**
>
> 有限合伙人的下列行为，不视为执行合伙事务：① 参与决定普通合伙人入伙、退伙；② 对企业的经营管理提出建议；③ 参与选择承办有限合伙企业审计业务的会计师事务所；④ 获取经审计的有限合伙企业财务会计报告；⑤ 对涉及自身利益的情况，查阅有限合伙企业财务会计账簿等财务资料；⑥ 在有限合伙企业中的利益受到侵害时，向有责任的合伙人主张权利或者提起诉讼；⑦ 执行事务合伙人怠于行使权利时，督促其行使权利或者为了本企业的利益以自己的名义提起诉讼；⑧ 依法为本企业提供担保。

（二）合伙人在执行合伙事务中的权利和义务

1. 普通合伙人

普通合伙人在执行合伙事务中的权利和义务如表 6-3 所示。

表 6-3　普通合伙人在执行合伙事务中的权利和义务

项目	具体规定
权利	① 合伙人对执行合伙事务享有同等的权利 ② 执行合伙事务的合伙人对外代表合伙企业 ③ 不执行合伙事务的合伙人有权监督执行事务合伙人执行合伙事务的情况 ④ 合伙人为了解合伙企业的经营状况和财务状况，有权查阅合伙企业会计账簿等财务资料 ⑤ 合伙人分别执行合伙事务的，执行事务合伙人可以对其他合伙人执行的事务提出异议 ⑥ 受委托执行合伙事务的合伙人不按照合伙协议或者全体合伙人的决定执行事务的，其他合伙人可以决定撤销该委托

项目	具体规定
义务	① 执行事务合伙人应当定期向其他合伙人报告事务执行情况，以及合伙企业的经营和财务状况 ② 合伙人不得自营或者同他人合作经营与本合伙企业相竞争的业务 ③ 除合伙协议另有约定或者经全体合伙人一致同意外，合伙人不得同本合伙企业进行交易 ④ 合伙人不得从事损害本合伙企业利益的活动

2. 有限合伙人

有限合伙人可以同本有限合伙企业进行交易；但是，合伙协议另有约定的除外。

有限合伙人可以自营或者同他人合作经营与本有限合伙企业相竞争的业务；但是，合伙协议另有约定的除外。

（三）合伙事务执行的决议办法

合伙人对合伙企业有关事项作出决议，按照合伙协议约定的表决办法办理。合伙协议未约定或者约定不明确的，实行合伙人一人一票并经全体合伙人过半数通过的表决办法。

除合伙协议另有约定外，合伙企业的下列事项应当经全体合伙人一致同意：① 改变合伙企业的名称；② 改变合伙企业的经营范围、主要经营场所的地点；③ 处分合伙企业的不动产；④ 转让或者处分合伙企业的知识产权和其他财产权利；⑤ 以合伙企业名义为他人提供担保；⑥ 聘任合伙人以外的人担任合伙企业的经营管理人员。

（四）合伙企业的损益分配

合伙企业的利润分配、亏损分担，按照合伙协议的约定办理；合伙协议未约定或者约定不明确的，由合伙人协商决定；协商不成的，由合伙人按照实缴出资比例分配、分担；无法确定出资比例的，由合伙人平均分配、分担。

对于普通合伙企业，合伙协议不得约定将全部利润分配给部分合伙人或者由部分合伙人承担全部亏损。

有限合伙企业不得将全部利润分配给部分合伙人；但是，合伙协议另有约定的除外。这就是说，有限合伙企业的合伙协议可以约定，将全部利润或者一定期限内的全部利润分配给部分合伙人，但不得约定由部分合伙人承担全部亏损。

（五）非合伙人参与经营管理

在合伙企业中，往往由于合伙人经营管理能力不足，需要聘任非合伙人担任合伙企业的经营管理人员，参与合伙企业的经营管理工作。被聘任的合伙企业的经营管理人员，超越合伙企业授权范围履行职务，或者在履行职务过程中因故意或者重大过失给合伙企业造成损失的，依法承担赔偿责任。

五、合伙企业与第三人关系

合伙企业与第三人的关系，是指合伙企业的外部关系，即合伙企业与合伙企业的合伙人以外的第三人的关系。

（一）合伙企业对外代表权的效力

合伙企业对合伙人执行合伙事务及对外代表合伙企业权利的限制，不得对抗善意第三人。

> **举案说法**
>
> 甲、乙、丙共同设立一家普通合伙企业。合伙协议约定，由甲对外代表合伙企业，执行合伙事务，但甲签订10万元以上的合同，须经乙和丙同意。甲自作主张没有征求乙和丙的同意，与第三人丁签订了一份15万元的买卖合同，而丁不知道在合伙企业内部对甲所作的限制，在合同的履行中，也没有从中获得不正当的利益。这里第三人丁应当为善意第三人，丁所得到的利益应当予以保护，合伙企业不得以其内部所作的在行使权利方面的限制为由，否定善意第三人丁的正当权益，拒绝履行合伙企业应承担的责任。

（二）合伙企业的债务清偿

合伙企业的债务是指合伙企业存续期间，因对他人的合同行为或者侵权行为而产生的债务。合伙企业对其债务，应先以其全部财产进行清偿。合伙企业财产不足清偿到期债务的，普通合伙人对合伙企业债务承担无限连带责任，有限合伙人以其认缴的出资额为限对合伙企业债务承担责任。

普通合伙人之间的债务分担，合伙协议有约定的，按照合伙协议约定的比例分担；合伙协议未约定或者约定不明的，由普通合伙人协商决定；协商不成的，由各普通合伙人按实缴出资比例分担；无法确定出资比例的，由各普通合伙人平均分担。

> **法律充电站**
>
> 普通合伙人之间的分担比例对债权人没有约束力。债权人可以根据自己的清偿利益，请求全体普通合伙人中的一人或数人承担全部清偿责任，也可以按照自己确定的比例向各普通合伙人分别追索。如果普通合伙人实际支付的债务数额超过其依照既定比例所应承担的数额，该普通合伙人有权就超过部分向其他未支付或者未足额支付应承担数额的普通合伙人追偿。

（三）合伙人的债务清偿

合伙人发生与合伙企业无关的债务，相关债权人不得以该债权抵销其对合伙企业的债务，也不得代位行使该合伙人在合伙企业中的权利。合伙人个人财产不足清偿其与合伙企业无关的债务的，该合伙人可以其从合伙企业中分取的收益用于清偿；债权人也可依法请求人民法院强制执行该合伙人在合伙企业中的财产份额用于清偿。

人民法院强制执行普通合伙人的财产份额时，应当通知全体合伙人，其他合伙人有优先购买权；其他合伙人未购买，又不同意将该财产份额转让给他人的，应当依照规定为该合伙人办理退伙结算，或者办理削减该合伙人相应财产份额的结算。

人民法院强制执行有限合伙人的财产份额时，应当通知全体合伙人。在同等条件下，其他合伙人有优先购买权。

思维互动坊

甲合伙企业的合伙人赵某因个人购房，向个体工商户王某借款20万元，而个体工商户王某欠甲合伙企业货款30万元。当甲合伙企业向王某催要货款时，王某提出因甲合伙企业合伙人赵某欠其20万元，所以他只需付给甲合伙企业10万元即可。

思考：王某的说法是否符合《合伙企业法》的规定？

六、入伙、退伙

（一）入伙

入伙是指在合伙企业存续期间，合伙人以外的第三人加入合伙企业并取得合伙人资格的行为。新合伙人入伙，除合伙协议另有约定外，应当经全体合伙人一致同意，并依法订立书面入伙协议。入伙的新合伙人与原合伙人享有同等权利，承担同等责任。入伙协议另有约定的，从其约定。

新入伙的普通合伙人对入伙前合伙企业的债务承担无限连带责任。新入伙的有限合伙人对入伙前有限合伙企业的债务，以其认缴的出资额为限承担责任。

（二）退伙

退伙是指合伙人退出合伙企业并丧失合伙人资格的行为。合伙人退伙一般有两种原因：一是自愿退伙；二是强制退伙。自愿退伙是指合伙人基于自愿的意思表示而退伙。自愿退伙可分为协议退伙和通知退伙两种。强制退伙是指合伙人因出现法律规定的事由而退伙，不以合伙人同意为条件。强制退伙分为当然退伙和除名两类。

1. 协议退伙

协议退伙，也称约定退伙，是指合伙协议中对退伙有规定的，合伙人按照合伙协议的规定退伙。根据《合伙企业法》的规定，合伙协议约定合伙期限的，在合伙企业存续期间，有下列情形之一的，合伙人可以退伙：① 合伙协议约定的退伙事由出现；② 经全体合伙人一致同意；③ 发生合伙人难以继续参加合伙的事由；④ 其他合伙人严重违反合伙协议约定的义务。

2. 通知退伙

通知退伙，也称声明退伙，是指合伙协议对合伙人退伙没有约定，合伙人以书面形式将退伙的意思表示通知其他合伙人。根据《合伙企业法》的规定，合伙协议未约定合伙期限的，合伙人在不给合伙企业事务执行造成不利影响的情况下，可以退伙，但应当提前30日通知其他合伙人。

3. 当然退伙

1）普通合伙人的当然退伙

普通合伙人有下列情形之一的，当然退伙：① 作为合伙人的自然人死亡或者被依法宣告死亡；② 个人丧失偿债能力；③ 作为合伙人的法人或者其他组织依法被吊销营业执照、责令关闭、撤销，或者被宣告破产；④ 法律规定或者合伙协议约定合伙人必须具有相关资格而丧

> **小贴士**
> 退伙事由实际发生之日为退伙生效日。

失该资格；⑤ 合伙人在合伙企业中的全部财产份额被人民法院强制执行。

普通合伙人被依法认定为无民事行为能力人或者限制民事行为能力人的，经其他合伙人一致同意，可以依法转为有限合伙人，普通合伙企业依法转为有限合伙企业。其他合伙人未能一致同意的，该无民事行为能力或者限制民事行为能力的合伙人退伙。

2）有限合伙人的当然退伙

有限合伙人有下列情形之一的，当然退伙：① 作为合伙人的自然人死亡或者被宣告死亡；② 作为合伙人的法人或者其他组织依法被吊销营业执照、责令关闭、撤销，或者被宣告破产；③ 法律规定或者合伙协议约定合伙人必须具有相关资格而丧失该资格；④ 合伙人在合伙企业中的全部财产份额被人民法院强制执行。

作为有限合伙人的自然人在有限合伙企业存续期间丧失民事行为能力的，其他合伙人不得因此要求其退伙。作为有限合伙人的自然人死亡、被依法宣告死亡或者作为有限合伙人的法人及其他组织终止时，其继承人或者权利承受人可以依法取得该有限合伙人在有限合伙企业中的资格。

4．除名

合伙人有下列情形之一的，经其他合伙人一致同意，可以决议将其除名：① 未履行出资义务；② 因故意或者重大过失给合伙企业造成损失；③ 执行合伙事务时有不正当行为；④ 发生合伙协议约定的其他事由。

对合伙人的除名决议应当书面通知被除名人。被除名人自接到除名通知之日起，除名生效，被除名人退伙。被除名人对除名决议有异议的，可以在接到除名通知之日起 30 日内，向人民法院起诉。

（三）合伙人身份变更的特殊规定

除合伙协议另有约定外，普通合伙人转变为有限合伙人，或者有限合伙人转变为普通合伙人，应当经全体合伙人一致同意。有限合伙人转变为普通合伙人的，对其作为有限合伙人期间有限合伙企业发生的债务承担无限连带责任。普通合伙人转变为有限合伙人的，对其作为普通合伙人期间合伙企业发生的债务承担无限连带责任。

普通合伙人与有限合伙人对比

七、合伙企业的解散和清算

（一）合伙企业的结算

合伙企业的解散是指各合伙人解除合伙协议，合伙企业终止活动。

合伙企业有下列情形之一的，应当解散：① 合伙期限届满，合伙人决定不再经营；② 合伙协议约定的解散事由出现；③ 全体合伙人决定解散；④ 合伙人已不具备法定人数满 30 天；⑤ 合伙协议约定的合伙目的已经实现或者无法实现；⑥ 依法被吊销营业执照、责令关闭或者被撤销；⑦ 法律、行政法规规定的其他原因。

（二）合伙企业的清算

1．确定清算人

合伙企业解散，应当由清算人进行清算。清算人由全体合伙人担任；经全体合伙人过半数同意,可以自合伙企业解散事由出现后15日内指定一个或者数个合伙人,或者委托第三人,担任清算人。自合伙企业解散事由出现之日起15日内未确定清算人的,合伙人或者其他利害关系人可以申请人民法院指定清算人。

2．通知和公告债权人

清算人自被确定之日起10日内将合伙企业解散事项通知债权人,并于60日内在报纸上公告。债权人应当自接到通知书之日起30日内,未接到通知书的自公告之日起45日内,向清算人申报债权。

3．财产清偿

合伙企业解散的,财产应当按照下列顺序清偿:① 清算费用;② 职工工资、社会保险费用和法定补偿金;③ 所欠税款;④ 合伙企业的债务。清偿后剩余的财产,才能对合伙人进行分配。

4．注销登记

清算结束,清算人应当编制清算报告,经全体合伙人签名、盖章后,在15日内向企业登记机关报送清算报告,申请办理合伙企业注销登记。合伙企业注销后,原普通合伙人对合伙企业存续期间的债务仍应承担无限连带责任。

班级_____ 姓名_____ 学号_____

学业测评

1. 【单选题】下列情形中，经普通合伙企业其他合伙人一致同意，可以决议将合伙人除名的是（ ）。
   A. 合伙人未履行出资义务
   B. 合伙人死亡
   C. 合伙人个人丧失偿债能力
   D. 合伙人在合伙企业中的全部财产份额被人民法院强制执行

2. 【单选题】甲为有限合伙企业的有限合伙人，经全体合伙人一致同意，甲转为普通合伙人。下列关于甲对其作为有限合伙人期间有限合伙企业发生的债务责任承担的表述中，正确的是（ ）。
   A. 以其认缴的出资额为限承担责任   B. 以其实缴的出资额为限承担责任
   C. 承担无限连带责任   D. 不承担责任

3. 【多选题】除合伙协议另有约定外，普通合伙企业的下列事务中，应当经全体合伙人一致同意的有（ ）。
   A. 改变合伙企业的名称
   B. 以合伙企业的名义为他人提供担保
   C. 聘任合伙人以外的人担任合伙企业的经营管理人员
   D. 合伙人之间转让在合伙企业中的部分财产份额

4. 【多选题】下列关于有限合伙企业设立的表述中，正确的有（ ）。
   A. 国有企业可以成为有限合伙人
   B. 有限合伙企业名称中应当标明"有限合伙"字样
   C. 有限合伙企业至少应当有一个普通合伙人
   D. 有限合伙人可以劳务出资

5. 【多选题】甲、乙、丙共同出资设立一个普通合伙企业，在合伙企业存续期间，甲拟以其在合伙企业中的财产份额出质借款。下列表述正确的有（ ）。
   A. 无须乙、丙同意，甲可以出质
   B. 经乙、丙同意，甲可以出质
   C. 未经乙、丙同意，甲私自出质的，其行为无效
   D. 未经乙、丙同意，甲私自出质给善意第三人造成损失的，由甲承担赔偿责任

6. 【判断题】甲是某普通合伙企业的合伙人，该合伙企业需要购买一批生产用原材料，甲正好有同样一批原材料想要出售。甲在其他合伙人一致同意的情况下，可以进行该笔交易。（ ）

7. 【判断题】有限合伙人可以将其在有限合伙企业中的财产份额出质，合伙协议另有约定的除外。（ ）

8. 【判断题】对于普通合伙企业，合伙协议不得约定将全部利润分配给部分合伙人或者由部分合伙人承担全部亏损。（ ）

班级_____   姓名_____   学号_____

实训育才

草拟一份合伙协议

一、实训目标

通过实训，强化学生对普通合伙企业和有限合伙企业相关知识的理解和运用，使学生明确合伙协议的构成要件，正确表达合伙的意图，同时锻炼学生的书面表达能力。

二、实训内容

起草一份合伙协议。

三、实训要求

合伙协议的条款内容全面、准确，格式正确，无错别字。

四、实训流程

第一步：学生自由分成若干小组，每组2～5人。

第二步：以小组成员为合伙人，组建合伙企业，合作各方讨论合作内容、各方权利义务等事项。

第三步：搜集合伙协议示范文本。

第四步：根据讨论内容草拟一份合伙协议。

第五步：各小组提交书面合伙协议，教师点评、总结。

项目六　市场主体法律制度——规范市场主体行为的依据

任务三　公司法律制度：推动经济健康发展

以案启思

甲、乙、丙、丁、戊欲成立一家公司，其具体方案如下：注册资本为100万元，其中甲以人民币10万元出资，乙以房屋作价人民币50万元出资，丙以一辆小汽车作价人民币12万元出资，丁以其专利技术作价人民币20万元出资，戊以劳务作价人民币8万元出资。公司组织机构设置股东会、董事会和监事会，其中戊担任董事长兼任总经理，乙和丁担任监事。各股东按相同比例分配盈利。

思考
（1）各股东的出资方式是否合法？
（2）戊担任董事长兼任总经理，乙和丁担任监事的做法合法吗？
（3）各股东按相同比例分配盈利的约定有效吗？
（4）如果公司亏损，股东应承担有限责任还是无限责任？

法海拾贝

一、公司概述

（一）公司的概念与特征

公司是指依照《中华人民共和国公司法》（以下简称《公司法》）的规定在中国境内设立的、以营利为目的的、具有法人资格的经济组织。

公司具有以下特征：① 公司必须依照法定条件、法定程序设立；② 公司以营利为目的；③ 公司是企业法人，有独立的法人财产，享有法人财产权，能够以其全部财产对公司的债务独立承担责任。

（二）公司的种类

根据不同的标准，公司可以分为不同的种类。

1. 以公司组织关系为标准划分

以公司组织关系为标准，可以将公司分为以下两类。

（1）母公司和子公司。母公司是指因拥有其他公司一定比例以上的股份或者通过协议的方式能够直接或间接控制其他公司的公司；子公司是指一定比例以上的股份被另一个公司持有，或者依照协议被其他公司实际控制的公司。母公司和子公司都具有独立的法人资格。

（2）总公司和分公司。总公司是指依法设立的对其组织系统内部分支机构行使管辖权的具有法人资格的总机构；分公司是指由总公司依法设立并受总公司管辖的分支机构。分公司不具有独立的法人资格。

母公司和子公司的关系，总公司和分公司的关系如图 6-2 所示。

图 6-2　母公司和子公司的关系，总公司和分公司的关系

2. 以股东所承担的责任形式为标准划分

以股东所承担的责任形式为标准划分，公司可以分为无限责任公司、有限责任公司、股份有限公司、两合公司、股份两合公司，具体如表 6-4 所示。

表 6-4　以股东所承担的责任形式为标准划分

公司种类	具体含义
无限责任公司	由两个以上股东共同投资设立，全体股东对公司债务承担无限责任的公司
有限责任公司	由 50 个以下的股东共同投资设立，股东以其认缴的出资额为限对公司承担责任，公司以其全部资产对其债务承担责任的公司
股份有限公司	由一定数量的股东共同投资设立，公司全部资本分为等额股份，股东以其认购的股份为限对公司承担责任，公司以其全部资产对其债务承担责任的公司
两合公司	由无限责任股东和有限责任股东共同投资设立，无限责任股东对公司债务承担无限或无限连带责任，有限责任股东仅以其出资额为限对公司债务承担责任的公司
股份两合公司	由无限责任股东和有限责任股东共同投资设立，公司资本分为等额股份，无限责任股东对公司债务承担无限或无限连带责任，有限责任股东以其所持股份为限对公司债务承担责任的公司

我国《公司法》只规定了有限责任公司和股份有限公司两种类型。

二、有限责任公司

（一）有限责任公司的设立

设立有限责任公司，应当具备的条件如下。

1. 股东符合法定人数

有限责任公司由 1 个以上 50 个以下股东出资设立。

2. 有符合公司章程规定的全体股东认缴的出资额

有限责任公司的注册资本为在公司登记机关登记的全体股东认缴的出资额。股东可以用货币出资，也可以用实物、知识产权、土地使用权、股权、债权等可以用货币估价并可以依法转让的非货币财产作价出资；但是，法律、行政法规规定不得作为出资的财产除外。

抽逃出资

3. 股东共同制定公司章程

公司章程是记载有关公司组织和行为基本规则的文件，对公司的存在和发展有着不可替代的重要意义。根据《公司法》的规定，有限责任公司章程应当由股东共同制定，公司章程应当载明下列事项：① 公司名称和住所；② 公司经营范围；③ 公司注册资本；④ 股东的姓名或者名称；⑤ 股东的出资额、出资方式和出资日期；⑥ 公司的机构及其产生办法、职权、议事规则；⑦ 公司法定代表人的产生、变更办法；⑧ 股东会认为需要规定的其他事项。股东应当在公司章程上签名或者盖章。

4. 有公司名称，建立符合有限责任公司要求的组织机构

公司名称一般由公司所在地行政区域、商号（字号）、所在行业或经营特征，以及"有限责任公司"或"有限公司"字样四个部分构成。根据《公司法》的规定，有限责任公司应当在公司名称中标明"有限责任公司"或者"有限公司"字样。

组织机构是依法行使公司决策权、执行权和监督权的机构的总称。一般来说，有限责任公司的组织机构包括股东会、董事会及监事会。

5. 有公司住所

公司的住所是公司主要办事机构所在地。经公司登记机关登记的公司的住所只能有一个。

（二）有限责任公司的组织机构

1. 股东会

1）股东会的性质和组成

有限责任公司的股东会是由全体股东组成的，是公司的权力机构。它仅以会议形式存在，对外不代表公司，对内也不执行业务。

2）股东会职权

根据《公司法》的规定，有限责任公司的股东会行使下列职权：① 选举和更换董事、监事，决定有关董事、监事的报酬事项；② 审议批准董事会的报告；③ 审议批准监事会的报告；④ 审议批准公司的利润分配方案和弥补亏损方案；⑤ 对公司增加或者减少注册资本作出决议；⑥ 对发行公司债券作出决议；⑦ 对公司合并、分立、解散、清算或者变更公司形式作出决议；⑧ 修改公司章程；⑨ 公司章程规定的其他职权。

3）股东会会议

股东会会议分为定期会议和临时会议。定期会议是指依据法律和公司章程的规定，在一定时间内必须召开的股东会议。有限责任公司的定期会议一般在每一个会计年度结束之后召开，每年召开一次。临时会议是指在定期会议之外必要的时候，由于法定事由或者根据法定人员、机构的提议召开的股东会议。根据《公司法》的规定，代表 1/10 以上表决权的股东、1/3 以上的董事或者监事会提议召开临时会议的，应当召开临时会议。

4）股东会会议的召开

股东会会议由董事会召集，董事长主持；董事长不能履行职务或者不履行职务的，由副董事长主持；副董事长不能履行职务或者不履行职务的，由过半数的董事共同推举一名董事主持。董事会不能履行或者不履行召集股东会会议职责的，由监事会召集和主持；监事会不召集和主持的，代表 1/10 以上表决权的股东可以自行召集和主持。

召开股东会会议，应当于会议召开 15 日前通知全体股东；但是，公司章程另有规定或者

全体股东另有约定的除外。

5）股东会决议

除公司章程另有规定外，股东会会议由股东按照出资比例行使表决权。股东会的议事方式和表决程序，除《公司法》有规定的外，由公司章程规定。根据《公司法》的规定，股东会作出修改公司章程、增加或者减少注册资本的决议，以及公司合并、分立、解散或者变更公司形式的决议，应当经代表 2/3 以上表决权的股东通过。

2．董事会

1）董事会的性质和组成

董事会是由董事组成，代表公司并行使经营决策权的常设机构。董事会是公司的决策机构。

有限责任公司董事会成员为 3 人以上，其成员中可以有公司职工代表。职工人数 300 人以上的有限责任公司，除依法设监事会并有公司职工代表的外，其董事会成员中应当有公司职工代表。董事会中的职工代表由公司职工通过职工代表大会、职工大会或者其他形式民主选举产生。董事会设董事长 1 人，可以设副董事长。董事长、副董事长的产生办法由公司章程规定。

规模较小或者股东人数较少的有限责任公司，可以不设董事会，设 1 名董事，行使《公司法》规定的董事会的职权。该董事可以兼任公司经理。

2）董事会职权

按照《公司法》的规定，有限责任公司的董事会行使下列职权：① 召集股东会会议，并向股东会报告工作；② 执行股东会的决议；③ 决定公司的经营计划和投资方案；④ 制订公司的利润分配方案和弥补亏损方案；⑤ 制订公司增加或者减少注册资本及发行公司债券的方案；⑥ 制订公司合并、分立、解散或者变更公司形式的方案；⑦ 决定公司内部管理机构的设置；⑧ 决定聘任或者解聘公司经理及其报酬事项，并根据经理的提名决定聘任或者解聘公司副经理、财务负责人及其报酬事项；⑨ 制定公司的基本管理制度；⑩ 公司章程规定或者股东会授予的其他职权。

3）董事任期

董事任期由公司章程规定，但每届任期不得超过 3 年。董事任期届满，连选可以连任。

4）董事会会议的召开

董事会会议由董事长召集和主持；董事长不能履行职务或者不履行职务的，由副董事长召集和主持；副董事长不能履行职务或者不履行职务的，由过半数的董事共同推举一名董事召集和主持。

5）董事会决议

董事会决议的表决，应当一人一票。董事会的议事方式和表决程序，除《公司法》有规定的外，由公司章程规定。董事会应当对所议事项的决定作成会议记录，出席会议的董事应当在会议记录上签名。

3．监事会

1）监事会的性质和组成

监事会是由监事组成，对董事和经理的经营管理行为及公司财务进行监督的常设机构。它代表全体股东对公司经营管理进行监督，行使监督职能，是公司的监督机构。

有限责任公司设监事会，其成员为 3 人以上。监事会设主席 1 人，由全体监事过半数选举产生。规模较小或者股东人数较少的有限责任公司，可以不设监事会，设 1 名监事，行使《公司法》规定的监事会的职权；经全体股东一致同意，也可以不设监事。

监事会成员应当包括股东代表和适当比例的公司职工代表，其中职工代表的比例不得低于 1/3，具体比例由公司章程规定。监事会中的职工代表由公司职工通过职工代表大会、职工大会或者其他形式民主选举产生。

董事、高级管理人员不得兼任监事。

2）监事会职权

根据《公司法》的规定，监事会行使下列职权：① 检查公司财务；② 对董事、高级管理人员执行职务的行为进行监督，对违反法律、行政法规、公司章程或者股东会决议的董事、高级管理人员提出解任的建议；③ 当董事、高级管理人员的行为损害公司的利益时，要求董事、高级管理人员予以纠正；④ 提议召开临时股东会会议，在董事会不履行《公司法》规定的召集和主持股东会会议职责时召集和主持股东会会议；⑤ 向股东会会议提出提案；⑥ 依照《公司法》第 189 条的规定，对董事、高级管理人员提起诉讼；⑦ 公司章程规定的其他职权。

监事可以列席董事会会议，并对董事会决议事项提出质询或者建议。

3）监事任期

监事的任期每届为 3 年。监事任期届满，连选可以连任。

4）监事会会议的召开

监事会每年度至少召开 1 次会议，监事可以提议召开临时监事会会议。监事会会议由监事会主席召集和主持；监事会主席不能履行职务或者不履行职务的，由过半数的监事共同推举 1 名监事召集和主持监事会会议。

5）监事会决议

监事会的议事方式和表决程序，除《公司法》有规定的外，由公司章程规定。监事会决议应当经全体监事的过半数通过。监事会应当对所议事项的决定作成会议记录，出席会议的监事应当在会议记录上签名。

（三）有限责任公司的股权转让

1. 股东之间转让股权

有限责任公司的股东之间可以相互转让其全部或者部分股权。公司章程对股权转让另有规定的，从其规定。

2. 股东向股东以外的人转让股权

股东向股东以外的人转让股权的，应当将股权转让的数量、价格、支付方式和期限等事项书面通知其他股东，其他股东在同等条件下有优先购买权。其他股东自接到书面通知之日起 30 日内未答复的，视为放弃优先购买权。两个以上股东行使优先购买权的，协商确定各自的购买比例；协商不成的，按照转让时各自的出资比例行使优先购买权。

3. 人民法院强制转让股东股权

人民法院依照法律规定的强制执行程序转让股东的股权时，应当通知公司及全体股东，其他股东在同等条件下有优先购买权。其他股东自人民法院通知之日起满 20 日不行使优先购买权的，视为放弃优先购买权。

三、股份有限公司

（一）股份有限公司的设立

1. 股份有限公司的设立方式

股份有限公司的设立，可以采取发起设立或者募集设立的方式。发起设立是指由发起人认购设立公司时应发行的全部股份而设立公司；募集设立是指由发起人认购设立公司时应发行股份的一部分，其余股份向特定对象募集或者向社会公开募集而设立公司。其中，发起人是筹办公司设立事项、参与制定公司章程并依法认购其应认购的股份的人。

2. 股份有限公司设立的条件

设立股份有限公司，应当具备的条件如下。

1）发起人符合法定人数

设立股份有限公司，应当有 1 人以上 200 人以下为发起人，其中应当有半数以上的发起人在中国境内有住所。

2）有符合公司章程规定的已发行股份的股本总额

股份有限公司的注册资本为在公司登记机关登记的已发行股份的股本总额。在发起人认购的股份缴足前，不得向他人募集股份。

以发起设立方式设立股份有限公司的，发起人应当认足公司章程规定的公司设立时应发行的股份。以募集设立方式设立股份有限公司的，发起人认购的股份不得少于公司章程规定的公司设立时应发行股份总数的 35%；但是，法律、行政法规另有规定的，从其规定。

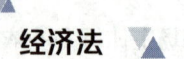

小贴士

股份有限公司发起人的出资方式适用有限责任公司出资方式的规定。

3）股份发行、筹办事项符合法律规定

股份有限公司发起人承担公司筹办事务。发起人设立股份有限公司，必须按照法律规定发行股份并进行其他筹办事项。发起人向社会公开募集股份，应当公告招股说明书，并制作认股书。

4）发起人共同制订公司章程

设立股份有限公司，应当由发起人共同制订公司章程。股份有限公司章程应当载明下列事项：① 公司名称和住所；② 公司经营范围；③ 公司设立方式；④ 公司注册资本、已发行的股份数和设立时发行的股份数，面额股的每股金额；⑤ 发行类别股的，每一类别股的股份数及其权利和义务；⑥ 发起人的姓名或者名称、认购的股份数、出资方式；⑦ 董事会的组成、职权和议事规则；⑧ 公司法定代表人的产生、变更方法；⑨ 监事会的组成、职权和议事规则；⑩ 公司利润分配办法；⑪ 公司的解散事由与清算办法；⑫ 公司的通知和公告办法；⑬ 股东会认为需要规定的其他事项。

法律充电站

成立大会

募集设立股份有限公司的发起人应当自公司设立时应发行股份的股款缴足之日起30日内召开公司成立大会。发起人应当在成立大会召开15日前将会议日期通知各认股人或者予以公告。成立大会应当有持有表决权过半数的认股人出席,方可举行。

公司成立大会行使下列职权:① 审议发起人关于公司筹办情况的报告;② 通过公司章程;③ 选举董事、监事;④ 对公司的设立费用进行审核;⑤ 对发起人非货币财产出资的作价进行审核;⑥ 发生不可抗力或者经营条件发生重大变化直接影响公司设立的,可以作出不设立公司的决议。成立大会对前款所列事项作出决议,应当经出席会议的认股人所持表决权过半数通过。

5)有公司名称,建立符合股份有限公司要求的组织机构

股份有限公司应当按照法律、行政法规的相关规定确立公司名称,并建立股东会、董事会、监事会等组织机构。股份有限公司应当在公司名称中标明"股份有限公司"或者"股份公司"字样。

6)有公司住所

公司以其主要办事机构所在地为住所。

(二)股份有限公司的组织机构

1. 股东会

1)股东会的性质和组成

股东会是股份有限公司的权力机构,由全体股东组成。

2)股东会的职权

股份有限公司股东会的法定职权与有限责任公司股东会相同。

3)股东会会议

股东会应当每年召开1次年会。有下列情形之一的,应当在2个月内召开临时股东会会议:① 董事人数不足法定人数或者公司章程所定人数的2/3时;② 公司未弥补的亏损达股本总额1/3时;③ 单独或者合计持有公司10%以上股份的股东请求时;④ 董事会认为必要时;⑤ 监事会提议召开时;⑥ 公司章程规定的其他情形。

4)股东会会议的召开

(1)召集人。股东会会议由董事会召集,董事长主持;董事长不能履行职务或者不履行职务的,由副董事长主持;副董事长不能履行职务或者不履行职务的,由过半数的董事共同推举1名董事主持。董事会不能履行或者不履行召集股东会会议职责的,监事会应当及时召集和主持;监事会不召集和主持的,连续90日以上单独或者合计持有公司10%以上股份的股东可以自行召集和主持。

(2)召集程序。召开股东会会议,应当将会议召开的时间、地点和审议的事项于会议召开20日前通知各股东;临时股东会会议应当于会议召开15日前通知各股东。

5）股东会决议

股东出席股东会会议，所持每一股份有一表决权，类别股股东除外。公司持有的本公司股份没有表决权。股东会作出决议，应当经出席会议的股东所持表决权过半数通过。股东会作出修改公司章程、增加或者减少注册资本的决议，以及公司合并、分立、解散或者变更公司形式的决议，应当经出席会议的股东所持表决权的 2/3 以上通过。

股东会不得对通知中未列明的事项作出决议。

2. 董事会

1）董事会的性质和组成

董事会是由股东会选举产生的行使经营决策权和管理权的公司常设机构。股份有限公司董事会成员为 3 人以上，其成员中可以有公司职工代表。职工人数 300 人以上的股份有限公司，除依法设监事会并有公司职工代表的外，其董事会成员中应当有公司职工代表。董事会中的职工代表由公司职工通过职工代表大会、职工大会或者其他形式民主选举产生。董事会设董事长 1 人，可以设副董事长。董事长和副董事长由董事会以全体董事的过半数选举产生。

2）董事会职权和董事任期

股份有限公司董事会职权和董事任期分别适用有限责任公司董事会职权和董事任期的相关规定。

3）董事会会议的召开

董事会每年度至少召开 2 次会议，每次会议应当于会议召开 10 日前通知全体董事和监事。代表 1/10 以上表决权的股东、1/3 以上董事或者监事会，可以提议召开临时董事会会议。董事长应当自接到提议后 10 日内，召集和主持董事会会议。

董事会会议由董事长召集和主持；董事长不能履行职务或者不履行职务的，由副董事长履行职务；副董事长不能履行职务或者不履行职务的，由过半数的董事共同推举 1 名董事履行职务。

4）董事会决议

董事会会议应当有过半数的董事出席方可举行。董事会作出决议，应当经全体董事的过半数通过。董事会决议的表决，应当一人一票。

董事会会议，应当由董事本人出席；董事因故不能出席，可以书面委托其他董事代为出席，委托书应当载明授权范围。董事会应当对所议事项的决定作成会议记录，出席会议的董事应当在会议记录上签名。

董事应当对董事会的决议承担责任。董事会的决议违反法律、行政法规或者公司章程、股东会决议，给公司造成严重损失的，参与决议的董事对公司负赔偿责任；经证明在表决时曾表明异议并记载于会议记录的，该董事可以免除责任。

  法律充电站

> 股份有限公司设经理，由董事会决定聘任或者解聘。经理对董事会负责，根据公司章程的规定或者董事会的授权行使职权。经理列席董事会会议。

3. 监事会

1）监事会的组成

监事会成员为 3 人以上。监事会成员应当包括股东代表和适当比例的公司职工代表，其中职工代表的比例不得低于 1/3，具体比例由公司章程规定。监事会中的职工代表由公司职工通过职工代表大会、职工大会或者其他形式民主选举产生。监事会设主席 1 人，可以设副主席。监事会主席和副主席由全体监事过半数选举产生。

> 董事、高级管理人员不得兼任监事。

2）监事会职权和监事任期

股份有限公司监事会职权和监事任期分别适用有限责任公司监事会职权和监事任期的相关规定。

3）监事会会议的召开

监事会每 6 个月至少召开 1 次会议。监事可以提议召开临时监事会会议。监事会的议事方式和表决程序，除《公司法》有规定的外，由公司章程规定。

4）监事会决议

监事会决议应当经全体监事的过半数通过。监事会应当对所议事项的决定作成会议记录，出席会议的监事应当在会议记录上签名。

 思维互动坊

有限责任公司的组织机构与股份有限公司的组织机构有什么不同？请在空白纸上以图表等形式给出答案。

 法律充电站

上市公司组织机构的特别规定

上市公司是指其股票在证券交易所上市交易的股份有限公司。《公司法》关于上市公司组织机构的特别规定主要体现在以下几个方面。

（1）增加股东会特别决议事项。上市公司在 1 年内购买、出售重大资产或者向他人担保的金额超过公司资产总额 30%的，应当由股东会作出决议，并经出席会议的股东所持表决权的 2/3 以上通过。

（2）规定独立董事制度。所谓上市公司独立董事，是指不在公司担任除董事外的其他职务，并与其任职的上市公司及其主要股东不存在可能妨害其进行独立客观判断的关系的董事。上市公司设立独立董事，具体管理办法由国务院证券监督管理机构规定。

（3）明确审计委员会的职权。上市公司在董事会中设置审计委员会的，董事会对下列事项作出决议前应当经审计委员会全体成员过半数通过：① 聘用、解聘承办公司审计业务的会计师事务所；② 聘任、解聘财务负责人；③ 披露财务会计报告；④ 国务院证券监督管理机构规定的其他事项。

（4）设立董事会秘书。上市公司设董事会秘书，负责公司股东会和董事会会议的筹备、文件保管及公司股东资料的管理，办理信息披露事务等事宜。

（5）增设关联关系董事的表决权排除制度。上市公司董事与董事会会议决议事项所涉及的企业或者个人有关联关系的，该董事应当及时向董事会书面报告。有关联关系的董事不得对该项决议行使表决权，也不得代理其他董事行使表决权。这里所称关联关系，是指上市公司的董事与董事会决议事项所涉及的企业之间存在直接或者间接的利益关系。该董事会会议由过半数的无关联关系董事出席即可举行，董事会会议所作决议须经无关联关系董事过半数通过。出席董事会会议的无关联关系董事人数不足 3 人的，应当将该事项提交上市公司股东会审议。

（6）规范上市公司股份代持。上市公司应当依法披露股东、实际控制人的信息，相关信息应当真实、准确、完整。禁止违反法律、行政法规的规定代持上市公司股票。

（7）禁止上市公司母子公司交叉持股。上市公司控股子公司不得取得该上市公司的股份。上市公司控股子公司因公司合并、质权行使等原因持有上市公司股份的，不得行使所持股份对应的表决权，并应当及时处分相关上市公司股份。

（三）股份有限公司的股份发行与转让

股份有限公司的资本划分为股份。公司的全部股份，根据公司章程的规定择一采用面额股或者无面额股。采用面额股的，每一股的金额相等。

1．股份的发行

1）股份发行的原则

股份的发行，实行公平、公正的原则，同类别的每一股份应当具有同等权利。同次发行的同类别股份，每股的发行条件和价格应当相同；认购人所认购的股份，每股应当支付相同价额。

2）股票发行的价格

股票的发行价格是指股票发行时所使用的价格，也是投资者认购股票时所支付的价格。股票的发行价格可以分为平价发行价格和溢价发行价格。平价发行，又称"等价发行""券面发行"，是指股票的发行价格与股票的票面金额相同；溢价发行是指股票的实际发行价格超过其票面金额。根据《公司法》的规定，面额股股票的发行价格可以按票面金额，也可以超过票面金额，但不得低于票面金额。

3）股票的形式和种类

股票采用纸面形式或者国务院证券监督管理机构规定的其他形式。股票采用纸面形式的，应当载明下列主要事项：① 公司名称；② 公司成立日期或者股票发行的时间；③ 股票种类、票面金额及代表的股份数，发行无面额股的，股票代表的股份数。股票采用纸面形式的，还应当载明股票的编号，由法定代表人签名，公司盖章。发起人股票采用纸面形式的，应当标明"发起人股票"字样。

公司发行的股票，应当为记名股票。

4）股份发行的条件

股份有限公司公开发行股票，应当符合《公司法》规定的条件和经国务院批准的国务院证券监督管理机构规定的其他条件。

根据《中华人民共和国证券法》（以下简称《证券法》）的规定，公司首次公开发行新股，应当符合下列条件：① 具备健全且运行良好的组织机构；② 具有持续经营能力；③ 最近3年财务会计报告被出具无保留意见审计报告；④ 发行人及其控股股东、实际控制人最近3年不存在贪污、贿赂、侵占财产、挪用财产或者破坏社会主义市场经济秩序的刑事犯罪；⑤ 经国务院批准的国务院证券监督管理机构规定的其他条件。

根据《公司法》的规定，发起人向社会公开募集股份，应当做到以下几点：① 经国务院证券监督管理机构注册，公告招股说明书；② 由依法设立的证券公司承销，签订承销协议；③ 同银行签订代收股款协议。

2．股份的转让

1）股份转让的方式

股东转让其股份，应当在依法设立的证券交易场所进行或者按照国务院规定的其他方式进行。股票的转让，由股东以背书方式或者法律、行政法规规定的其他方式进行；转让后由公司将受让人的姓名或者名称及住所记载于股东名册。

2）股份转让的限制

《公司法》对股份有限公司的股份转让作出了如下几方面的限制。

（1）公司公开发行股份前已发行的股份，自公司股票在证券交易所上市交易之日起1年内不得转让。法律、行政法规或者国务院证券监督管理机构对上市公司的股东、实际控制人转让其所持有的本公司股份另有规定的，从其规定。

（2）公司董事、监事、高级管理人员应当向公司申报所持有的本公司的股份及其变动情况，在就任时确定的任职期间每年转让的股份不得超过其所持有本公司股份总数的25%；所持本公司股份自公司股票上市交易之日起1年内不得转让。上述人员离职后半年内，不得转让其所持有的本公司股份。公司章程可以对公司董事、监事、高级管理人员转让其所持有的本公司股份作出其他限制性规定。股份在法律、行政法规规定的限制转让期限内出质的，质权人不得在限制转让期限内行使质权。

（3）有下列情形之一的，对股东会该项决议投反对票的股东可以请求公司按照合理的价格收购其股份，公开发行股份的公司除外：① 公司连续5年不向股东分配利润，而公司该5年连续盈利，并且符合《公司法》规定的分配利润条件；② 公司转让主要财产；③ 公司章程规定的营业期限届满或者章程规定的其他解散事由出现，股东会通过决议修改章程使公司存续。自股东会决议作出之日起60日内，股东与公司不能达成股份收购协议，股东可以自股东会决议作出之日起90日内向人民法院提起诉讼。公司因上述情形收购的本公司股份，应当在6个月内依法转让或者注销。

（4）公司不得收购本公司股份。但是，有下列情形之一的除外：① 减少公司注册资本；② 与持有本公司股份的其他公司合并；③ 将股份用于员工持股计划或者股权激励；④ 股东因对股东会作出的公司合并、分立决议持异议，要求公司收购其股份；⑤ 将股份用于转换公司发行的可转换为股票的公司债券；⑥ 上市公司为维护公司价值及股东权益所必需。

> **小贴士**
>
> 公司依照上述规定收购本公司股份后，属于第①项情形的，应当自收购之日起10日内注销；属于第②项、第④项情形的，应当在6个月内转让或者注销；属于第③项、第⑤项、第⑥项情形的，公司合计持有的本公司股份数不得超过本公司已发行股份总额的10%，并应当在3年内转让或者注销。

（5）公司不得接受本公司的股份作为质权的标的。

（6）公司不得为他人取得本公司或者其母公司的股份提供赠与、借款、担保及其他财务资助，公司实施员工持股计划的除外。

四、公司董事、监事和高级管理人员

（一）公司董事、监事、高级管理人员的任职资格

《公司法》中所称的高级管理人员，是指公司的经理、副经理、财务负责人，上市公司董事会秘书和公司章程规定的其他人员。

根据《公司法》的规定，有下列情形之一的，不得担任公司的董事、监事、高级管理人员。

（1）无民事行为能力或者限制民事行为能力。

（2）因贪污、贿赂、侵占财产、挪用财产或者破坏社会主义市场经济秩序，被判处刑罚，或者因犯罪被剥夺政治权利，执行期满未逾5年，被宣告缓刑的，自缓刑考验期满之日起未逾2年。

（3）担任破产清算的公司、企业的董事或者厂长、经理，对该公司、企业的破产负有个人责任的，自该公司、企业破产清算完结之日起未逾3年。

（4）担任因违法被吊销营业执照、责令关闭的公司、企业的法定代表人，并负有个人责任的，自该公司、企业被吊销营业执照、责令关闭之日起未逾3年。

（5）个人因所负数额较大债务到期未清偿被人民法院列为失信被执行人。

> **思维互动坊**
>
> 甲股份有限公司召开股东会，选举公司董事。下列人员中，可以担任该公司董事的有（　　）。
>
> A．张某，因挪用财产被判处刑罚，执行期满已逾6年
>
> B．吴某，原系乙有限责任公司董事长，对该公司的破产负有个人责任，该公司破产清算完结已逾5年
>
> C．储某，系丙有限责任公司控股股东，该公司股东会决策失误导致公司负有300万元到期不能清偿的债务
>
> D．杨某，原系丁有限责任公司法定代表人，对该公司被吊销营业执照负有个人责任，该公司被吊销营业执照未逾2年

（二）公司董事、监事、高级管理人员的义务

董事、监事、高级管理人员应当遵守法律、行政法规和公司章程。董事、监事、高级管

理人员对公司负有忠实义务，应当采取措施避免自身利益与公司利益冲突，不得利用职权牟取不正当利益。同时，董事、监事、高级管理人员对公司负有勤勉义务，执行职务应当为公司的最大利益尽到管理者通常应有的合理注意。

根据《公司法》的规定，董事、监事、高级管理人员不得有下列行为。

（1）侵占公司财产、挪用公司资金。

（2）将公司资金以其个人名义或者以其他个人名义开立账户存储。

（3）利用职权贿赂或者收受其他非法收入。

（4）接受他人与公司交易的佣金归为己有。

（5）擅自披露公司秘密。

（6）违反对公司忠实义务的其他行为。

董事、监事、高级管理人员，直接或者间接与本公司订立合同或者进行交易，应当就与订立合同或者进行交易有关的事项向董事会或者股东会报告，并按照公司章程的规定经董事会或者股东会决议通过。

董事、监事、高级管理人员，不得利用职务便利为自己或者他人谋取属于公司的商业机会。但是，有下列情形之一的除外：① 向董事会或者股东会报告，并按照公司章程的规定经董事会或者股东会决议通过；② 根据法律、行政法规或者公司章程的规定，公司不能利用该商业机会。

董事、监事、高级管理人员未向董事会或者股东会报告，并按照公司章程的规定经董事会或者股东会决议通过，不得自营或者为他人经营与其任职公司同类的业务。

董事、监事、高级管理人员违反上述规定所得的收入应当归公司所有。董事、监事、高级管理人员执行职务违反法律、行政法规或者公司章程的规定，给公司造成损失的，应当承担赔偿责任。

五、公司债券

（一）公司债券的概念和特征

公司债券是指公司依照法定程序发行、约定在一定期限还本付息的有价证券。公司债券有着不同于股票的法律特征。

（1）性质不同。公司债券属于债权债务凭证；股票属于所有权凭证。

（2）收益不同。公司债券的收益是固定的，无论公司盈利与否，债券持有人都享有优先于股票持有人要求公司按约给付利息的请求权；股票的收益则是不固定的，必须在公司债务清偿完毕后尚有盈余时才能依法获得股利分配。

（3）权利不同。公司债券持有人无权参与公司经营管理活动；而股票持有者，除另有规定外，享有公司经营管理权。

（4）风险性不同。公司债券的利率一般是固定的，风险较小；而股票股利的高低与公司的经营业绩密切相关，波动性大，风险较高。

（5）归还期限不同。公司债券到期必须还本付息；而股票持有人仅在公司解散时方可请求分配剩余财产。

（二）公司债券的发行和转让

1. 公司债券的发行

根据《证券法》的规定，公开发行公司债券，应当符合下列条件：① 具备健全且运行良好的组织机构；② 最近3年平均可分配利润足以支付公司债券1年的利息；③ 国务院规定的其他条件。

> **小贴士**
> 公司债券应当为记名债券。

公开发行公司债券，应当经国务院证券监督管理机构注册，公告公司债券募集办法。公司债券募集办法应当载明下列主要事项：① 公司名称；② 债券募集资金的用途；③ 债券总额和债券的票面金额；④ 债券利率的确定方式；⑤ 还本付息的期限和方式；⑥ 债券担保情况；⑦ 债券的发行价格、发行的起止日期；⑧ 公司净资产额；⑨ 已发行的尚未到期的公司债券总额；⑩ 公司债券的承销机构。

敲黑板

公开发行公司债券筹集的资金，必须按照公司债券募集办法所列资金用途使用；改变资金用途，必须经债券持有人会议作出决议。公开发行公司债券筹集的资金，不得用于弥补亏损和非生产性支出。

2. 公司债券的转让

根据《公司法》的规定，公司债券可以转让，转让价格由转让人与受让人约定。公司债券的转让应当符合法律、行政法规的规定。公司债券由债券持有人以背书方式或者法律、行政法规规定的其他方式转让；转让后由公司将受让人的姓名或者名称及住所记载于公司债券持有人名册。

六、公司财务、会计制度

（一）公司财务、会计的基本要求

（1）公司应当依照法律、行政法规和国务院财政部门的规定建立本公司的财务、会计制度。

（2）公司应当在每一会计年度终了时编制财务会计报告，并依法经会计师事务所审计。

（3）有限责任公司应当依照公司章程规定的期限将财务会计报告送交各股东。股份有限公司的财务会计报告应当在召开股东会年会的20日前置备于本公司，供股东查阅；公开发行股份的股份有限公司应当公告其财务会计报告。

（4）公司除法定的会计账簿外，不得另立会计账簿。对公司资金，不得以任何个人名义开立账户存储。

（二）公司的公积金制度

公积金分为法定公积金和任意公积金。

公司分配当年税后利润时，应当提取利润的10%列入公司法定公积金。公司法定公积金累计额为公司注册资本的50%以上的，可以不再提取。

公司从税后利润中提取法定公积金后，经股东会决议，还可以从税后利润中提取任意公积金。

公司的公积金用于弥补公司的亏损、扩大公司生产经营或者转为增加公司注册资本。但是，法定公积金转为增加注册资本时,所留存的该项公积金不得少于转增前公司注册资本的25%。

(三)公司的利润分配

公司利润是指公司在一定时期内生产经营的财务成果。公司利润应按下列顺序进行分配:① 弥补以前年度的亏损,但不得超过税法规定的弥补期限;② 缴纳所得税;③ 弥补在税前利润弥补亏损之后仍存在的亏损;④ 提取法定公积金;⑤ 提取任意公积金;⑥ 向股东分配利润。

根据《公司法》的规定,公司弥补亏损和提取公积金后所余税后利润,有限责任公司按照股东实缴的出资比例分配利润,全体股东约定不按照出资比例分配利润的除外;股份有限公司按照股东所持有的股份比例分配利润,公司章程另有规定的除外。

> 公司持有的本公司股份不得分配利润。

七、公司合并、分立、解散和清算

(一)公司合并

公司合并是指两个或者两个以上的公司依照法定程序变更为一个公司的法律行为。公司合并的形式可分为吸收合并和新设合并。吸收合并是指一个公司吸收其他公司,被吸收的公司解散。新设合并是指两个以上(含两个)公司合并设立一个新的公司,原合并各方解散。

公司合并,应当由合并各方签订合并协议,并编制资产负债表及财产清单。公司应当自作出合并决议之日起10日内通知债权人,并于30日内在报纸上或者国家企业信用信息公示系统公告。债权人自接到通知之日起30日内,未接到通知的自公告之日起45日内,可以要求公司清偿债务或者提供相应的担保。

公司合并时,合并各方的债权、债务,应当由合并后存续的公司或者新设的公司承继。

(二)公司分立

公司分立是指一个公司依照法定程序变更为两个或者两个以上的公司的法律行为。公司分立,应当编制资产负债表及财产清单。公司应当自作出分立决议之日起10日内通知债权人,并于30日内在报纸上或者国家企业信用信息公示系统公告。

公司分立前的债务由分立后的公司承担连带责任。但是,公司在分立前与债权人就债务清偿达成的书面协议另有约定的除外。

(三)公司解散

公司解散是指公司在有解散事由的情况下导致公司法人资格消灭的法律行为。根据《公司法》的规定,公司因下列原因解散:① 公司章程规定的营业期限届满或者公司章程规定的其他解散事由出现;② 股东会决议解散;③ 因公司合并或者分立需要解散;④ 依法被吊销营业执照、责令关闭或者被撤销;⑤ 人民法院依法予以解散。

公司有上述第①项、第②项情形,且尚未向股东分配财产的,可以通过修改公司章程或者经股东会决议而存续。公司经营管理发生严重困难,继续存续会使股东利益受到重大损失,通过其他途径不能解决的,持有公司10%以上表决权的股东,可以请求人民法院解散公司。

(四)公司清算

公司清算是指处理解散公司的各项未了事务,分配其剩余财产,最终结束其所有法律关系,消灭其法人资格的法律行为。

1. 成立清算组

除因合并、分立原因解散公司外,因其他原因解散公司的,应当清算。董事为公司清算义务人,应当在解散事由出现之日起15日内成立清算组进行清算。清算组由董事组成,但是公司章程另有规定或者股东会决议另选他人的除外。逾期不成立清算组进行清算或者成立清算组后不清算的,利害关系人可以申请人民法院指定有关人员组成清算组进行清算。人民法院应当受理该申请,并及时组织清算组进行清算。

2. 清算组的职权

根据《公司法》的规定,清算组在清算期间行使下列职权:① 清理公司财产,分别编制资产负债表和财产清单;② 通知、公告债权人;③ 处理与清算有关的公司未了结的业务;④ 清缴所欠税款及清算过程中产生的税款;⑤ 清理债权、债务;⑥ 分配公司清偿债务后的剩余财产;⑦ 代表公司参与民事诉讼活动。

3. 清算程序

(1)公告或者通知债权人,登记债权。清算组应当自成立之日起10日内通知债权人,并于60日内在报纸上或者国家企业信用信息公示系统公告。债权人应当自接到通知之日起30日内,未接到通知的自公告之日起45日内,向清算组申报其债权。清算组应当对债权进行登记。在申报债权期间,清算组不得对债权人进行清偿。

(2)清理公司财产,制订清算方案。清算组在清理公司财产、编制资产负债表和财产清单后,应当制订清算方案,并报股东会或者人民法院确认。清算组在清理公司财产、编制资产负债表和财产清单后,发现公司财产不足清偿债务的,应当依法向人民法院申请破产清算。人民法院受理破产申请后,清算组应当将清算事务移交给人民法院指定的破产管理人。

(3)清偿债务。公司财产能够清偿公司债务的,在分别支付清算费用、职工的工资、社会保险费用和法定补偿金,缴纳所欠税款,清偿公司债务后的剩余财产,有限责任公司按照股东的出资比例分配,股份有限公司按照股东持有的股份比例分配。清算期间,公司存续,但不得开展与清算无关的经营活动。公司财产在未依照上述规定清偿前,不得分配给股东。

(4)办理注销登记。公司清算结束后,清算组应当制作清算报告,报股东会或者人民法院确认,并报送公司登记机关,申请注销公司登记。

📢 小贴士

公司在存续期间未产生债务,或者已清偿全部债务的,经全体股东承诺,可以按照规定通过简易程序注销公司登记。通过简易程序注销公司登记,应当通过国家企业信用信息公示系统予以公告,公告期限不少于20日。公告期限届满后,未有异议的,公司可以在20日内向公司登记机关申请注销公司登记。

案例启示录

注册公司转卖他人　帮助犯罪获刑罚金

用自己的个人身份信息注册公司,再将公司营业执照和关联对公银行账户出售给他人,就能获得不菲收入,然而这样"躺赚"的事却触碰了法律红线。人民法院依法宣判一起帮助信息网络犯罪案,被告人夏某被判处有期徒刑 6 个月,并处罚金 2 万元。

2019 年,29 岁的夏某在网吧认识了黄某。黄某怂恿夏某注册公司,并承诺办理营业执照期间每天给他发生活费,公司注册手续办理完毕后转卖给自己,会再付他 600 元。黄某感觉事情不太正常,但考虑到自己没有工作和经济来源,这样赚钱也比较快,就同意了。

在黄某的介绍下,夏某又认识了田某,他根据黄某和田某的安排,在广东、天津、深圳、贵州等地注册办理了十几个空壳公司,并把营业执照及公章、激活的网银账户等交给黄某和田某。黄某和田某按照每个公司 800 元至 1 000 元不等的价格付给夏某报酬。截至案发时,夏某非法获利 1 万余元。其中,夏某所办理的广州某公司对公账户被境外赌场用于收取赌资,涉案金额达人民币 3 351 万元。

法院经审理认为,夏某为获取不法收益,以个人名义开通银行账户并出售给他人,为他人实施犯罪行为提供帮助,已构成帮助信息网络犯罪活动罪。夏某到案后能如实供述自己的罪行,认罪认罚,且已签订认罪认罚具结书,综合考虑其犯罪事实、性质、情节及社会危害程度,作出如上判决。

启示:国家机关证件不能随意买卖,个人注册资料也不能随意给他人使用。"躺赚"的事可能使自己成为他人违法犯罪的工具,甚至可能给自己带来牢狱之灾。致富终需靠勤劳,勿要产生走捷径赚快钱的想法。

学业测评

1. 【单选题】下列关于股份有限公司发起人的表述中，正确的是（　　）。
   A. 发起人只能是自然人　　　　B. 发起人必须在中国境内有住所
   C. 发起人只能是中国公民　　　D. 发起人的人数应为 1 人以上 200 人以下

2. 【单选题】下列各项中，不属于有限责任公司监事会职权的是（　　）。
   A. 检查公司财务　　　　　　　B. 解聘公司财务负责人
   C. 提议召开临时股东会会议　　D. 建议解任违反公司章程的经理

3. 【单选题】下列人员中，可以担任公司监事的是（　　）。
   A. 职工代表　　B. 财务负责人　　C. 总经理　　D. 独立董事

4. 【单选题】股份有限公司董事长和副董事长的产生方式是（　　）。
   A. 董事长由董事会全体董事一致同意选举产生，副董事长由董事会全体董事的 2/3 以上选举产生
   B. 董事长由董事会全体董事的 2/3 以上选举产生，副董事长由董事会全体董事的过半数选举产生
   C. 董事长和副董事长均由董事会全体董事的过半数选举产生
   D. 董事长和副董事长均由董事会全体董事的 2/3 以上选举产生

5. 【多选题】下列各项中，属于上市公司高级管理人员的有（　　）。
   A. 副经理　　B. 监事会主席　　C. 董事　　D. 董事会秘书

6. 【多选题】下列各项中，属于有限责任公司章程应当载明的有（　　）。
   A. 公司经营范围　　　　　　　B. 公司法定代表人的产生、变更办法
   C. 公司注册资本　　　　　　　D. 公司股东的姓名或者名称

7. 【多选题】根据公司法律制度的规定，下列各项中，可以作为财产出资的有（　　）。
   A. 劳务　　B. 知识产权　　C. 土地使用权　　D. 特许经营权

8. 【多选题】股份有限公司股东会所议下列事项中，应当经出席会议的股东所持表决权 2/3 以上通过的有（　　）。
   A. 增加公司注册资本　　　　　B. 修改公司章程
   C. 发行公司债券　　　　　　　D. 与其他公司合并

9. 【判断题】董事、高级管理人员不得兼任监事。（　　）

10. 【判断题】有限责任公司的股东之间相互转让其全部或者部分股权，应当经其他股东过半数同意。（　　）

11. 【判断题】张某、王某、李某三人共同出资设立了甲有限责任公司，公司章程对股权转让没有特别规定。李某拟将其拥有的股权全部转让给赵某。若张某和王某均不愿意购买，则李某可以将股权转让给赵某。（　　）

12. 【判断题】股份有限公司发行股票时，对于同一种类的股票可以针对不同投资主体规定不同的发行条件和发行价格。（　　）

班级_____ 姓名_____ 学号_____

实训育才

合心铸业，创启新程

一、实训目标

通过实训，使学生掌握有限责任公司的设立条件，熟知有限责任公司组织机构及其职权，明确公司章程构成要件，能够制定公司章程。

二、实训内容

模拟组建有限责任公司，设置组织机构，制定公司章程。

三、实训要求

（1）明确有限责任公司的设立条件，模拟建立有限责任公司。

（2）能够为公司建立符合规定的组织机构。

（3）制定的公司章程内容全面、准确，格式正确，无错别字。

四、实训流程

第一步：将学生分成若干小组，每个小组模拟成立一家有限责任公司，公司名称、经营范围自定。

第二步：每个小组成立股东会，选举董事和监事，并制定公司章程。

第三步：每个小组上交公司章程，选举的董事和监事名单，以及记录整个组建公司过程的材料。

第四步：教师点评、总结。

项目七

合同法律制度
——规范市场交易的根本

项目导读

合同法律制度是《民法典》的重要组成部分，是规范市场交易的基本法律，它涉及生产、生活领域的方方面面，与企业的生产经营和人们的生活密切相关。学习合同法律制度，能够帮助青年学生更好地适应市场经济发展的需要。

本项目主要介绍合同的订立、合同的履行、合同的变更和转让、合同违约责任等基本规定，以及几类典型合同的特殊规定，具体内容如图 7-1 所示。

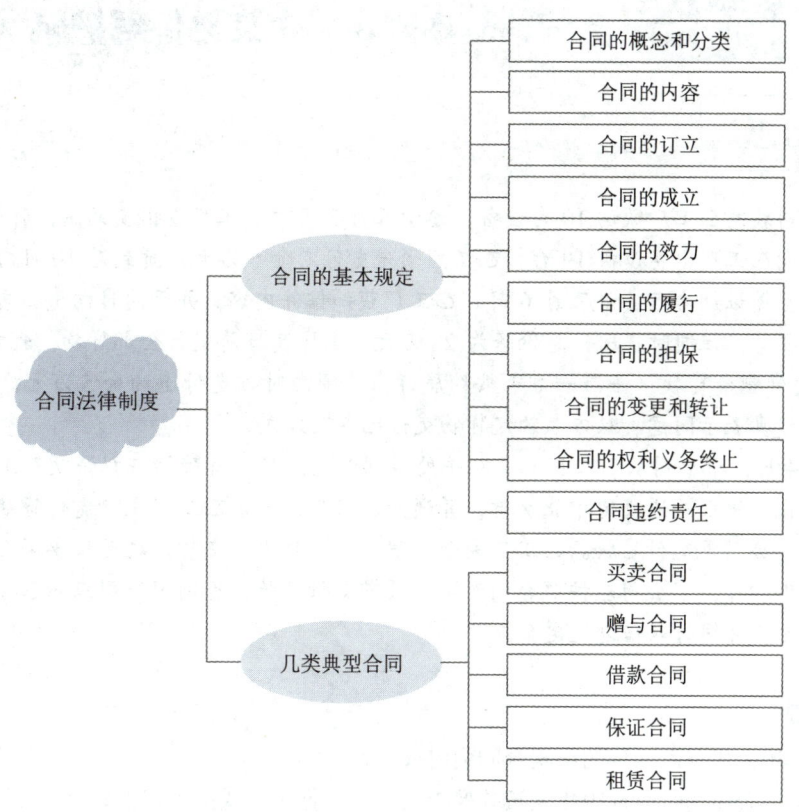

图 7-1　知识框架图

经济法

学习目标

知识目标

（1）了解合同的概念和分类、合同的权利义务终止。

（2）熟悉合同的内容、合同的成立、合同的担保、合同的变更和转让、合同违约责任、保证合同、借款合同。

（3）掌握合同的订立、合同的效力、合同的履行，以及买卖合同、赠与合同、租赁合同。

能力目标

（1）能够草拟合同。

（2）能够用法律的思维分析案例并解决合同纠纷。

素质目标

正确认识合同法律制度，树立诚信原则。

任务一　合同的基本规定：为交易保驾护航

以案启思

甲公司获悉乙工厂欲购10台设备，遂于6月3日向乙工厂发出要约函，称愿以30万元的总价向乙工厂出售设备10台，乙工厂须先支付定金5万元，货到后10日内支付剩余货款，质量保证期为5年。7月6日，乙工厂获知信件内容，并于同日向甲公司发出传真表示同意要约，但同时提出：总价降为28万元，9月5日前交付全部货物，我方于10月10日前支付剩余货款；任何一方未按约履行，均须向对方支付违约金5万元。次日，甲公司回复传真表示同意。双方未约定货物交付地点及方式。

9月4日，甲公司从乙工厂竞争对手处得到消息，目前有确切证据证明乙工厂经营状况严重恶化。甲公司遂决定中止交货，并通知乙工厂，要求乙工厂先行支付货款或者提供担保后，甲公司再交付货物。乙工厂表示，甲公司无权中止交货，也无权要求乙工厂先行付款或提供担保，甲公司应按照合同约定，按期交付货物，否则甲公司应向乙工厂支付违约金5万元，并同时双倍返还定金。

思考

（1）甲公司与乙工厂的买卖合同何时成立？

（2）甲公司是否有权中止交货并要求乙工厂先行付款或提供担保？

（3）若甲公司未按合同约定交货，乙工厂是否有权要求甲公司同时支付违约金和双倍返还定金？

一、合同的概念和分类

（一）合同的概念

合同是民事主体之间设立、变更、终止民事法律关系的协议。

（二）合同的分类

1. 有名合同和无名合同

按照法律法规是否对其名称作出明确规定，合同可分为有名合同和无名合同。

（1）有名合同，也称典型合同，是指由法律作出规定并赋予一个特定名称的合同。例如，买卖合同、赠与合同、租赁合同、建设工程合同、承揽合同、运输合同、仓储合同、保管合同、借款合同等都是有名合同。

（2）无名合同，也称非典型合同，是指法律上尚未规定有明确名称与规则的合同。无名合同只要不违反法律的禁止性规范或社会公共利益，同样具有法律效力。

2. 诺成合同和实践合同

按照是否须交付标的物才能成立，合同可分为诺成合同和实践合同。

（1）诺成合同，是指除双方意思表示一致时合同即告成立，不须具备其他形式和手续，也无须以标的物的交付为成立要件的合同。

（2）实践合同，是指除双方当事人达成合意之外，还须交付标的物或完成其他给付才能成立的合同。常见的实践合同有保管合同、自然人之间的借贷合同、定金合同等。

3. 要式合同和非要式合同

按照法律法规是否特别要求具备特定形式和手续，合同可分为要式合同和非要式合同。

（1）要式合同，是指法律要求具备一定形式和手续的合同。在我国现行法律中，要式合同包括法律要求采用书面形式的合同及要求鉴证或公证的合同，另有少数合同法律要求必须经过国家有关机关审批。例如，房屋买卖合同就属于要式合同，因为房屋买卖合同非经房管部门登记不能成立。

（2）非要式合同，是指法律不要求必须具备一定形式和手续的合同。

4. 双务合同和单务合同

按照双方是否互负义务，合同可分为双务合同和单务合同。

（1）双务合同，是指双方当事人互相承担义务和享有权利的合同。例如，买卖合同、租赁合同、保险合同等均为双务合同。

（2）单务合同，是指一方只享有权利而不承担义务，另一方只承担义务而不享有权利的合同，如赠与合同、保证合同等。

5. 有偿合同和无偿合同

按照当事人权利的获得是否支付代价（包括金钱、财产、劳务），合同可分为有偿合同和

> **小贴士**
>
> 婚姻、收养、监护等有关身份关系的协议，适用有关该身份关系的法律规定；没有规定的，可根据其性质参照适用本项目介绍的合同法律制度。

无偿合同。

（1）有偿合同是指当事人为了从合同中得到权利或利益需要支付相应代价的合同，如买卖合同、租赁合同等。

（2）无偿合同是指当事人一方给付某种利益，对方取得该利益时无须支付任何报酬的合同，如赠与合同。

6. 主合同和从合同

按照合同是否具有从属性，合同可分为主合同和从合同。当两个以上的合同相互关联时，其中一个合同的存在是其他合同存在的前提，那么起决定性作用的合同即为主合同，自身不能独立存在的合同就是从合同。例如，借贷合同是主合同，为借贷合同而设立的抵押合同是从合同。

二、合同的内容

合同的内容即合同的条款，是对合同当事人权利义务的具体规定。合同的内容由当事人约定，一般包括下列条款：① 当事人的姓名或者名称和住所；② 标的；③ 数量；④ 质量；⑤ 价款或者报酬；⑥ 履行期限、地点和方式；⑦ 违约责任；⑧ 解决争议的方法。

当事人为了重复使用可以预先拟定格式条款。格式条款是指预先拟定的，在订立合同时未与对方协商的条款。采用格式条款订立合同的，提供格式条款的一方应当遵循公平原则确定当事人之间的权利和义务，并采取合理的方式提示对方注意免除或者减轻其责任等与对方有重大利害关系的条款，按照对方的要求，对该条款予以说明。提供格式条款的一方未履行提示或者说明义务，致使对方没有注意或者理解与其有重大利害关系的条款的，对方可以主张该条款不成为合同的内容。

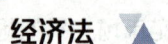

> 有下列情形之一的，该格式条款无效：① 提供格式条款一方不合理地免除或者减轻其责任、加重对方责任、限制对方主要权利的；② 提供格式条款一方排除对方主要权利的。
>
> 对格式条款的理解发生争议的，应当按照通常理解予以解释。对格式条款有两种以上解释的，应当作出不利于提供格式条款一方的解释。格式条款和非格式条款不一致的，应当采用非格式条款。

三、合同的订立

合同的订立是指两个或两个以上的民事主体，依法就合同的主要条款经过协商一致达成合意的法律行为。合同的订立是法律行为，合同当事人可以是自然人，也可以是法人或者其他组织，但都应当具有相应的民事权利能力和民事行为能力。

（一）合同的订立形式

依法成立的合同，受法律保护。当事人订立合同，可以采用书面形式、口头形式或者其他形式。书面形式是合同书、信件、电报、电传、传真等可以有形地表现所载内容的形式。

（二）合同的订立方式

当事人订立合同，可以采取要约、承诺方式或者其他方式。

1. 要约

要约是希望与他人订立合同的意思表示。发出要约的当事人称为要约人，要约指向的当事人称为受要约人。

要约

1）要约应具备的条件

有效的要约应具备下列条件：

① 要约是特定人的意思表示。即发出要约的人必须具有确定性。

② 要约必须是向希望与之缔结合同的受要约人发出。即受要约人也应该有特定的对象，可以是一人，也可以是数人。但在特殊情况下，要约人也可以向不特定人发出要约，如商业广告的内容符合要约规定的，视为要约。

③ 内容具体、确定。要约的内容明确、全面，受要约人通过要约不但能明确地了解要约人的真实意思，而且能知道未来订立合同的主要条款。

④ 受要约人一旦承诺，要约人即受该要约的约束。要约是一种法律行为，要约人受到要约的约束，如果对方接受要约，合同即告成立。

思维互动坊

> 8月1日，张某在微信朋友圈发布一条消息：本人出售房屋一套，面积90平方米，价款260万元，合同订立7日内一次性付款，如欲购买请在3日内回复。
>
> 思考：该消息是否属于要约？

2）要约邀请

要约邀请是希望他人向自己发出要约的表示。寄送的价目表、拍卖公告、招标公告、招股说明书等均为要约邀请。商业广告和宣传的内容符合要约条件的，构成要约，否则为要约邀请。

3）要约的生效

以对话方式作出的要约，受要约人知道其内容时生效。以非对话方式作出的要约，到达受要约人时生效。以非对话方式作出的采用数据电文形式的要约，受要约人指定特定系统接收数据电文的，该数据电文进入该特定系统时生效；未指定特定系统的，受要约人知道或者应当知道该数据电文进入其系统时生效。当事人对采用数据电文形式的要约的生效时间另有约定的，按照其约定。

4）要约的撤回

要约撤回是指在要约发生法律效力之前，要约人欲使其丧失法律效力的意思表示。要约可以撤回，撤回要约的通知应当在要约到达受要约人之前或者与要约同时到达受要约人。

5）要约的撤销

要约撤销是指在要约发生法律效力之后，要约人欲使其丧失法律效力的意思表示。要约可以撤销，撤销要约的意思表示以对话方式作出的，应当在受要约人作出承诺之前为受要约人所知道；撤销要约的意思表示以非对话方式作出的，应当在受要约人作出承诺之前到达受要约人。

> 有下列情形之一的，要约不可以撤销：① 要约人以确定承诺期限或者其他形式明示要约不可撤销；② 受要约人有理由认为要约是不可撤销的，并已经为履行合同做了合理准备工作。

6）要约的失效

要约失效是指要约丧失法律效力，要约人与受要约人均不再受其约束。有下列情形之一的，要约失效：① 要约被拒绝；② 要约被依法撤销；③ 承诺期限届满，受要约人未作出承诺；④ 受要约人对要约的内容作出实质性变更。

2．承诺

承诺是受要约人同意要约的意思表示。承诺一经作出，并送达要约人，合同即告成立，要约人不得加以拒绝。

1）承诺应具备的条件

① 承诺必须由受要约人向要约人发出。

② 承诺应当以通知的方式作出；但是，根据交易习惯或者要约表明可以通过行为作出承诺的除外。

③ 承诺的内容应当与要约的内容一致。

④ 承诺应当在要约确定的期限内到达要约人。

> **小贴士**
>
> 对合同标的、数量、质量、价款或者报酬、履行期限、履行地点和方式、违约责任和解决争议方法等内容的变更，是对要约内容的实质性变更。

2）承诺的生效

承诺自通知到达要约人时生效。以对话方式作出的承诺，要约人知道其内容时生效。以非对话方式作出的承诺，到达要约人时生效。

承诺不需要通知的，根据交易习惯或者要约的要求作出承诺的行为时生效。

除法律另有规定或者当事人另有约定的外，承诺生效时合同成立。

思维互动坊

> 4月30日，甲以手机短信形式向乙发出购买一台笔记本电脑的要约，乙于当日回短信同意要约。但由于"五一"期间短信系统繁忙，甲5月3日才收到乙的短信，并因个人原因于5月8日才阅读乙的短信，后于5月9日回复乙"短信收到"。
>
> 思考：承诺的生效时间是哪天？

3）承诺的撤回

承诺在生效之前可以撤回，但撤回承诺的通知应当在承诺通知到达要约人之前或者与承诺通知同时到达要约人。

4）承诺的迟延与迟到

受要约人超过承诺期限发出承诺，或者在承诺期限内发出承诺，按照通常情形不能及时到达要约人的，为迟延承诺，除要约人及时通知受要约人该承诺有效的以外，迟延承诺为新要约。

受要约人在承诺期限内发出承诺，按照通常情形能够及时到达要约人，但是因其他原因致使承诺到达要约人时超过承诺期限的，为迟到承诺，除要约人及时通知受要约人因承诺超过期限不接受该承诺的以外，迟到承诺为有效承诺。

项目七 合同法律制度——规范市场交易的根本

法律充电站

缔约过失责任

缔约过失责任是指缔约人因违背诚信原则致使合同不能成立，给对方造成损失时应承担的民事责任。《民法典》第500条规定，当事人在订立合同过程中有下列情形之一，造成对方损失的，应当承担赔偿责任：① 假借订立合同，恶意进行磋商；② 故意隐瞒与订立合同有关的重要事实或者提供虚假情况；③ 有其他违背诚信原则的行为。

四、合同的成立

（一）合同成立的时间

由于合同订立的方式不同，合同成立的时间也不相同。

（1）承诺生效时合同成立。这是大部分合同成立的时间标准。

（2）当事人采用合同书形式订立合同的，自当事人均签名、盖章或者按指印时合同成立。在签名、盖章或者按指印之前，当事人一方已经履行主要义务，对方接受时，该合同成立。法律、行政法规规定或者当事人约定合同应当采用书面形式订立，当事人未采用书面形式但是一方已经履行主要义务，对方接受时，该合同成立。

（3）当事人采用信件、数据电文等形式订立合同要求签订确认书的，签订确认书时合同成立。

（4）当事人一方通过互联网等信息网络发布的商品或者服务信息符合要约条件的，对方选择该商品或者服务并提交订单成功时合同成立，但是当事人另有约定的除外。

（二）合同成立的地点

承诺生效的地点为合同成立的地点。采用数据电文形式订立合同的，收件人的主营业地为合同成立的地点；没有主营业地的，其住所地为合同成立的地点。当事人另有约定的，按照其约定。

当事人采用合同书形式订立合同的，最后签名、盖章或者按指印的地点为合同成立的地点，但是当事人另有约定的除外。

五、合同的效力

合同的效力，即合同的法律效力，是指已经成立的合同在当事人之间产生的法律约束力。合同可以根据其效力层次分为有效合同、无效合同、可撤销合同和效力待定合同。

小贴士

合同订立是一个达成合意的过程，最终合意达成即为合同成立，但合同也可能虽然经过订立但没有成立，此时当事人的权利义务关系主要按照缔约过失责任制度加以调整。而合同成立并不意味着合同就一定有效，因为合同成立只是代表当事人之间达成合意的事实，其效力要经过评议，结果可能是有效合同、无效合同、可撤销合同及效力待定合同。

（一）有效合同

合同成立未必有效。所谓有效合同，是指依照法律的规定成立并在当事人之间产生法律约束力的合同。

1. 有效合同的构成要件

（1）合同当事人在订立合同时有相应的民事行为能力。

（2）合同当事人的意思表示真实。

（3）合同内容不违反法律或社会公共利益。

（4）合同具备法律所要求的形式。

2. 合同生效时间的确定

（1）依法成立的合同，自成立时生效，但是法律另有规定或者当事人另有约定的除外。

（2）依照法律、行政法规规定，合同应当办理批准、登记等手续的，自批准、登记等相关手续办理完毕后合同才生效。

（3）附生效条件的合同，自条件成就时生效。附解除条件的合同，自条件成就时失效。当事人为自己的利益不正当地阻止条件成就的，视为条件已成就；不正当地促成条件成就的，视为条件不成就。

（4）附生效期限的合同，自期限届至时生效。附终止期限的合同，自期限届满时失效。

（二）无效合同

无效合同是指已经订立但因欠缺生效要件而不发生法律效力的合同。

1. 无效合同的情形

无效合同分为全部无效和部分无效两种情况。

1）全部无效

有下列情形之一的，合同无效：① 无民事行为能力人签订的合同；② 以虚假的意思表示签订的合同；③ 违反法律、行政法规的强制性规定的；④ 违背公序良俗的；⑤ 行为人与相对人恶意串通，损害他人合法权益的。

2）部分无效

部分无效是指合同的某些条款违背法律规定而无效。根据《民法典》的规定，合同中的下列免责条款无效：① 造成对方人身损害的；② 因故意或者重大过失造成对方财产损失的。

合同部分无效，不影响其他部分效力的，其他部分仍然有效。

2. 无效合同的法律后果

无效合同由人民法院或仲裁机构确认，从合同订立时起就没有法律约束力。当事人尚未履行的，不得履行；正在履行的，应立即终止履行。合同所涉及的财产关系按下列规则处理。

（1）返还财产。合同被确认无效后，当事人因该合同取得的财产，应当予以返还；不能返还或者没有必要返还的，应当折价补偿。

（2）赔偿损失。合同被确认无效后，有过错的一方应当赔偿对方由此所受到的损失；各方都有过错的，应当各自承担相应的责任。

（三）可撤销合同

可撤销合同，是指因合同欠缺生效要件，一方当事人可依照自己的意愿请求人民法院或仲裁机构变更合同的内容或者使合同的效力归于灭失的合同。

1. 可撤销合同的情形

（1）基于重大误解而订立的合同，行为人有权请求人民法院或者仲裁机构予以撤销。重大误解是指合同一方当事人在作出意思表示时，对涉及合同法律效果的重要事项存在认识上的显著缺陷，其后果是使误解人遭受重大损失，以至根本违背当事人订立合同的目的。

（2）一方以欺诈手段，使对方在违背真实意思的情况下订立的合同，受欺诈方有权请求人民法院或者仲裁机构予以撤销。

（3）第三人实施欺诈行为，使一方在违背真实意思的情况下订立的合同，对方知道或者应当知道该欺诈行为的，受欺诈方有权请求人民法院或者仲裁机构予以撤销。

（4）一方或者第三人以胁迫手段，使对方在违背真实意思的情况下订立的合同，受胁迫方有权请求人民法院或者仲裁机构予以撤销。

（5）一方利用对方处于危困状态、缺乏判断能力等情形，致使合同成立时显失公平的，受损害方有权请求人民法院或者仲裁机构予以撤销。

2. 撤销权的消灭

对于可撤销合同，享有撤销权的当事人应当在规定的期限内行使撤销权，未在规定期限内行使撤销权的，撤销权消灭。

有下列情形之一的，撤销权消灭：① 当事人自知道或者应当知道撤销事由之日起 1 年内、重大误解的当事人自知道或者应当知道撤销事由之日起 90 日内没有行使撤销权；② 当事人受胁迫，自胁迫行为终止之日起 1 年内没有行使撤销权；③ 当事人知道撤销事由后明确表示或者以自己的行为表明放弃撤销权。当事人自民事法律行为发生之日起 5 年内没有行使撤销权的，撤销权消灭。

3. 可撤销合同的法律后果

可撤销合同在没有被撤销之前，具有法律效力，当事人必须履行合同。可撤销合同一经依法撤销，即自始无效，产生无效合同的法律后果。

（四）效力待定合同

效力待定合同，是指因已成立的合同欠缺一定的生效要件，其效力是否发生尚未确定，而有待于有权人作出承认或拒绝的意思表示才能确定自身效力的合同。如果有权人承认该合同，合同即为有效；若拒绝承认，合同归于无效。效力待定合同主要有以下几种。

（1）限制民事行为能力人依法不能独立订立的合同，经法定代理人同意或者追认后有效；法定代理人拒绝承认或者追认的，合同无效。合同相对人可以催告法定代理人自收到通知之日起 1 个月内予以追认。法定代理人未作表示的，视为拒绝追认。合同被追认之前，善意相对人有撤销的权利。

> 敲黑板
>
> 限制民事行为能力人订立的纯获利益的合同或者与其年龄、智力、精神健康状况相适应的合同为有效合同，不需要法定代理人同意或者追认。

（2）无权代理人订立的合同，未经被代理人追认的，对被代理人不发生效力，由行为人承担责任；经被代理人追认的，该合同有效。合同相对人可以催告被代理人自收到通知之日起1个月内予以追认。被代理人未作表示的，视为拒绝追认。合同被追认之前，善意相对人有撤销的权利。

> **敲黑板**
>
> 行为人没有代理权、超越代理权或者代理权终止后仍然实施代理而签订的合同，相对人有理由相信行为人有代理权的，该代理行为有效，订立的合同对被代理人发生效力。
>
> 法人的法定代表人或者非法人组织的负责人超越权限订立的合同，除相对人知道或者应当知道其超越权限外，该代表行为有效，订立的合同对法人或者非法人组织发生效力。

六、合同的履行

合同的履行是指合同生效后，双方当事人按照合同规定的各项条款，完成各自承担的义务和实现各种享受的权利，使双方当事人的合同目的得以实现的行为。

（一）合同履行的规则

1. 合同内容约定不明确时履行的规则

合同生效后，当事人就质量、价款或者报酬、履行地点等内容没有约定或者约定不明确的，可以协议补充；不能达成补充协议的，按照合同相关条款或者交易习惯确定；按照合同相关条款或者交易习惯仍不能确定的，适用规定如表7-1所示。

表7-1 合同内容约定不明确时履行的规定

不明确的内容	履行规则
质量要求不明确的	按照强制性国家标准履行；没有强制性国家标准的，按照推荐性国家标准履行；没有推荐性国家标准的，按照行业标准履行；没有国家标准、行业标准的，按照通常标准或者符合合同目的的特定标准履行
价款或报酬不明确的	按照订立合同时履行地的市场价格履行；依法应当执行政府定价或者政府指导价的，依照规定履行
履行地点不明确的	给付货币的，在接受货币一方所在地履行；交付不动产的，在不动产所在地履行；其他标的，在履行义务一方所在地履行
履行期限不明确的	债务人可以随时履行，债权人也可以随时请求履行，但是应当给对方必要的准备时间
履行方式不明确的	按照有利于实现合同目的的方式履行
履行费用的负担不明确的	由履行义务一方负担；因债权人原因增加的履行费用，由债权人负担

> **思维互动坊**
>
> 地处江南甲地的甲公司向地处江北乙地的乙公司购买5吨苹果，约定江边交货，后双方就交货地点应在甲地的江边还是乙地的江边发生了争议，无法达成一致意见，且按合同有关条款或者交易习惯无法确定。
>
> 思考：苹果的交付地点是何地？

2. 涉及第三人的合同履行规则

1）向第三人履行的合同

向第三人履行的合同，是指合同双方当事人约定，由债务人向第三人履行债务，第三人直接取得债权的合同。当事人约定由债务人向第三人履行债务，债务人未向第三人履行债务或者履行债务不符合约定的，应当向债权人承担违约责任。

> **小贴士**
>
> 无论是向第三人履行的合同，还是由第三人履行的合同，第三人都不是合同的当事人，违约时均由债务人向债权人承担违约责任。

2）由第三人履行的合同

由第三人履行的合同，是指合同双方当事人约定债务由第三人履行的合同。当事人约定由第三人向债权人履行债务，第三人不履行债务或者履行债务不符合约定的，债务人应当向债权人承担违约责任。

3. 提前履行和部分履行的规则

1）债务人提前履行债务

债务人提前履行债务的，债权人可以拒绝接受履行，但是提前履行不损害债权人利益的，债权人应当接受履行。债务人提前履行债务给债权人增加的费用，由债务人负担。

2）债务人部分履行债务

债务人部分履行债务的，债权人可以拒绝接受履行，但是部分履行不损害债权人利益的，债权人应当接受履行。债务人部分履行债务给债权人增加的费用，由债务人负担。

（二）合同履行中的抗辩权

抗辩权，是指在同一双务合同中，一方当事人在对方不履行义务或履行义务不符合约定时，依法对抗对方要求或否认对方权利主张的权利。合同履行中的抗辩权主要包括同时履行抗辩权、先履行抗辩权和不安抗辩权。

抗辩权

1. 同时履行抗辩权

当事人互负债务，没有先后履行顺序的，应当同时履行。一方在对方履行之前有权拒绝其履行请求。一方在对方履行债务不符合约定时，有权拒绝其相应的履行请求。

2. 先履行抗辩权

当事人互负债务，有先后履行顺序，应当先履行债务一方未履行的，后履行一方有权拒绝其履行请求。先履行一方履行债务不符合约定的，后履行一方有权拒绝其相应的履行请求。

3. 不安抗辩权

不安抗辩权，是指在同一双务合同中，当事人互负债务，有先后履行顺序，先履行义务的一方当事人，有确切证据证明对方当事人有丧失履行债务能力可能时，在对方未履行合同或没有提供履行担保之前，有权中止合同履行的权利。

应当先履行债务的当事人，有确切证据证明对方有下列情形之一的，可以中止履行：① 经营状况严重恶化；② 转移财产、抽逃资金，以逃避债务；③ 丧失商业信誉；④ 有丧失或者可能丧失履行债务能力的其他情形。当事人没有确切证据中止履行的，应当承担违约责任。

当事人按规定中止履行的，应当及时通知对方。对方提供适当担保的，应当恢复履行。中止履行后，对方在合理期限内未恢复履行能力且未提供适当担保的，视为以自己的行为表明不履行主要债务，中止履行的一方可以解除合同并可以请求对方承担违约责任。

（三）合同的保全措施

合同的保全措施，是指法律为防止因债务人财产的不当减少致使债权人债权的实现受到危害，而设置的保全债务人责任财产的法律制度。具体包括代位权和撤销权。

1. 代位权

代位权，是指债务人怠于行使其对第三人享有的到期债权或者与该债权有关的从权利，危及债权人债权实现时，债权人为保障自己的债权向人民法院请求以自己的名义代位行使债务人对第三人的权利。债权人不得对专属于债务人自身的债权行使代位权。

人民法院认定代位权成立的，由债务人的相对人（第三人）向债权人履行义务。代位权的行使范围以债权人的到期债权为限。债权人行使代位权的必要费用，由债务人负担。相对人对债务人的抗辩，可以向债权人主张。

2. 撤销权

撤销权，是指债务人实施了减少财产行为，危及债权人债权实现时，债权人为保障自己的债权请求人民法院撤销债务人处分行为的权利。

撤销权的适用情形：① 债务人以放弃其债权、放弃债权担保、无偿转让财产等方式无偿处分财产权益，或者恶意延长其到期债权的履行期限，影响债权人的债权实现的，债权人可以请求人民法院撤销债务人的行为；② 债务人以明显不合理的低价转让财产、以明显不合理的高价受让他人财产或者为他人的债务提供担保，影响债权人的债权实现，债务人的相对人知道或者应当知道该情形的，债权人可以请求人民法院撤销债务人的行为。

撤销权的行使范围以债权人的债权为限。债权人行使撤销权的必要费用，由债务人负担。

撤销权自债权人知道或者应当知道撤销事由之日起 1 年内行使。自债务人的行为发生之日起 5 年内没有行使撤销权的，该撤销权消灭。

七、合同的担保

合同的担保，是指法律规定或者当事人约定的以保证合同履行、保障债权人利益实现为目的的法律措施。合同担保的方式主要有保证、抵押、质押、留置和定金五种。

（一）保证

保证，是指第三人和债权人约定，当债务人不履行其到期债务或者发生当事人约定的情形时，该第三人按照约定履行债务或者承担责任的担保方式。这里的第三人称为保证人。

（二）抵押

抵押，是指债务人或者第三人不转移对其确定的财产的占有，将该财产作为债权的担保。当债务人不履行合同时，债权人有权依法以该财产折价或者以拍卖、变卖该财产的价款优先受偿。在抵押法律关系中，债务人或者第三人为抵押人，债权人为抵押权人，提供担保的财产为抵押财产。

（三）质押

质押，是指债务人或者第三人将其动产或权利移交债权人占有，将该动产或权利作为债权的担保，当债务人不履行债务时，债权人有权依法以该动产或权利变价所得优先受偿。在质押法律关系中，债务人或者第三人为出质人，债权人为质权人，移交的动产或权利为质押财产。

（四）留置

留置，是指债权人按照合同约定占有债务人的动产，债务人不按照合同约定的期限履行义务时，债权人有权依法留置该动产，以该动产折价或者以拍卖、变卖该动产的价款优先受偿。留置权属于法定的担保物权，留置权只有在符合法律规定的条件时才产生，并非依当事人之间的约定产生。

（五）定金

定金，是指由当事人约定，为保证债权的实现，由当事人一方在合同履行前预先交付给另一方一定数量的货币或者其他代替物。定金应当以书面形式约定，定金的数额不得超过主合同标的额的20%，超过的部分，不应作为定金，而应视为预付款。

债务人履行债务后，定金应当抵作价款或者收回。给付定金的一方不履行债务或者履行债务不符合约定的，无权要求返还定金；接受定金的一方不履行债务或者履行债务不符合约定的，应当双倍返还定金。

八、合同的变更和转让

（一）合同的变更

合同的变更是指合同成立后，尚未履行或者尚未完全履行之前，当事人通过协议对合同内容进行修改或者补充。根据《民法典》的规定，当事人协商一致，可以变更合同。当事人对合同变更的内容约定不明确的，推定为未变更。

（二）合同的转让

合同的转让是指合同当事人一方依法将其合同的权利和义务全部或部分地转让给第三人的行为。合同的转让包括合同权利的转让、合同义务的转移和合同权利义务的概括转让。

1. 合同权利的转让

合同权利的转让，也称债权转让，是指债权人将合同的权利全部或者部分转让给第三人。债权人可以将债权的全部或者部分转让给第三人，但是有下列情形之一的除外：① 根据债权性质不得转让；② 按照当事人约定不得转让；③ 依照法律规定不得转让。

债权人转让债权，应当通知债务人；未通知债务人的，该转让对债务人不发生效力。债务人接到债权转让通知后，债务人对让与人的抗辩，可以向受让人主张。因债权转让增加的履行费用，由让与人（债权转让方）负担。

2. 合同义务的转移

合同义务的转移，也称债务承担，是指债务人将合同义务的全部或者部分转移给第三人。债务人将债务的全部或者部分转移给第三人的，应当经债权人同意。债务人或者第三人可以催告债权人在合理期限内予以同意，债权人未作表示的，视为不同意。

债务人转移债务的，新债务人可以主张原债务人对债权人的抗辩。

3. 合同权利义务的概括转让

合同权利义务的概括转让，也称债权债务的概括转让，是指当事人一方经对方同意，将自己在合同中的权利和义务一并转让给第三人。

九、合同的权利义务终止

合同的权利义务终止，是指因依法生效的合同具备法定情形和当事人约定的情形，合同当事人双方终止合同关系，使合同所设定的权利义务归于消灭。

合同权利义务终止的情形主要有以下几种。

（一）债务已经履行

合同已经按照约定和法律规定完全履行，订立合同的目的已经实现，合同权利义务自然终止。这也是合同权利义务终止最主要和最常见的原因。

（二）合同解除

合同解除，是指合同有效成立后，在未履行或未完全履行之前，当具备法律规定的合同解除条件时，因当事人一方或双方的意思表示而使合同关系归于消灭的行为。合同解除有约定解除和法定解除两种情况。

1. 约定解除

约定解除，是指根据当事人事先约定的情况或经当事人协商一致而解除合同。

订立合同时，当事人可以约定一方解除合同的事由。解除合同的事由发生时，解除权人可以解除合同。订立合同后，经当事人协商一致，也可以解除合同。

2. 法定解除

法定解除，是指根据法律规定而解除合同。根据《民法典》的规定，有下列情形之一的，当事人可以解除合同：① 因不可抗力致使不能实现合同目的；② 在履行期限届满前，当事人一方明确表示或者以自己的行为表明不履行主要债务；③ 当事人一方迟延履行主要债务，经催告后在合理期限内仍未履行；④ 当事人一方迟延履行债务或者有其他违约行为致使不能实现合同目的；⑤ 法律规定的其他情形。

当事人一方依法主张解除合同的，应当通知对方。合同自通知到达对方时解除。

债务相互抵销

（三）债务相互抵销

债务相互抵销，是指合同当事人互负债务时，各自用自己的债权充当债务的清偿，使得双方的债务在对等额度内消灭的行为。

当事人互负债务，该债务的标的物种类、品质相同的，任何一方可以将自己的债务与对方的到期债务抵销；但是，根据债务性质、按照当事人约定或者依照法律规定不得抵销的除外。当事人互负债务，标的物种类、品质不相同的，经协商一致，也可以抵销。

当事人主张抵销的，应当通知对方。通知自到达对方时生效。抵销不得附条件或者附期限。

（四）债权人免除债务

债权人免除债务人部分或者全部债务的，债权债务部分或者全部终止，但是债务人在合理期限内拒绝的除外。

（五）债务人依法将标的物提存

提存，是指由于债权人的原因而无法向其交付合同标的物时，债务人将该标的物交付给提存部门，从而消灭合同关系的一项制度。根据《民法典》的规定，有下列情形之一，难以履行债务的，债务人可以将标的物提存：① 债权人无正当理由拒绝受领；② 债权人下落不明；③ 债权人死亡未确定继承人、遗产管理人，或者丧失民事行为能力未确定监护人；④ 法律规定的其他情形。标的物不适于提存或者提存费用过高的，债务人依法可以拍卖或者变卖标的物，提存所得的价款。

小贴士

孳息是指由原物所产生的额外收益。

提存成立的，视为债务人在其提存范围内已经交付标的物。标的物提存后，毁损、灭失的风险由债权人承担。提存期间，标的物的孳息归债权人所有。提存费用由债权人负担。

（六）债权债务混同

债权债务混同，是指债权和债务同归于一人致使合同关系消灭的事实。债权债务混同是一种法律事实而非法律行为，即只要债权和债务同归于一人的事实发生，无须当事人作出任何意思表示，合同关系及其他债权债务关系即归于消灭。但若合同当事人的债权涉及第三方利益，如以债权为第三人设立质权的，为维护第三人的正当权益，我国《民法典》作了特殊规定：债权和债务同归于一人的，债权债务终止，但是损害第三人利益的除外。

十、合同违约责任

当事人一方不履行合同义务或者履行合同义务不符合约定的，应当承担违约责任。违约责任的承担方式主要有继续履行、采取补救措施、损害赔偿三种。

（一）继续履行

继续履行，又称实际履行，是指违约方不履行合同义务时，另一方有权请求人民法院强制违约方实际履行合同义务。

《民法典》规定，当事人一方未支付价款、报酬、租金、利息，或者不履行其他金钱债务的，对方可以请求其支付。当事人一方不履行非金钱债务或者履行非金钱债务不符合约定的，对方可以请求履行，但是有下列情形之一的除外：① 法律上或者事实上不能履行；② 债务的标的不适于强制履行或者履行费用过高；③ 债权人在合理期限内未请求履行。

（二）采取补救措施

补救措施，是指债务人的履行在质量、数量等方面不符合约定，债权人可根据合同履行情况请求债务人采取修理、重作、更换、退货、减少价款或者报酬等措施。

《民法典》规定，履行不符合约定的，应当按照当事人的约定承担违约责任。对违约责任没有约定或者约定不明确的，可以协议补充；不能达成补充协议的，按照合同相关条款或者交易习惯确定；仍不能确定的，受损害方根据标的的性质及损失的大小，可以合理选择请求对方承担修理、重作、更换、退货、减少价款或者报酬等违约责任。

（三）损害赔偿

损害赔偿，是指一方当事人因不履行或不完全履行合同义务而给对方当事人造成损失时，按照法律规定和合同约定用金钱来补偿另一方当事人的损失。损害赔偿的具体方式主要有赔偿损失、支付违约金和适用定金罚则等。

1. 赔偿损失

当事人一方不履行合同义务或者履行合同义务不符合约定，造成对方损失的，损失赔偿额应当相当于因违约所造成的损失，包括合同履行后可以获得的利益；但是，不得超过违约一方订立合同时预见到或者应当预见到的因违约可能造成的损失。

当事人一方不履行合同义务或者履行合同义务不符合约定的，在履行义务或者采取补救措施后，对方还有其他损失的，应当赔偿损失。

2. 支付违约金

当事人可以约定一方违约时应当根据违约情况向对方支付一定数额的违约金，也可以约定因违约产生的损失赔偿额的计算方法。约定的违约金低于造成的损失的，人民法院或者仲裁机构可以根据当事人的请求予以增加；约定的违约金过分高于造成的损失的，人民法院或者仲裁机构可以根据当事人的请求予以适当减少。

当事人就迟延履行约定违约金的，违约方支付违约金后，还应当履行债务。

3. 适用定金罚则

当事人可以约定一方向对方给付定金作为债权的担保。定金合同自实际交付定金时成立。

定金的数额由当事人约定；但是，不得超过主合同标的额的20%，超过部分不产生定金的效力。给付定金的一方不履行债务或者履行债务不符合约定，致使不能实现合同目的的，无权请求返还定金；收受定金的一方不履行债务或者履行债务不符合约定，致使不能实现合同目的的，应当双倍返还定金。

当事人既约定违约金，又约定定金的，一方违约时，对方可以选择适用违约金或者定金条款。定金不足以弥补一方违约造成的损失的，对方可以请求赔偿超过定金数额的损失。

> 当事人一方违约后，对方应当采取适当措施防止损失的扩大；没有采取适当措施致使损失扩大的，不得就扩大的损失请求赔偿。当事人因防止损失扩大而支出的合理费用，由违约方负担。

法定免责事由

根据《预算法》的规定，我国实行一级政府一级预算的制度。我国设立中央，省、自治区、直辖市，设立区的市、自治州，县、自治县、不设区的市、市辖区，乡、民族乡、镇五级预算。除中央预算外，其他几级预算都称为地方预算。因不可抗力造成的违约，可以部分或者全部免除违约责任。《民法典》规定，当事人一方因不可抗力不能履行合同的，根据不可抗力的影响，部分或者全部免除责任，但是法律另有规定的除外。因不可抗力不能履行合同的，应当及时通知对方，以减轻可能给对方造成的损失，并应当在合理期限内提供证明。

班级_____ 姓名_____ 学号_____

学业测评

1. 【单选题】下列情形中，属于要约的是（   ）。
   A. 甲公司向数家贸易公司寄送价目表
   B. 乙公司通过报刊发布招标公告
   C. 丙公司在其运营中的咖啡自动售货机上载明"每杯1元"
   D. 丁公司向社会公众发布招股说明书

2. 【单选题】按照法律法规是否特别要求具备特定形式和手续，合同可分为（   ）。
   A. 有名合同和无名合同   B. 双务合同和单务合同
   C. 诺成合同和实践合同   D. 要式合同和非要式合同

3. 【单选题】定金的数额不得超过主合同标的额的（   ），超过的部分不应作为定金，而应视为预付款。
   A. 5%   B. 15%   C. 20%   D. 30%

4. 【单选题】甲公司与乙公司签订买卖合同，约定甲公司先交货。交货前夕，甲公司有确切证据证明乙公司负债严重，不能按时支付货款。甲公司遂决定中止交货，并及时通知乙公司。甲公司的行为是（   ）。
   A. 违约行为   B. 行使先诉抗辩权的行为
   C. 行使同时履行抗辩权的行为   D. 行使不安抗辩权的行为

5. 【多选题】下列属于无效格式条款的有（   ）。
   A. 有两种以上解释的格式条款
   B. 就内容理解存在争议的格式条款
   C. 因重大过失造成对方财产损失免责的格式条款
   D. 造成对方人身伤害免责的格式条款

6. 【多选题】合同履行中的抗辩权主要包括（   ）。
   A. 同时履行抗辩权   B. 先履行抗辩权
   C. 后履行抗辩权   D. 不安抗辩权

7. 【多选题】下列关于债权转让的表述中，正确的有（   ）。
   A. 债权转让无须债务人同意
   B. 债权转让应当通知债务人
   C. 债务人可与债权人约定债权不得转让
   D. 因债权转让增加的履行费用，由债务人负担

8. 【判断题】要约可以撤回，但不可以撤销。   （   ）

9. 【判断题】甲公司与乙公司签订买卖合同时，经丙公司同意，约定由丙公司向买受人甲公司交付货物。后丙公司交付的货物质量不符合约定，甲公司可以请求丙公司承担违约责任。
                                                                        （   ）

10. 【判断题】标的物提存后，毁损、灭失的风险由债权人承担。   （   ）

11. 【判断题】当事人既约定违约金，又约定定金的，一方违约时，对方可以同时适用违约金和定金条款。
                                                                        （   ）

班级_____ 姓名_____ 学号_____

实训育才

磋商与订立合同

一、实训目标

通过实训,使学生掌握订立合同的正确流程,同时能够按照合同法律制度的规定,订立规范的合同。

二、实训内容

全部同学自愿分成多个小组,分别模拟当事人双方进行合同的磋商与订立。

三、实训要求

(1) 熟知合同的要约和承诺规则。
(2) 了解合同必备的主要条款,拟定合同具备的内容。

四、实训流程

第一步:学生以 5 人一小组、10 人一大组自由分组。每大组包含两个小组,分别代表合同当事人双方。

第二步:合同当事人双方可以自由协商订立合同。

第三步:每个大组在规定的时间内独立完成合同的磋商与订立。

第四步:各大组互相交流各自订立的合同书,教师点评、总结。

项目七 合同法律制度——规范市场交易的根本

任务二 常见的典型合同：适配多元交易方式

以案启思

甲为庆祝好友乙的生日，拟赠与其一台笔记本电脑，乙欣然同意，双方对该赠与进行了公证。但双方约定，笔记本电脑交付乙后，甲可以随时借用该电脑。

思考

（1）电脑交付前，如果甲后悔了，是否可以不进行赠与？
（2）电脑交付前，甲故意将电脑摔坏，乙是否可以要求甲进行赔偿？
（3）电脑交付后，如果甲请求借用电脑而乙拒绝，甲是否可以要求乙返还电脑？
（4）电脑交付后，如果乙将甲的儿子丙打成重伤，甲是否有权要求乙返还电脑？

法海拾贝

一、买卖合同

（一）买卖合同概述

买卖合同是出卖人转移标的物的所有权于买受人，买受人支付价款的合同。买卖合同属于诺成合同、双务合同、有偿合同，除法律有特别规定或者当事人有特别约定外，买卖合同为非要式合同。

买卖合同的内容一般包括标的物的名称、数量、质量、价款、履行期限、履行地点和方式、包装方式、检验标准和方法、结算方式、合同使用的文字及其效力等条款。

出卖人应当按照约定的时间、地点、质量要求和包装方式交付标的物，并负有保证第三人对该标的物不享有任何权利的义务，但是法律另有规定的除外。买受人应当按照约定的时间、地点、数额和支付方式支付价款。

（二）标的物交付和所有权的转移

出卖人应当履行向买受人交付标的物或者交付提取标的物的单证，并转移标的物所有权的义务。

标的物为动产的，所有权自标的物交付时起转移；标的物为不动产的，所有权自标的物登记时起转移。当事人可以在买卖合同中约定买受人未履行支付价款或者其他义务的，标的物的所有权属于出卖人。出卖人对标的物保留的所有权，未经登记，不得对抗善意第三人。

当事人约定出卖人保留合同标的物的所有权，在标的物所有权转移前，买受人有下列情形之一，造成出卖人损害的，除当事人另有约定外，出卖人有权取回标的物：① 未按照约定支付价款，经催告后在合理期限内仍未支付；② 未按照约定完成特定条件；③ 将标的物出卖、出质或者作出其他不当处分。

出卖人多交标的物的，买受人可以接收或者拒绝接收多交的部分。买受人接收多交部分的，按照约定的价格支付价款；买受人拒绝接收多交部分的，应当及时通知出卖人。

（三）标的物毁损、灭失风险的承担

标的物毁损、灭失的风险，在标的物交付之前由出卖人承担，交付之后由买受人承担，但是法律另有规定或者当事人另有约定的除外。因买受人的原因致使标的物未按照约定的期限交付的，买受人应当自违反约定时起承担标的物毁损、灭失的风险。

因标的物不符合质量要求，致使不能实现合同目的的，买受人可以拒绝接受标的物或者解除合同。买受人拒绝接受标的物或者解除合同的，标的物毁损、灭失的风险由出卖人承担。

思维互动坊

甲公司购买乙公司一批货物，约定甲公司于5月6日到乙公司仓库提货，由于甲公司疏忽，当日未安排车辆提货，次日凌晨乙公司仓库遭雷击起火，该批货物全部被烧毁。

思考：该批货物损失应由谁承担？

（四）标的物的检验

买受人收到标的物时应当在约定的检验期限内检验。没有约定检验期限的，应当及时检验。

当事人约定检验期限的，买受人应当在检验期限内将标的物的数量或者质量不符合约定的情形通知出卖人。买受人怠于通知的，视为标的物的数量或者质量符合约定。

当事人没有约定检验期限的，买受人应当在发现或者应当发现标的物的数量或者质量不符合约定的合理期限内通知出卖人。买受人在合理期限内未通知或者自收到标的物之日起2年内未通知出卖人的，视为标的物的数量或者质量符合约定；但是，对标的物有质量保证期的，适用质量保证期，不适用该2年的规定。

出卖人知道或者应当知道提供的标的物不符合约定的，买受人不受前两款规定的通知时间的限制。

（五）买卖合同的解除

商品房买卖合同

标的物的主物不符合约定而解除合同的，解除合同的效力及于从物。因标的物的从物不符合约定被解除的，解除的效力不及于主物。

标的物为数物，其中一物不符合约定的，买受人可以就该物解除。但是，该物与他物分离使标的物的价值显受损害的，买受人可以就数物解除合同。

出卖人分批交付标的物的，出卖人对其中一批标的物不交付或者交付不符合约定，致使该批标的物不能实现合同目的的，买受人可以就该批标的物解除。出卖人不交付其中一批标

的物或者交付不符合约定，致使之后其他各批标的物的交付不能实现合同目的的，买受人可以就该批及之后其他各批标的物解除。买受人如果就其中一批标的物解除，该批标的物与其他各批标的物相互依存的，可以就已经交付和未交付的各批标的物解除。

分期付款的买受人未支付到期价款的数额达到全部价款的五分之一，经催告后在合理期限内仍未支付到期价款的，出卖人可以请求买受人支付全部价款或者解除合同。出卖人解除合同的，可以向买受人请求支付该标的物的使用费。

> **举案说法**
>
> 甲、乙签订买卖合同，甲向乙购买机器 5 台及附带的维修工具，机器编号分别为 E、F、G、X、Y，拟分别用于不同厂区。乙向甲如期交付 5 台机器及附带的维修工具。经验收，E 机器存在重大质量问题而无法使用，F 机器附带的维修工具亦属不合格品，其他机器及维修工具不存在质量问题。
>
> 在此案例中，E 机器存在重大质量问题不会导致 F、G、X、Y 机器无法使用或者价值明显受损害，买受人只能针对"E 机器及其维修工具"解除合同，不能解除 5 台机器及维修工具的买卖合同。F 机器附带的维修工具不合格的，可以就维修工具解除合同，但不能就 F 机器解除合同。即因标的物的从物不符合约定被解除的，解除的效力不及于主物。

二、赠与合同

（一）赠与合同概述

赠与合同是赠与人将自己的财产无偿给予受赠人，受赠人表示接受赠与的合同。赠与合同属于单务合同、无偿合同。

赠与可以附义务。赠与附义务的，受赠人应当按照约定履行义务。赠与的财产有瑕疵的，赠与人不承担责任。附义务的赠与，赠与的财产有瑕疵的，赠与人在附义务的限度内承担与出卖人相同的责任。赠与人故意不告知瑕疵或者保证无瑕疵，造成受赠人损失的，应当承担赔偿责任。应当交付的赠与财产因赠与人故意或者重大过失致使毁损、灭失，赠与人应当承担赔偿责任。

赠与人的经济状况显著恶化，严重影响其生产经营或者家庭生活的，可以不再履行赠与义务。

（二）赠与合同的撤销

赠与合同的撤销分为任意撤销和法定撤销。

1. 任意撤销

任意撤销，是指赠与人基于赠与合同的无偿性及单务性特征，在赠与财产的权利转移之前可以撤销赠与。但经过公证的赠与合同或者依法不得撤销的具有救灾、扶贫、助残等公益、道德义务性质的赠与合同，不得撤销。

2. 法定撤销

法定撤销，是指具备法定事由时，赠与人或者其他撤销权人通知赠与人撤销赠与合同的权利。法定撤销不受赠与财产的权利是否转移，赠与是否经过公证，赠与是否具有救灾、扶贫、助残等公益、道德义务性质的限制。

《民法典》规定，受赠人有下列情形之一的，赠与人可以撤销赠与：① 严重侵害赠与人或者赠与人近亲属的合法权益；② 对赠与人有扶养义务而不履行；③ 不履行赠与合同约定的义务。

赠与人的撤销权，自知道或者应当知道撤销事由之日起 1 年内行使。撤销权人撤销赠与的，可以向受赠人请求返还赠与的财产。

三、借款合同

（一）借款合同概述

借款合同是借款人向贷款人借款，到期返还借款并支付利息的合同。借款合同应当采用书面形式，但是自然人之间借款另有约定的除外。可见，借款合同原则上属于要式合同。自然人之间的借款合同属于实践合同，自贷款人提供借款时成立。其他借款合同属于诺成合同。

借款合同的内容一般包括借款种类、币种、用途、数额、利率、期限和还款方式等条款。

贷款人按照约定可以检查、监督借款的使用情况。借款人未按照约定的借款用途使用借款的，贷款人可以停止发放借款、提前收回借款或者解除合同。

（二）借款利息

1. 利息金额的确定

借款的利息不得预先在本金中扣除。利息预先在本金中扣除的，应当按照实际借款数额返还借款并计算利息。

禁止高利放贷，借款的利率不得违反国家有关规定。

借款合同对支付利息没有约定或约定不明确的，处理规定如表 7-2 所示。

表 7-2　借款合同对支付利息没有约定或约定不明确的处理规定

情形	处理规定
没有约定利息	借款合同对支付利息没有约定的，视为没有利息
利息约定不明确	自然人之间借款的，视为没有利息。其他的借款，由当事人协议补充；当事人不能达成补充协议，按照当地或者当事人的交易方式、交易习惯、市场利率等因素确定利息

2. 利息支付期限的确定

借款人应当按照约定的期限支付利息。对支付利息的期限没有约定或者约定不明确，依据《民法典》第 510 条的规定仍不能确定，借款期间不满 1 年的，应当在返还借款时一并支付；借款期间 1 年以上的，应当在每届满 1 年时支付，剩余期间不满 1 年的，应当在返还借款时一并支付。

> 小贴士
>
> 《民法典》第 510 条规定：合同生效后，当事人就质量、价款或者报酬、履行地点等内容没有约定或者约定不明确的，可以协议补充；不能达成补充协议的，按照合同相关条款或者交易习惯确定。

（三）借款归还

借款人应当按照约定的期限返还借款。对借款期限没有约定或者约定不明确，依据《民法典》第 510 条的规定仍不能确定的，借款人可以随时返还；贷款人可以催告借款人在合理期限内返还。借款人提前返还借款的，除当事人另有约定外，应当按照实际借款的期间计算利息。

四、保证合同

（一）保证合同概述

保证合同是为保障债权的实现，保证人和债权人约定，当债务人不履行到期债务或者发生当事人约定的情形时，保证人履行债务或者承担责任的合同。保证合同可以是单独订立的书面合同，也可以是主债权债务合同中的保证条款。

保证合同是主债权债务合同的从合同。主债权债务合同无效的，保证合同无效，但是法律另有规定的除外。

（二）保证人资格

机关法人不得为保证人，但是经国务院批准为使用外国政府或者国际经济组织贷款进行转贷的除外。以公益为目的的非营利法人、非法人组织不得为保证人。

（三）保证方式

保证的方式包括一般保证和连带责任保证。

1. 一般保证

当事人在保证合同中约定，债务人不能履行债务时，由保证人承担保证责任的，为一般保证。一般保证的保证人在主合同纠纷未经审判或者仲裁，并就债务人财产依法强制执行仍不能履行债务前，有权拒绝向债权人承担保证责任，但是有下列情形之一的除外：① 债务人下落不明，且无财产可供执行；② 人民法院已经受理债务人破产案件；③ 债权人有证据证明债务人的财产不足以履行全部债务或者丧失履行债务能力；④ 保证人书面表示放弃本款规定的权利。

> **敲黑板**
>
> 当事人在保证合同中对保证方式没有约定或者约定不明确的，按照一般保证承担保证责任。

2. 连带责任保证

当事人在保证合同中约定保证人和债务人对债务承担连带责任的，为连带责任保证。连带责任保证的债务人不履行到期债务或者发生当事人约定的情形时，债权人可以请求债务人履行债务，也可以请求保证人在其保证范围内承担保证责任。

（四）保证责任

保证的范围包括主债权及其利息、违约金、损害赔偿金和实现债权的费用。当事人另有约定的，按照其约定。

保证期间是确定保证人承担保证责任的期间，不发生中止、中断和延长。债权人与保证人可以约定保证期间，但是约定的保证期间早于主债务履行期限或者与主债务履行期限同时届满的，视为没有约定；没有约定或者约定不明确的，保证期间为主债务履行期限届满之日起6个月。

债权人和债务人未经保证人书面同意，协商变更主债权债务合同内容，减轻债务的，保证人仍对变更后的债务承担保证责任；加重债务的，保证人对加重的部分不承担保证责任。

债权人和债务人变更主债权债务合同的履行期限，未经保证人书面同意的，保证期间不受影响。债权人转让全部或者部分债权，未通知保证人的，该转让对保证人不发生效力。债权人未经保证人书面同意，允许债务人转移全部或者部分债务，保证人对未经其同意转移的债务不再承担保证责任，但是债权人和保证人另有约定的除外。

五、租赁合同

（一）租赁合同概述

租赁合同是出租人将租赁物交付承租人使用、收益，承租人支付租金的合同。租赁合同的内容一般包括租赁物的名称、数量、用途、租赁期限、租金及其支付期限和方式、租赁物维修等条款。

租赁期限不得超过20年。超过20年的，超过部分无效。租赁期限届满，当事人可以续订租赁合同；但是，约定的租赁期限自续订之日起不得超过20年。

租赁期限6个月以上的，应当采用书面形式。当事人未采用书面形式，无法确定租赁期限的，视为不定期租赁。

租赁期限届满，承租人继续使用租赁物，出租人没有提出异议的，原租赁合同继续有效，但是租赁期限为不定期。

（二）租赁物的使用及维修

承租人应当按照约定的方法使用租赁物。在租赁期限内因占有、使用租赁物获得的收益，归承租人所有，但是当事人另有约定的除外。

除当事人另有约定外，出租人承担租赁物的维修义务。承租人在租赁物需要维修时可以请求出租人在合理期限内维修。出租人未履行维修义务的，承租人可以自行维修，维修费用由出租人负担。因承租人的过错致使租赁物需要维修的，出租人可不承担维修义务。

融资租赁合同

（三）转租

承租人经出租人同意，可以将租赁物转租给第三人。承租人转租的，承租人与出租人之间的租赁合同继续有效；第三人造成租赁物损失的，承租人应当赔偿损失。

承租人未经出租人同意转租的，出租人可以解除合同。出租人知道或者应当知道承租人转租，但是在6个月内未提出异议的，视为出租人同意转租。

（四）租赁物的所有权转让

租赁物在承租人按照租赁合同占有期限内发生所有权变动的，不影响租赁合同的效力。出租人出卖租赁房屋的，应当在出卖之前的合理期限内通知承租人，承租人享有以同等条件优先购买的权利;但是,房屋按份共有人行使优先购买权或者出租人将房屋出卖给近亲属的除外。出租人履行通知义务后,承租人在 15 日内未明确表示购买的,视为承租人放弃优先购买权。

 案例启示录

购买彩票赖账不还　合同成立分期偿还

"你什么时候还钱?""还什么钱?""买彩票的钱。""我没买彩票还什么钱?""是你让我帮你打印的彩票啊。""彩票在谁手里呢?""现在在我这儿呢。""在你手里我还什么钱?"这样的对话不是某个小品里的剧情,而是某人民法院审理的真实案件。

2015 年以来,李某在王某经营的彩票站长期购买彩票。两人熟悉后,李某时常以电话赊账的方式购买彩票,时间一长,王某默认了这样的交易习惯。

一天,李某又给王某打电话买彩票,要求随机选号,王某按李某要求共打印出彩票 354 张。李某说等他过去结账,可这一等就没了影。王某一要钱,李某就说再等等,到后来李某连电话都不接了。好在王某平日留了一手,把两人的日常通话录了下来。2021 年 12 月,王某将李某诉至法院。

庭审中,被告李某面对原告王某的起诉列出了以下答辩意见:一是原告不能证明彩票是给被告打印的;二是被告没有打欠条;三是彩票不在被告手里;四是原告在没有收到彩票款的情况下,一次出了 354 张彩票,造成的损失原告也有过错。

根据《民法典》的规定,当事人订立合同,可以采用书面形式、口头形式或者其他形式,也可以采取要约、承诺方式订立合同。本案中,李某长期在王某处赊购彩票,已经形成一种交易习惯,结合王某提交的录音证据,可以证实,双方关于购买彩票的合同成立,李某应当遵守诚信原则,履行给付彩票款的义务。

最终双方达成调解协议:确认李某欠王某彩票款共计 62 000 元,此款由李某分期偿还。

启示:诚信原则,是指所有民事主体在从事任何民事活动,包括行使民事权利、履行民事义务、承担民事责任时,都应该秉持诚实、善意,不欺不诈,言行一致,信守诺言。诚信原则既是做人的基本原则,也是市场经济活动的道德准则。法律绝不允许靠损害他人利益和社会利益来获得自己的利益。

班级_____ 姓名_____ 学号_____

学业测评

1. 【单选题】分期付款的买受人未支付到期价款的数额达到全部价款的（　　），经催告后在合理期限内仍未支付到期价款的，出卖人可以请求买受人支付全部价款或者解除合同。
   A. 1/2　　　　B. 1/3　　　　C. 1/4　　　　D. 1/5

2. 【单选题】租赁期限不得超过（　　）。
   A. 2年　　　　B. 5年　　　　C. 10年　　　　D. 20年

3. 【单选题】当事人在保证合同中对保证方式没有约定或者约定不明确的，应（　　）。
   A. 视同没有约定保证　　　　B. 按照一般保证承担保证责任
   C. 按照连带保证承担保证责任　　　　D. 按照有限保证承担保证责任

4. 【单选题】赠与人的撤销权，自知道或者应当知道撤销事由之日起（　　）内行使。
   A. 6个月　　　　B. 1年　　　　C. 3年　　　　D. 5年

5. 【多选题】买卖合同属于（　　）。
   A. 诺成合同　　　　B. 单务合同
   C. 双务合同　　　　D. 有偿合同

6. 【多选题】下列关于保证合同的表述中，正确的有（　　）。
   A. 保证合同是主债权债务合同的从合同
   B. 保证合同无效的，主债权债务合同也无效
   C. 以公益为目的的非营利法人、非法人组织不得为保证人
   D. 保证的方式包括一般保证和连带责任保证

7. 【多选题】甲承租乙的住房，租期未满，乙有意将该住房出售。下列表述中，正确的有（　　）。
   A. 乙应在出售之前的合理期限内通知甲，甲在同等条件下享有优先购买权
   B. 如果乙通知甲后，甲在15日内未明确表示购买的，视为甲放弃优先购买权
   C. 如果甲放弃优先购买权，当丙购得该住房成为新所有权人后，即使租期未满，也有权要求甲立即迁出该住房
   D. 如果乙的哥哥丁想要购买该住房，则甲不得主张优先购买权

8. 【判断题】赠与人故意不告知赠与财产的瑕疵，造成受赠人损失的，应当承担损害赔偿责任。（　　）

9. 【判断题】借款的利息不得预先在本金中扣除。（　　）

10. 【判断题】陈某向李某借款5万元，借款期限1年，未约定利息。陈某还款时，李某可以要求陈某按银行同期贷款利率支付利息。（　　）

11. 【判断题】陈某与李某口头约定：陈某将房屋出租给李某，租期1年，月租金2 000元。该房屋租赁合同应视为不定期租赁合同。（　　）

12. 【判断题】除当事人另有约定外，承租人承担租赁物的维修义务。（　　）

班级_____ 姓名_____ 学号_____

> 实训育才

以法为刃，斩合同纠纷乱麻

一、实训目标

通过实训，强化学生对合同法律制度相关知识的理解，使学生能够用法律的思维分析案例并解决合同纠纷。

二、实训内容

阅读案例并讨论问题。

甲有限责任公司5月发生下列事实。

（1）5月8日，甲公司向乙公司购买一批钢材，双方签订的合同约定：钢材总价款100万元；甲公司在合同签订后10日内支付定金25万元作为履行合同的担保；乙公司于合同签订后1个月内交付全部货物；甲公司于乙公司交付货物后10日内支付全部货款。5月16日，甲公司支付给乙公司25万元定金，乙公司接受并未提出异议。

（2）5月20日，甲公司与丙公司的租赁合同到期，但丙公司尚未支付50万元到期租金。5月30日，因欠丁公司的债务到期，甲公司将其对丙公司的50万元的债权转让给丁公司，但未通知丙公司。

（3）5月26日，甲公司所在地发生自然灾害，当地政府组织救灾募捐活动，甲公司当场承诺捐款20万元，但一直未履行。其后甲公司因业务不景气，欲撤销该项赠与。

思考：

（1）本案例中，有效定金数额为多少？请说明理由。

（2）甲公司转让债权的行为对丙公司是否生效？请说明理由。

（3）甲公司是否有权撤销赠与？请说明理由。

三、实训要求

（1）提交案例讨论记录。学生以3~5人为一组，设组长1名、记录员1名，每组必须有小组讨论、工作分工的详细记录，以此作为评定考核成绩的依据。

（2）能够在规定的时间内完成相关的讨论，撰写文字小结。

四、实训流程

第一步：由教师介绍实训的目标、内容、要求，调动学生实训的积极性。

第二步：学生自由分组，确定各小组的组长和人员分工，制订小组实施计划，明确团队要做什么，要达到什么目的。

第三步：由教师介绍相关案例及讨论的话题。

第四步：各小组讨论教师布置的问题，记录小组成员的发言，并撰写讨论小结。

第五步：各小组相互评议，教师点评、总结。

项目八

企业破产法律制度
——维护市场经济秩序的稳定

项目导读

企业的优胜劣汰是市场竞争的客观法则,企业破产是市场经济的正常现象。为规范企业破产程序,公平清理债权债务,保护债权人和债务人的合法权益,维护社会主义市场经济秩序,我国制定了企业破产法律制度。

本项目主要从破产的申请、受理、重整、和解与破产清算几方面进行介绍,主要内容如图 8-1 所示。

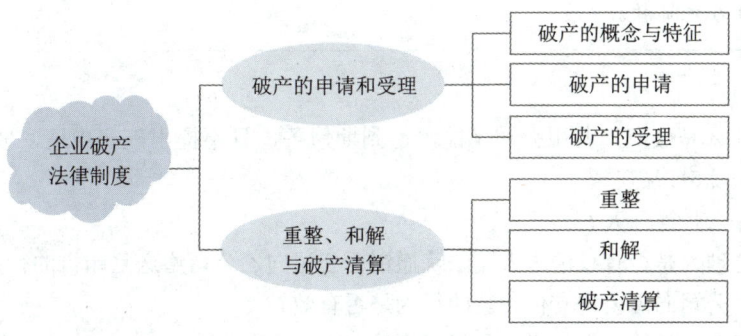

图 8-1　知识框架图

学习目标

知识目标

(1) 了解破产、重整、和解的概念,管理人的含义及其组成,债务人财产的管理。
(2) 了解和解协议的通过方式、重整计划的执行、破产财产的清偿顺序。

能力目标

(1) 能够对实践活动中企业破产申请的提出与受理进行分析。
(2) 能够正确分析并解决企业重整、和解程序中遇到的问题。
(3) 能够对破产财产进行合理分配。

素质目标

树立以人为本、保护各类债权人合法权益的法治理念。

任务一 破产的申请和受理：有序退出市场

以案启思

甲公司因不能清偿到期债务，且明显缺乏清偿能力，向人民法院申请破产。2022年4月1日，人民法院裁定受理甲公司的破产申请，并指定了管理人。管理人在清理甲公司资产过程中发现以下情况。

（1）2021年11月1日，甲公司鉴于与乙公司之间的长期业务合作关系，向乙公司赠送复印机一台，价值2.5万元。

（2）2022年4月2日，甲公司按合同约定向丙公司支付货款1万元。

（3）甲公司欠个体工商户刘某加工费20万元到期未付。2022年4月3日，丁公司获悉甲公司申请破产的消息后，从刘某处购买了该债权。丁公司主张，以该债权抵销其所欠甲公司的20万元货款。

思考

（1）什么是破产？若甲公司不能清偿到期债务，且不提出破产申请，债权人是否可以向人民法院申请破产？

（2）什么是管理人？

（3）管理人是否有权请求人民法院撤销甲公司向乙公司赠送复印机的行为？

（4）甲公司向丙公司支付货款的行为是否有效？

（5）丁公司抵销债权的主张是否成立？

法海拾贝

一、破产的概念与特征

破产，是指企业法人不能清偿到期债务，并且资产不足以清偿全部债务或者明显缺乏清偿能力时，由人民法院根据相关人的申请，依法宣告企业法人破产，并将其全部财产公平分配给全体债权人的清算程序。

破产具有以下法律特征。

（1）破产是一种执行程序。破产是为了全体债权人的利益而对债务人的全部财产进行公平分配的一种执行程序。破产还债须按照破产法律制度规定的特定程序进行。

（2）破产以债务人不能清偿到期债务为基本前提。

（3）破产是对债务人全部法律关系的彻底清算。破产以债务人的全部财产作为清偿全部债权的物质基础，并且是一次性彻底清偿。清偿程序结束后，债务人主体资格消灭。

（4）破产的宗旨在于公平清理债权债务。公平清理债权债务就是使债权人共同分担损失和共同享有利益，保证同一顺序债权人的地位平等和受偿机会均等。

二、破产的申请

（一）破产申请的概念

破产申请是当事人向有管辖权的人民法院请求宣告债务人破产的意思表示，是当事人对破产请求权的具体行使。申请人不申请破产的，人民法院不得依职权宣告债务人破产。破产申请是引发破产程序的唯一动因。

（二）破产申请人

破产申请可以由债务人、债权人及依法负有清算责任的人提出，其申请条件及适用的程序如表 8-1 所示。

表 8-1　破产申请

申请人	申请条件	申请适用的程序
债务人	债务人不能清偿到期债务，并且资产不足以清偿全部债务或者明显缺乏清偿能力	申请重整、和解或者破产清算
债权人	债务人不能清偿到期债务	申请对债务人进行重整或者破产清算
依法负有清算责任的人	企业法人已解散但未清算或者未清算完毕，资产不足以清偿债务的	申请破产清算

（三）破产申请材料

向人民法院提出破产申请，应当提交破产申请书和有关证据。破产申请书应当载明下列事项：① 申请人、被申请人的基本情况；② 申请目的；③ 申请的事实和理由；④ 人民法院认为应当载明的其他事项。

债务人提出申请的，还应当向人民法院提交财产状况说明、债务清册、债权清册、有关财务会计报告、职工安置预案、职工工资的支付和社会保险费用的缴纳情况。

（四）破产案件的管辖

破产案件由债务人住所地人民法院管辖。人民法院受理破产申请前，申请人可以请求撤回申请。

三、破产的受理

（一）裁定是否受理

1．作出裁定的期限

债权人提出破产申请的，人民法院应当自收到申请之日起 5 日内通知债务人。债务人对申请有异议的，应当自收到人民法院的通知之日起 7 日内向人民法院提出。人民法院应当自异议期满之日起 10 日内裁定是否受理。债务人及依法负有清算责任的人提出破产申请的，人民法院应当自收到破产申请之日起 15 日内裁定是否受理。

有特殊情况需要延长裁定受理期限的，经上一级人民法院批准，可以延长 15 日。

2. 裁定结果的告知制度

人民法院受理破产申请的，应当自裁定作出之日起 5 日内送达申请人。债权人提出申请的，人民法院应当自裁定作出之日起 5 日内送达债务人。债务人应当自裁定送达之日起 15 日内，向人民法院提交财产状况说明、债务清册、债权清册、有关财务会计报告、职工工资的支付和社会保险费用的缴纳情况。

人民法院裁定不受理破产申请的，应当自裁定作出之日起 5 日内送达申请人并说明理由。申请人对裁定不服的，可以自裁定送达之日起 10 日内向上一级人民法院提起上诉。

（二）指定管理人

人民法院裁定受理破产申请的，应当同时指定管理人。

1. 管理人的含义及其组成

管理人，是指人民法院依法受理破产申请的同时，指定的全面接管破产企业并负责破产财产的保管、清理、估价、处理和分配等破产清算事务的专门机构和个人。管理人可以由有关部门、机构的人员组成的清算组或者依法设立的律师事务所、会计师事务所、破产清算事务所等社会中介机构担任。

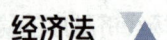

> 有下列情形之一的，不得担任管理人：① 因故意犯罪受过刑事处罚；② 曾被吊销相关专业执业证书；③ 与本案有利害关系；④ 人民法院认为不宜担任管理人的其他情形。

2. 管理人的报酬

管理人的报酬由人民法院确定。债权人会议对管理人的报酬有异议的，有权向人民法院提出。

3. 管理人的职责

管理人依法执行职务，向人民法院报告工作，并接受债权人会议和债权人委员会的监督。管理人应当列席债权人会议，向债权人会议报告职务执行情况，并回答询问。

📖 法律充电站

债权人会议是由所有依法申报债权的债权人组成，以保障债权人共同利益为目的，为实现债权人的破产程序参与权，讨论决定有关破产事宜，表达债权人意志，协调债权人行为的破产议事机构。债权人会议是全体债权人参加破产程序进行权利自治的临时机构。其权利范围和行使方式均由法律直接规定，主要是决议职能和监督职能。债权人会议是人民法院审理企业破产案件中一个重要的环节，是实现债权人破产程序参与权的机构。

债权人委员会由债权人会议选任的债权人代表和一名债务人的职工代表或者工会代表组成。债权人委员会成员应当经人民法院书面决定认可，人数不得超过 9 人。债权人委员会行使下列职权：① 监督债务人财产的管理和处分；② 监督破产财产分配；③ 提议召开债权人会议；④ 债权人会议委托的其他职权。

管理人履行下列职责：① 接管债务人的财产、印章和账簿、文书等资料；② 调查债务人财产状况，制作财产状况报告；③ 决定债务人的内部管理事务；④ 决定债务人的日常开支和其他必要开支；⑤ 在第一次债权人会议召开之前，决定继续或者停止债务人的营业；⑥ 管理和处分债务人的财产；⑦ 代表债务人参加诉讼、仲裁或者其他法律程序；⑧ 提议召开债权人会议；⑨ 人民法院认为管理人应当履行的其他职责。

为避免因管理人履行职责不当而危及债权人的利益，法律对管理人履行职责设定了一定的限制。《中华人民共和国企业破产法》（以下简称《企业破产法》）规定，管理人实施下列行为，应当及时报告债权人委员会：① 涉及土地、房屋等不动产权益的转让；② 探矿权、采矿权、知识产权等财产权的转让；③ 全部库存或者营业的转让；④ 借款；⑤ 设定财产担保；⑥ 债权和有价证券的转让；⑦ 履行债务人和对方当事人均未履行完毕的合同；⑧ 放弃权利；⑨ 担保物的取回；⑩ 对债权人利益有重大影响的其他财产处分行为。未设立债权人委员会的，管理人实施前款规定的行为应当及时报告人民法院。

《中华人民共和国企业破产法》

（三）申报债权

人民法院应当自裁定受理破产申请之日起 25 日内通知已知债权人，并予以公告。通知和公告应当载明下列事项：① 申请人、被申请人的名称或者姓名；② 人民法院受理破产申请的时间；③ 申报债权的期限、地点和注意事项；④ 管理人的名称或者姓名及其处理事务的地址；⑤ 债务人的债务人或者财产持有人应当向管理人清偿债务或者交付财产的要求；⑥ 第一次债权人会议召开的时间和地点；⑦ 人民法院认为应当通知和公告的其他事项。

> 债权申报期限自人民法院发布受理破产申请公告之日起计算，最短不得少于 30 日，最长不得超过 3 个月。

债权人应当在人民法院确定的债权申报期限内向管理人申报债权。债权人申报债权时，应当书面说明债权的数额和有无财产担保，并提交有关证据。申报的债权是连带债权的，应当说明。债务人所欠职工的工资和医疗、伤残补助、抚恤费用，所欠的应当划入职工个人账户的基本养老保险、基本医疗保险费用，以及法律、行政法规规定应当支付给职工的补偿金，不必申报，由管理人调查后列出清单并予以公示。

在人民法院确定的债权申报期限内，债权人未申报债权的，可以在破产财产最后分配前补充申报；但是，此前已进行的分配，不再对其补充分配。为审查和确认补充申报债权的费用，由补充申报人承担。

管理人收到债权申报材料后，应当登记造册，对申报的债权进行审查，并编制债权表。

（四）管理债务人财产

1. 债务人财产的构成

债务人的财产，是指破产申请受理时属于债务人的全部财产，以及破产申请受理后至破产程序终结前债务人取得的财产。人民法院受理破产申请后，债务人的债务人或者财产持有人应当向管理人清偿债务或者交付财产。

2. 债务人财产的管理

人民法院受理破产申请后，债务人的财产由管理人接管，债务人对个别债权人的债务清偿无效。管理人对债务人财产的管理主要体现在以下几点。

（1）人民法院受理破产申请后，债务人的出资人尚未完全履行出资义务的，管理人应当要求该出资人缴纳所认缴的出资，而不受出资期限的限制。

（2）债务人的董事、监事和高级管理人员利用职权从企业获取的非正常收入和侵占的企业财产，管理人应当追回。

（3）人民法院受理破产申请后，管理人可以通过清偿债务或者提供为债权人接受的担保，取回质物、留置物。

（4）人民法院受理破产申请后，债务人占有的不属于债务人的财产，该财产的权利人可以通过管理人取回。但是，法律另有规定的除外。

（5）人民法院受理破产申请后，管理人对破产申请受理前成立而债务人和对方当事人均未履行完毕的合同有权决定解除或者继续履行，并通知对方当事人。管理人自破产申请受理之日起 2 个月内未通知对方当事人，或者自收到对方当事人催告之日起 30 日内未答复的，视为解除合同。管理人决定继续履行合同的，对方当事人应当履行；但是，对方当事人有权要求管理人提供担保。管理人不提供担保的，视为解除合同。

（6）人民法院受理破产申请前 1 年内，涉及债务人财产的下列行为，管理人有权请求人民法院予以撤销：① 无偿转让财产的；② 以明显不合理的价格进行交易的；③ 对没有财产担保的债务提供财产担保的；④ 对未到期的债务提前清偿的；⑤ 放弃债权的。

法律充电站

《企业破产法》规定，债务人为逃避债务而隐匿、转移财产的，虚构债务或者承认不真实的债务的，属于无效行为。无效行为在性质上均属于欺诈行为，不论何时发生，均自始当然无效。而可撤销行为在企业正常经营情况下，属于合法有效行为，当企业进入破产程序后，法律将撤销权赋予管理人，以防止债务人对债权人权益的损害。

3. 债务的抵销

债权人在破产申请受理前对债务人负有债务的，可以向管理人主张抵销。但是，有下列情形之一的，不得抵销。

（1）债务人的债务人在破产申请受理后取得他人对债务人的债权的。

（2）债权人已知债务人有不能清偿到期债务或者破产申请的事实，对债务人负担债务的；但是，债权人因为法律规定或者有破产申请 1 年前所发生的原因而负担债务的除外。

（3）债务人的债务人已知债务人有不能清偿到期债务或者破产申请的事实，对债务人取得债权的；但是，债务人的债务人因为法律规定或者有破产申请 1 年前所发生的原因而取得债权的除外。

班级_____ 姓名_____ 学号_____

学业测评

1. 【单选题】下列主体中，可以担任破产管理人的是（　　）。
   A. 因盗窃行为受过刑事处罚的张某
   B. 破产申请受理前根据有关规定成立的行政清算组
   C. 因违法行为被吊销执业证书的王某
   D. 正在担任债务人财务顾问的李某

2. 【单选题】债权申报期限自人民法院发布受理破产申请公告之日起计算，最短不得少于（　　），最长不得超过（　　）。
   A. 30日；3个月   B. 3个月；6个月   C. 30日；6个月   D. 15日；3个月

3. 【单选题】下列关于破产管理人报酬的表述中，正确的是（　　）。
   A. 破产管理人不收取报酬   B. 破产管理人的报酬由债务人确定
   C. 破产管理人的报酬由人民法院确定   D. 破产管理人的报酬由债权人委员会确定

4. 【单选题】下列各项中，免于申报的破产债权是（　　）。
   A. 社会保障债权   B. 税收债权
   C. 对债务人特定财产享有担保权的债权   D. 职工劳动债权

5. 【单选题】管理人的产生方式为（　　）。
   A. 人民法院指定   B. 债权人会议选举   C. 债务人选定   D. 职工代表大会选举

6. 【多选题】人民法院受理破产申请前1年内，涉及债务人财产的下列行为中，管理人有权请求人民法院予以撤销的有（　　）。
   A. 债务人无偿转让财产的
   B. 债务人支付职工劳动报酬的
   C. 债务人对没有财产担保的债务提供财产担保的
   D. 债务人对未到期的债务提前清偿的

7. 【多选题】下列各项中，属于破产管理人职责的有（　　）。
   A. 调查债务人的财产状况，制作财产状况报告
   B. 决定债务人的日常开支
   C. 决定债务人的内部管理事务
   D. 管理和处分债务人的财产

8. 【多选题】人民法院受理破产申请后，关于破产申请受理前成立而债务人和对方当事人均未履行完毕的合同，下列说法正确的有（　　）。
   A. 管理人有权决定解除或者继续履行
   B. 管理人自破产申请受理之日起2个月内未通知对方当事人，视为解除合同
   C. 管理人自收到对方当事人催告之日起30日内未答复的，视为继续履行合同
   D. 管理人决定继续履行合同的，对方当事人应当履行，但有权要求管理人提供担保

9. 【判断题】破产案件由申请人所在地人民法院管辖。（　　）

10. 【判断题】人民法院受理破产申请后，债务人对个别债权人的债务清偿无效。（　　）

班级_____ 姓名_____ 学号_____

实训育才

从法律视角解读企业破产风云

一、实训目标

通过实训,强化学生对企业破产法律制度相关知识的理解,使学生能够运用法律思维分析破产企业案例。

二、实训内容

阅读案例并讨论问题。

2025年1月1日,北京东方通信设备有限公司(以下简称"东方公司")因生产经营不善,长期亏损,不能清偿到期债务。其债权人向东方公司所在地人民法院提出破产申请,该人民法院依法通知东方公司,东方公司无异议。法院受理后向东方公司发出破产裁定书,东方公司在1月5日收到后,于1月15日将公司的财产状况说明、债务清册、债权清册等资料交给法院。

人民法院受理破产申请后同时指定了管理人,管理人经过调查,发现了下列债务人处置财产的情况。

(1)2023年11月,东方公司赠与山东某商场一辆价值120万元的轿车。

(2)2024年2月,东方公司放弃了河北昌盛公司的50万元的货款债权。

(3)2024年8月,东方公司以不合理的低价向北京的代理商出售通信设备。

(4)2024年10月,东方公司为了逃避债权人的追债,将自己的一台生产设备转移到自己的控股公司。

(5)2024年11月,东方公司的前董事曾利用职权用公司20万元的流动资金为自己购置一处房产。

(6)2025年1月10日,东方公司偿还了对债权人兴隆公司的债务10万元。

思考:

(1)东方公司处置财产的情况,哪些行为应当由管理人申请人民法院撤销?请说明理由。

(2)东方公司将自己的生产设备转移到控股公司的行为是否有效?请说明理由。

(3)对于东方公司前董事的行为,管理人应该如何处理?请说明理由。

(4)东方公司对兴隆公司的债务的偿还是否有效?请说明理由。

三、实训要求

(1)提交案例讨论记录。学生以3~5人为一组,设组长1名、记录员1名,每组必须有小组讨论、工作分工的详细记录,以此作为评定考核成绩的依据。

(2)能够在规定的时间内完成相关的讨论,撰写文字小结。

四、实训流程

第一步:由教师介绍实训的目标、内容、要求,调动学生实训的积极性。

第二步:学生自由分组,确定各小组的组长和人员分工,制订小组实施计划,明确团队要做什么,要达到什么目的。

第三步:由教师介绍相关案例及讨论的话题。

第四步:各小组讨论教师布置的问题,并记录小组成员的发言。

第五步:根据小组讨论记录撰写讨论小结。

第六步:各小组相互评议,教师点评、总结。

项目八 企业破产法律制度——维护市场经济秩序的稳定

任务二 重整、和解与破产清算：解决财务困境

以案启思

甲公司因经营管理不善，不能清偿到期债务，依法申请破产。人民法院依法受理了甲公司的破产申请，并指定了管理人。经查，甲公司现有现金及实物共 100 万元、房地产 500 万元（其中 200 万元的房地产已抵押给 A 银行）、应收乙公司货款 70 万元。

甲公司待偿还的债务如下：① 欠 A 银行贷款 150 万元；② 欠丙企业材料款 100 万元；③ 欠丁企业货款 300 万元；④ 欠国家税款 250 万元；⑤ 欠职工工资、劳动保险费用 50 万元；⑥ 破产费用 20 万元。

思考

（1）对于甲公司待偿还的债务，应如何进行清偿？

（2）在人民法院宣告甲公司破产前，甲公司还可以采取哪些挽救措施？

法海拾贝

一、重整

（一）重整的概念

重整，是指当企业法人不能清偿到期债务时，不立即对其进行破产清算，而是在人民法院的主持下，由债务人与债权人达成协议，制订债务人重整计划，使债务人继续营业，并在一定期限内清偿全部或者部分债务的制度。

重整通过改善企业的经营管理，使之解决无法还债的问题，对陷入困境的企业进行从产权、资本结构到内部管理、经营战略等多方面的调整和变更，使之恢复经营，使债务人、债权人的利益得到更好的维护。

（二）重整申请

债务人或者债权人可以依照《企业破产法》的规定，直接向人民法院申请对债务人进行重整。债权人申请对债务人进行破产清算的，在人民法院受理破产申请后、宣告债务人破产前，债务人或者出资额占债务人注册资本 1/10 以上的出资人，可以向人民法院申请重整。人民法院经审查认为重整申请符合《企业破产法》规定的，应当裁定债务人重整，并予以公告。

（三）重整期间

自人民法院裁定债务人重整之日起至重整程序终止，为重整期间。

（1）在重整期间，经债务人申请，人民法院批准，债务人可以在管理人的监督下自行管

理财产和营业事务。管理人负责管理财产和营业事务的，可以聘任债务人的经营管理人员负责营业事务。

（2）在重整期间，对债务人的特定财产享有的担保权暂停行使。但是，担保物有损坏或者价值明显减少的可能，足以危害担保权人权利的，担保权人可以向人民法院请求恢复行使担保权。

（3）在重整期间，债务人或者管理人为继续营业而借款的，可以为该借款设定担保。

（4）债务人合法占有的他人财产，该财产的权利人在重整期间要求取回的，应当符合事先约定的条件。

（5）在重整期间，债务人的出资人不得请求投资收益分配。

（6）在重整期间，债务人的董事、监事、高级管理人员不得向第三人转让其持有的债务人的股权。但是，经人民法院同意的除外。

> **敲黑板**
>
> 在重整期间，有下列情形之一的，经管理人或者利害关系人请求，人民法院应当裁定终止重整程序，并宣告债务人破产：
> ① 债务人的经营状况和财产状况继续恶化，缺乏挽救的可能性；
> ② 债务人有欺诈、恶意减少债务人财产或者其他显著不利于债权人的行为；
> ③ 由于债务人的行为致使管理人无法执行职务。

（四）重整计划的制订和批准

1. 重整计划的制订

债务人或者管理人应当自人民法院裁定债务人重整之日起6个月内，同时向人民法院和债权人会议提交重整计划草案。

债务人自行管理财产和营业事务的，由债务人制作重整计划草案；管理人负责管理财产和营业事务的，由管理人制作重整计划草案。

> **小贴士**
>
> 债务人或者管理人未按期提出重整计划草案的，人民法院应当裁定终止重整程序，并宣告债务人破产。

重整计划草案应当包括下列内容：① 债务人的经营方案；② 债权分类；③ 债权调整方案；④ 债权受偿方案；⑤ 重整计划的执行期限；⑥ 重整计划执行的监督期限；⑦ 有利于债务人重整的其他方案。

2. 重整计划的批准

人民法院应当自收到重整计划草案之日起30日内召开债权人会议，对重整计划草案进行表决。

债权人依照下列债权分类，分组对重整计划草案进行表决：① 对债务人的特定财产享有担保权的债权；② 债务人所欠职工的工资和医疗、伤残补助、抚恤费用，所欠的应当划入职工个人账户的基本养老保险、基本医疗保险费用，以及法律、行政法规规定应当支付给职工的补偿金；③ 债务人所欠税款；④ 普通债权。

出席会议的同一表决组的债权人过半数同意重整计划草案，并且其所代表的债权额占该组债权总额的2/3以上的，即为该组通过重整计划草案。各表决组均通过重整计划草案时，重整计划即为通过。

自重整计划通过之日起 10 日内，债务人或者管理人应当向人民法院提出批准重整计划的申请。人民法院经审查认为符合规定的，应当自收到申请之日起 30 日内裁定批准，终止重整程序，并予以公告。

重整计划草案未获得通过且未依照法律规定获得批准，或者已通过的重整计划未获得批准的，人民法院应当裁定终止重整程序，并宣告债务人破产。

（五）重整计划的执行

1. 执行人

重整计划由债务人负责执行。人民法院裁定批准重整计划后，已接管财产和营业事务的管理人应当向债务人移交财产和营业事务。

债务人不能执行或者不执行重整计划的，人民法院经管理人或者利害关系人请求，应当裁定终止重整计划的执行，并宣告债务人破产。

2. 监督人

自人民法院裁定批准重整计划之日起，在重整计划规定的监督期内，由管理人监督重整计划的执行。在监督期内，债务人应当向管理人报告重整计划执行情况和债务人财务状况。

监督期届满时，管理人应当向人民法院提交监督报告。自监督报告提交之日起，管理人的监督职责终止。

3. 重整计划的效力

经人民法院裁定批准的重整计划，对债务人和全体债权人均有约束力。按照重整计划减免的债务，自重整计划执行完毕时起，债务人不再承担清偿责任。

二、和解

（一）和解的概念

和解，是指债务人为了避免破产清算，而与债权人就延期偿还和减免债务问题达成协议并经人民法院认可后生效的法律程序。和解并非人民法院作出破产宣告的必经程序。

（二）和解申请

债务人可以直接向人民法院申请和解；也可以在人民法院受理破产申请后、宣告债务人破产前，向人民法院申请和解。债务人申请和解，应当提出和解协议草案。

（三）和解协议的通过

人民法院经审查认为和解申请符合规定的，应当裁定和解，予以公告，并召集债权人会议讨论和解协议草案。出席会议的有表决权的债权人过半数同意，并且其所代表的债权额占无财产担保债权总额的 2/3 以上的，即为债权人会议通过和解协议。债权人会议通过和解协议的，由人民法院裁定认可，终止和解程序，并予以公告。

和解协议草案经债权人会议表决未获得通过，或者已经债权人会议通过的和解协议未获得人民法院认可的，人民法院应当裁定终止和解程序，并宣告债务人破产。

思维互动坊

某破产企业有13位债权人,债权总额为1 200万元,其中债权人甲、乙的债权合计为300万元,均有破产企业的房产作抵押,债权人甲、乙未放弃优先受偿权。债权人会议拟表决通过和解协议,10位债权人出席了债权人会议,未出席会议的3位债权人的债权合计为200万元,债权人甲、乙出席了债权人会议但未参加该项表决。表决时有6位债权人同意,其代表的债权额合计为650万元。

思考:该项和解协议是否被通过?

(四)和解协议的效力

经人民法院裁定认可的和解协议,对债务人和全体和解债权人均有约束力。和解债权人是指人民法院受理破产申请时对债务人享有无财产担保债权的人。

债务人应当按照和解协议规定的条件清偿债务。债务人不能执行或者不执行和解协议的,人民法院经和解债权人请求,应当裁定终止和解协议的执行,并宣告债务人破产。

按照和解协议减免的债务,自和解协议执行完毕时起,债务人不再承担清偿责任。

> 📢 **小贴士**
>
> 有财产担保的债权人不受和解协议的约束,自人民法院裁定和解之日起就可以行使权利。

三、破产清算

(一)破产宣告

破产宣告,是指人民法院在审理破产案件后认为债务人具备了法定的破产条件,从而作出裁定,宣告其破产的法律行为。人民法院依法宣告债务人破产的,应当自裁定作出之日起5日内送达债务人和管理人,自裁定作出之日起10日内通知已知债权人,并予以公告。

债务人被宣告破产后,债务人称为破产人,债务人财产称为破产财产,人民法院受理破产申请时对债务人享有的债权称为破产债权。

破产宣告前,有下列情形之一的,人民法院应当裁定终结破产程序,并予以公告:① 第三人为债务人提供足额担保或者为债务人清偿全部到期债务的;② 债务人已清偿全部到期债务的。

(二)破产财产的分配

1. 拟订破产财产分配方案

管理人应当及时拟订破产财产分配方案,提交债权人会议讨论。债权人会议通过破产财产分配方案后,由管理人将该方案提请人民法院裁定认可。

2. 破产财产的清偿顺序

破产财产依照下列顺序清偿。

(1)有财产担保的债权。即对破产人的特定财产享有担保权的权利人,对该特定财产享有优先受偿的权利。

(2)破产费用。人民法院受理破产申请后发生的下列费用,为破产费用:① 破产案件的诉讼费用；② 管理、变价和分配债务人财产的费用；③ 管理人执行职务的费用、报酬和聘用工作人员的费用。

（3）共益债务。人民法院受理破产申请后发生的下列债务，为共益债务：① 因管理人或者债务人请求对方当事人履行双方均未履行完毕的合同所产生的债务；② 债务人财产受无因管理所产生的债务；③ 因债务人不当得利所产生的债务；④ 为债务人继续营业而应支付的劳动报酬和社会保险费用，以及由此产生的其他债务；⑤ 管理人或者相关人员执行职务致人损害所产生的债务；⑥ 债务人财产致人损害所产生的债务。

> **小贴士**
> 无因管理，是指没有法定的或约定的义务，为避免他人利益受损失，自愿管理他人事务或为他人提供服务的行为。

（4）职工债权。即破产人所欠职工的工资和医疗、伤残补助、抚恤费用，所欠的应当划入职工个人账户的基本养老保险、基本医疗保险费用，以及法律、行政法规规定应当支付给职工的补偿金。

（5）破产人欠缴的除前项规定以外的社会保险费用和破产人所欠税款。

> **小贴士**
> 破产财产不足以清偿同一顺序的清偿要求的，按照比例分配。

（6）普通破产债权。

3．破产财产分配方案的实施

破产财产分配方案经人民法院裁定认可后，由管理人执行。

债权人未受领的破产财产分配额，管理人应当提存。债权人自最后分配公告之日起满2个月仍不领取的，视为放弃受领分配的权利，管理人或者人民法院应当将提存的分配额分配给其他债权人。

破产财产分配时，对于诉讼或者仲裁未决的债权，管理人应当将其分配额提存。自破产程序终结之日起满2年仍不能受领分配的，人民法院应当将提存的分配额分配给其他债权人。

（三）破产程序的终结

破产人无财产可供分配的，管理人应当请求人民法院裁定终结破产程序。破产人有财产可供分配的，管理人在最后分配完结后，应当及时向人民法院提交破产财产分配报告，并提请人民法院裁定终结破产程序。人民法院应当自收到管理人终结破产程序的请求之日起15日内作出是否终结破产程序的裁定。裁定终结的，应当予以公告。

管理人应当自破产程序终结之日起10日内，持人民法院终结破产程序的裁定，向破产人的原登记机关办理注销登记。

案例启示录

破产重整让企业破茧重生

一个资金链断裂，被债权人申请破产的高新技术企业该何去何从？某人民法院用破产重整给出了答案。在不到两年的时间里，这家企业获得过亿元投资后重新开始生产，职工债权获得全额清偿。

某医疗器材有限公司（以下简称"F公司"）成立于2005年，是北京市及中关村园区的"双料"高新技术企业，拥有9项国家专利技术，其中公司自主研发的核心产品NOYA（"诺言"）药物洗脱心脏支架，具有优秀的临床效果和良好的市场前景。

但从2016年起，因公司内部管理问题及市场经营方针出现偏差，公司资金链断裂，无法清偿到期债务，债权人向人民法院申请F公司破产重整。人民法院于2018年8月裁定受理此案。

考虑到公司实际情况，人民法院认为，F公司虽然暂时出现经营困难，但仍具有挽救价值。市场化和法治化重整思路，结合快速重整机制，可以促进民营企业走出危困。

为充分发挥破产重整对化解民营企业债务负担的积极作用，人民法院在受理后第一时间确立了公开招募重整投资人的审理思路。同时根据企业具体情况及管理人的申请，吸收具备行业知识的人员进入管理人团队协助接管企业。承办法官通过多方协调管理人，从第三方处接管包括3 000个病例在内的企业重整必需的核心文件资料，确保重整程序顺利推进。最终，重整计划草案一次性表决通过。

2019年8月，F公司的103名职工领取1 900余万元现金，实现职工债权全额清偿。2020年7月，F公司的59名普通债权人领取到2 200余万元偿债资金，至此，F公司普通债权50万元以下部分获得全额清偿。而且破产重整后，F公司在建成新生产基地的基础上，生产经营状况良好，企业职工工资水平稳步提升，产品销售情况正在逐渐恢复到破产前的市场份额。

启示：破产重整不但拯救了F公司，使其破茧重生，还最大限度地保障了职工和其他债权人的权益，避免了最差局面的发生。

班级_____ 姓名_____ 学号_____

学业测评

1.【单选题】下列各项中,负责执行重整计划的是( )。
   A. 债务人   B. 债权人会议的普通债权组
   C. 管理人   D. 人民法院

2.【单选题】债务人或者管理人应当自人民法院裁定债务人重整之日起( )内,同时向人民法院和债权人会议提交重整计划草案。
   A. 1个月   B. 2个月   C. 3个月   D. 6个月

3.【单选题】( )可以向人民法院申请和解。
   A. 债务人   B. 债权人
   C. 管理人   D. 债权人委员会

4.【单选题】破产财产分配方案经人民法院裁定认可后,由( )执行。
   A. 债务人   B. 债权人
   C. 管理人   D. 债权人委员会

5.【单选题】下列债务中,在清偿破产费用和共益债务后,应从破产财产中按第一顺位获得清偿的是( )。
   A. 破产人所欠职工的伤残补助   B. 破产人所欠税款
   C. 破产人所欠红十字会的捐款   D. 破产人所欠环保部门的罚款

6.【单选题】债权人会议通过和解协议,须经出席会议的有表决权的债权人过半数同意,并且其所代表的债权额占( )。
   A. 无财产担保债权总额的1/2以上   B. 全部债权总额的1/2以上
   C. 无财产担保债权总额的2/3以上   D. 全部债权总额的2/3以上

7.【多选题】下列主体中,可以向人民法院申请重整的有( )。
   A. 债务人
   B. 债权人
   C. 管理人
   D. 出资额占债务人注册资本1/10以上的出资人

8.【多选题】下列各项中,属于共益债务的有( )。
   A. 因债务人不当得利所产生的债务
   B. 破产案件的诉讼费用
   C. 管理人聘用工作人员发生的费用
   D. 为债务人继续营业而应支付的劳动报酬

9.【判断题】经人民法院裁定批准的重整计划,对债务人和全体债权人均有约束力。
( )

10.【判断题】债权人未受领的破产财产分配额,视为放弃受领分配的权利,管理人应于最后分配公告之日将其分配给其他债权人。( )

班级_____ 姓名_____ 学号_____

实训育才

剖析破产企业案例

一、实训目标

通过实训，强化学生对企业破产法律制度相关知识的理解和运用，使学生能够将所学理论运用到真实的破产企业案例中。

二、实训内容

通过互联网等途径搜集真实的破产企业案例，并作出案例分析，将理论知识与实际运用结合起来。

三、实训要求

（1）搜集企业破产案例资料，并结合所学知识对案例作出分析。
（2）对案例所作的分析合理、准确。

四、实训流程

第一步：学生自由分成若干小组，每组 6~8 人。每组设组长 1 名。
第二步：各小组通过互联网等途径搜集一个真实的破产企业案例，并结合本项目所学知识对案例进行分析。分析企业破产法律知识在真实案例中是如何运用的。
第三步：各小组分析、讨论、撰写文字小结。
第四步：各小组相互评议，教师点评、总结。

项目九

知识产权法律制度
——保护智力劳动的成果

项目导读

知识产权，也称知识财产权，是指人们对于自己的智力活动创造的成果和经营管理活动中的标记、信誉依法享有的权利。知识产权是一种无形财产，它与房屋、汽车等有形财产一样，具有价值并受到国家法律的保护。

近年来，随着国家创新战略的深入实施，各级执法司法部门对知识产权的保护力度不断加大，激发出全社会的创新创造活力，为我国经济进入高质量发展提供了有力支持。然而，在经济利益的驱使之下，一些市场主体却背弃诚信原则，弄虚作假、投机取巧，肆意侵犯其他企业的知识产权，严重损害了他人的合法权益。这些傍名牌、蹭热度、非法实施他人专利的不法行为扰乱了市场公平竞争的秩序，阻碍了经济的高质量发展。因此，做好知识产权保护，对个人、企业和国家都具有十分重要的意义。

本项目主要介绍知识产权中的商标法律制度和专利法律制度，主要内容如图9-1所示。

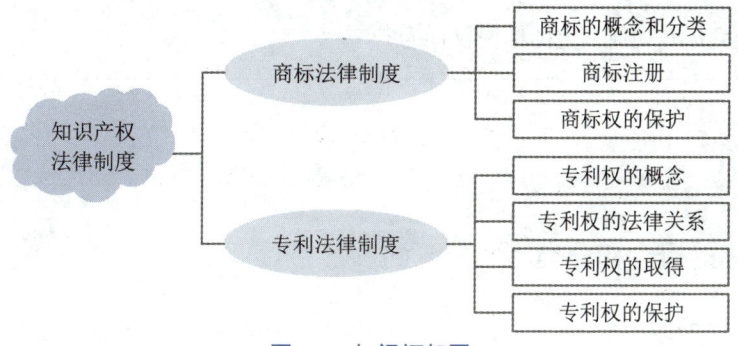

图9-1　知识框架图

学习目标

知识目标
（1）了解商标的概念和分类、商标注册的原则、专利的申请原则。
（2）熟悉专利权的主体和客体、授予专利权的条件、注册商标的保护期限、专利权的期限、商标侵权行为和专利侵权行为。

能力目标
（1）能够识别商标侵权行为并作出法律上的保护。
（2）能够识别专利侵权行为并作出法律上的保护。

素质目标
树立尊重知识产权、保护知识产权的意识。

任务一 商标法律制度：促进企业健康发展

以案启思

"饿了么""饿了吗"……两者是不是让人有点分不清？

"饿了么"是非常火的外卖平台，而"饿了吗"则是个没有实际经营行为的皮包公司。若不是将名字摆在一起，一般人还真分不出谁是谁，如此便不难理解为什么"饿了么"会将对方告上法庭。

2020年，北京市朝阳区人民法院判处饿了吗餐饮管理（北京）有限公司立即变更其企业名称，变更后的企业名称中不得含有与"饿了么"相同或者近似的文字，并赔偿饿了么关联公司拉扎斯网络科技（上海）有限公司1万元。

像这样的商标纠纷还有很多，但并不是每一个相近的名称都构成侵权。2019年，"海底捞"以商标侵权为由，将"河底捞"告到了法院，但法院认为被告"河底捞"不构成对"海底捞"注册商标的侵权，驳回了原告"海底捞"的诉讼请求。

> **思考**
> 什么是商标？如何认定商标侵权行为？

法海拾贝

一、商标的概念和分类

（一）商标的概念

商标是商品生产者、经营者或者服务项目的提供者为使自己生产、销售的商品或者提供的服务与他人生产、销售的商品或者提供的服务区别开来而使用的一种标记。商标置于商品表面或包装上、服务场所及商品说明书上。商标的构成要素可以是文字、图形、字母、数字、三维标志、颜色组合和声音等，也可以是上述要素的组合。

（二）商标的分类

依据不同的划分标准，可将商标分成不同的种类，具体如表9-1所示。

表9-1 商标的分类

划分标准	商标的类型
按照使用对象划分	商品商标、服务商标
按照使用目的划分	集体商标、证明商标

续表

划分标准	商标的类型
按照是否注册划分	注册商标、非注册商标
按照构成要素划分	文字商标、图形商标、字母商标、数字商标、三维标志商标、颜色组合商标、声音商标、组合商标
按照知名度的高低和保护范围的大小划分	普通商标、知名商标、驰名商标

二、商标注册

商标注册是指商标使用人将其使用的商标依照法定的条件和程序，向商标局提出注册申请，经商标局审核批准后，依法取得商标专用权的法律活动。

（一）商标注册的原则

1. 自愿注册与强制注册相结合的原则

我国对大部分商品或者服务项目使用的商标，采用自愿注册原则，即商标所有人根据其意愿，自主决定是否申请商标注册；与此同时，对部分商品实行强制注册原则。根据《中华人民共和国商标法》（以下简称《商标法》）的规定，法律、行政法规规定必须使用注册商标的商品，必须申请商标注册，未经核准注册的，不得在市场销售。法律、行政法规规定必须使用注册商标的商品，一般限于与人们生活关系密切、涉及人身安全和健康的少数商品，如人用药品和烟草制品等。

2. 诚实信用原则

申请注册商标应遵循诚实信用原则。诚实信用原则要求商标申请人在申请注册商标的活动中，以善意为之，不得为谋取自己的利益去损害他人的合法权益和社会公共利益。

3. 显著原则

申请注册的商标应当具有显著性，便于识别，并不得与他人在先取得的合法权利相冲突。根据《商标法》的规定，下列标志不得作为商标注册：① 仅有本商品的通用名称、图形、型号的；② 仅直接表示商品的质量、主要原料、功能、用途、重量、数量及其他特点的；③ 其他缺乏显著特征的。

4. 先申请原则

先申请原则是指按照申请注册的先后顺序来确定商标专用权的归属。根据《商标法》的规定，两个或者两个以上的商标注册申请人，在同一种商品或者类似商品上，以相同或者近似的商标申请注册的，初步审定并公告申请在先的商标；同一天申请的，初步审定并公告使用在先的商标，驳回其他人的申请，不予公告。

5. 优先权原则

商标注册申请人自其商标在外国第一次提出商标注册申请之日起 6 个月内，又在中国就相同商品以同一商标提出商标注册申请的，可以享有优先权。商标在中国政府主办的或者承认的国际展览会展出的商品上首次使用的，自该商品展出之日起 6 个月内，该商标的注册申请人可以享有优先权。

6. 商标合法原则

申请注册的商标不得使用法律禁止的标志。根据《商标法》的规定，下列标志不得作为商标使用。

（1）同中华人民共和国的国家名称、国旗、国徽、国歌、军旗、军徽、军歌、勋章等相同或者近似的，以及同中央国家机关的名称、标志、所在地特定地点的名称或者标志性建筑物的名称、图形相同的。

（2）同外国的国家名称、国旗、国徽、军旗等相同或者近似的，但经该国政府同意的除外。

（3）同政府间国际组织的名称、旗帜、徽记等相同或者近似的，但经该组织同意或者不易误导公众的除外。

（4）与表明实施控制、予以保证的官方标志、检验印记相同或者近似的，但经授权的除外。

（5）同"红十字""红新月"的名称、标志相同或者近似的。

（6）带有民族歧视性的。

（7）带有欺骗性，容易使公众对商品的质量等特点或者产地产生误认的。

（8）有害于社会主义道德风尚或者有其他不良影响的。

（二）商标注册的申请

国内申请人申请商标注册，可以自行办理，也可以委托依法设立的商标代理机构办理。外国人或者外国企业在中国申请商标注册和办理其他商标事宜的，应当委托依法设立的商标代理机构办理。

商标注册申请人应当按规定的商品分类表填报使用商标的商品类别和商品名称，提出注册申请。商标注册申请人可以通过一份申请就多个类别的商品申请注册同一商标。

申请商标注册不得损害他人现有的在先权利，也不得以不正当手段抢先注册他人已经使用并有一定影响的商标。

（三）商标注册的审查和核准

1. 商标注册的审查

对申请注册的商标，商标局应当自收到商标注册申请文件之日起 9 个月内审查完毕，符合规定的，予以初步审定公告；不符合规定或者他人在同一种商品或者类似商品上已经注册的或者初步审定的商标相同或者近似的，驳回申请，不予公告。

对驳回申请、不予公告的商标，商标局应当书面通知商标注册申请人。商标注册申请人不服的，可以自收到通知之日起 15 日内向商标评审委员会申请复审。

2. 商标注册的核准

对初步审定公告的商标，自公告之日起 3 个月内，在先权利人、利害关系人可以依法向商标局提出异议。公告期满无异议的，予以核准注册，发给商标注册证，并予以公告。

对初步审定公告的商标提出异议的，商标局应当听取异议人和被异议人陈述事实和理由，经调查核实后，自公告期满之日起 12 个月内作出是否准予注册的决定，并书面通知异议人和被异议人。有特殊情况需要延长的，经相关管理部门批准，可以延长 6 个月。

商标局作出不予注册决定，被异议人不服的，可以自收到通知之日起 15 日内向商标评审委员会申请复审。

在商品的外包装上，我们经常看到的"TM"和"®"是什么意思？

三、商标权的保护

（一）注册商标的保护期限

注册商标的有效期为 10 年，自核准注册之日起计算。注册商标有效期满，需要继续使用的，商标注册人应当在期满前 12 个月内按照规定办理续展手续；在此期间未能办理的，可以给予 6 个月的宽展期。每次续展注册的有效期为 10 年，自该商标上一届有效期满次日起计算。期满未办理续展手续的，注销其注册商标。

（二）商标侵权行为

商标注册人拥有依法支配其注册商标并禁止他人侵害的权利，包括商标注册人对其注册商标的排他使用权、收益权、处分权、续展权和禁止他人侵害的权利。

根据《商标法》的规定，有下列行为之一的，均属侵犯注册商标专用权。

（1）未经商标注册人的许可，在同一种商品上使用与其注册商标相同的商标的。

（2）未经商标注册人的许可，在同一种商品上使用与其注册商标近似的商标，或者在类似商品上使用与其注册商标相同或者近似的商标，容易导致混淆的。

（3）销售侵犯注册商标专用权的商品的。

（4）伪造、擅自制造他人注册商标标识或者销售伪造、擅自制造的注册商标标识的。

（5）未经商标注册人同意，更换其注册商标并将该更换商标的商品又投入市场的。

（6）故意为侵犯他人商标专用权行为提供便利条件，帮助他人实施侵犯商标专用权行为的。

（7）给他人的注册商标专用权造成其他损害的。

（三）侵犯注册商标专用权的法律责任

因侵犯注册商标专用权行为引起纠纷的，由当事人协商解决；不愿协商或者协商不成的，商标注册人或者利害关系人可以向人民法院起诉，也可以请求相关行政管理部门处理。

侵犯商标专用权的赔偿数额，按照权利人因被侵权所受到的实际损失确定；实际损失难以确定的，可以按照侵权人因侵权所获得的利益确定；权利人的损失或者侵权人获得的利益难以确定的，参照该商标许可使用费的倍数合理确定。对恶意侵犯商标专用权，情节严重的，可以在按照上述方法确定数额的 1 倍以上 5 倍以下确定赔偿数额。赔偿数额应当包括权利人为制止侵权行为所支付的合理开支。

工商行政管理部门处理时，认定侵权行为成立的，责令立即停止侵权行为，没收、销毁侵权商品和主要用于制造侵权商品、伪造注册商标标识的工具，违法经营额 5 万元以上的，可以处违法经营额 5 倍以下的罚款，没有违法经营额或者违法经营额不足 5 万元的，可以处

25 万元以下的罚款。

销售不知道是侵犯注册商标专用权的商品，能证明该商品是自己合法取得并说明提供者的，由工商行政管理部门责令停止销售，不予罚款，也不承担民事赔偿责任。

未经商标注册人许可，在同一种商品上使用与其注册商标相同的商标，构成犯罪的，除赔偿被侵权人的损失外，依法追究刑事责任。伪造、擅自制造他人注册商标标识或者销售伪造、擅自制造的注册商标标识，构成犯罪的，除赔偿被侵权人的损失外，依法追究刑事责任。销售明知是假冒注册商标的商品，构成犯罪的，除赔偿被侵权人的损失外，依法追究刑事责任。

班级_____ 姓名_____ 学号_____

学业测评

1.【单选题】对申请注册的商标，商标局应当自收到商标注册申请文件之日起（　　）内审查完毕，符合规定的，予以初步审定公告。
  A. 15日   B. 30日   C. 3个月   D. 9个月

2.【单选题】注册商标的有效期为（　　），自核准注册之日起计算。
  A. 1年   B. 3年   C. 5年   D. 10年

3.【单选题】按照是否注册划分，商标可分为（　　）。
  A. 商品商标、服务商标   B. 集体商标、证明商标
  C. 注册商标、非注册商标   D. 普通商标、知名商标、驰名商标

4.【单选题】下列商品中，属于法律、行政法规规定必须使用注册商标的是（　　）。
  A. 卷烟   B. 服装   C. 食品   D. 化妆品

5.【多选题】商标注册应遵循的原则有（　　）。
  A. 先申请原则   B. 显著原则
  C. 诚实信用原则   D. 自愿注册与强制注册相结合的原则

6.【多选题】下列可以作为商标标识的有（　　）。
  A. 声音   B. 字母   C. 数字   D. 图形

7.【多选题】下列情形中，不得申请商标注册的有（　　）。
  A. 甲公司拟使用"红十字"标志申请商标注册
  B. 乙公司拟以自己未作为商标使用的某产品的通用名称申请商标注册
  C. 丙公司拟使用中央国家机关的名称申请商标注册
  D. 丁公司拟使用中华人民共和国国徽图案申请商标注册

8.【多选题】下列行为中，侵犯注册商标专用权的有（　　）。
  A. 未经商标注册人许可，在同种商品上使用与其注册商标相同的商标
  B. 未经商标注册人许可，在类似商品上使用与其注册商标近似的商标，容易导致混淆的
  C. 销售侵犯注册商标专用权的商品
  D. 使用侵犯注册商标专用权的商品

9.【判断题】注册商标有效期满，需要继续使用的，商标注册人应当在期满前12个月内按照规定办理续展手续；在此期间未能办理的，可以给予6个月的宽展期。（　　）

10.【判断题】商标局作出不予公告决定，商标注册申请人不服的，可以向商标评审委员会申请复审。（　　）

11.【判断题】申请商标注册不得损害他人现有的在先权利，也不得以不正当手段抢先注册他人已经使用并有一定影响的商标。（　　）

12.【判断题】销售不知道是侵犯注册商标专用权的商品，能证明该商品是自己合法取得并说明提供者的，不承担赔偿责任。（　　）

班级_____ 姓名_____ 学号_____

实训育才

商标点亮商海蓝图

一、实训目标

通过实训，强化学生对商标法律制度相关知识的理解，使学生能够将市场考察和理论实践相结合，同时培养学生的设计创意能力。

二、实训内容

设计商品商标或服务商标。

三、实训要求

设计的商标符合相关法律规定。

四、实训流程

第一步：学生自由分成若干小组，每组3～5人。

第二步：每个小组根据《公司法》设立公司并确定经营项目，为本公司商品或服务设计商标。

第三步：各小组将自己设计的商标在课堂上进行展示、交流。

第四步：各小组相互评议，教师点评、总结。

项目九 知识产权法律制度——保护智力劳动的成果

任务二 专利法律制度：助力发明创造

以案启思

王某经营私营店，该店处于繁华地段，顾客很多。经过长期观察，王某发现各种商品的摆放位置不同，就会引起销售额的变化。于是，经过研究，王某发明了一种最大限度地增加营业额的商品摆放方法，并就此方法申请专利。

思考

王某的申请可否得到国家专利行政部门的批准？为什么？

法海拾贝

一、专利权的概念

专利权，是指专利权人在法定期限内对其发明创造成果享有的专有权利。它是国家专利行政部门授予发明人或申请人生产经营其发明创造并禁止他人生产经营其发明创造的某种特权，是对发明创造的独占的排他性。

二、专利权的法律关系

（一）专利权的主体

专利权的主体是指申请并获得专利权的单位和个人。专利权的主体可分为发明人或者设计人、发明人或者设计人所属单位两类。

1. **发明人或者设计人**

发明人或者设计人是指对发明创造的实质性特征作出创造性贡献的自然人。非职务发明创造，申请专利的权利属于发明人或者设计人；申请被批准后，该发明人或者设计人为专利权人。

2. **发明人或者设计人所属单位**

执行本单位的任务或者主要是利用本单位的物质技术条件所完成的发明创造为职务发明创造。职务发明创造申请专利的权利属于该单位，申请被批准后，该单位为专利权人。

（二）专利权的客体

专利权的客体，又称专利法保护的对象，是指可以获得专利法保护的发明创造。《中华人民共和国专利法》（以下简称《专利法》）规定的发明创造是指发明、实用新型和外观设计。

1. **发明**

发明是指对产品、方法或者其改进所提出的新的技术方案。发明分为产品发明、方法发明和改进发明三类。

2. 实用新型

实用新型是指对产品的形状、构造或者其结合所提出的适于实用的新的技术方案，即人们常说的"小发明"，技术水平要求比发明低。实用新型仅限于产品，不包括方法。

3. 外观设计

外观设计是指对产品的整体或者局部的形状、图案或者其结合及色彩与形状、图案的结合所作出的富有美感并适于工业应用的新设计。

  思维互动坊

你所知道的发明专利、实用新型专利和外观设计专利都有哪些？

（三）专利权的内容

专利权的内容是指专利权人依法享有的各种权利和应承担的义务。

1. 专利权人的权利

专利权人享有的主要权利如表 9-2 所示。

表 9-2 专利权人的权利

权利	内涵
独占权	发明或实用新型专利权被授予后，任何单位或者个人未经专利权人许可，都不得实施其专利，即不得为生产经营目的制造、使用、许诺销售、销售、进口其专利产品，或者使用其专利方法及使用、许诺销售、销售、进口依照该专利方法直接获得的产品
	外观设计专利权被授予后，任何单位或者个人未经专利权人许可，都不得实施其专利，即不得为生产经营目的制造、许诺销售、销售、进口其外观设计专利产品
许可权	专利权人有权许可他人实施其专利技术并收取专利使用费
转让权	专利申请权和专利权可以转让
请求保护权	当专利权受到不法侵害时，专利权人有权要求侵犯人停止侵权行为并赔偿经济损失

2. 专利权人的义务

（1）专利权人应当自被授予专利权的当年开始缴纳年费。

（2）专利权人应当在法律允许的范围内选择其利用专利权的方式，并适度地行使自己的权利。

三、专利权的取得

（一）专利申请原则

1. 书面原则

申请发明或者实用新型专利的，应当提交请求书、说明书及其摘要和权利要求书等文件。申请外观设计专利的，应当提交请求书、该外观设计的图片或者照片及对该外观设计的简要说明等文件。

2. 单一性原则

单一性原则，也称一发明一申请原则，即一件专利申请只限于一项发明创造。

3. 先申请原则

两个以上的申请人分别就同样的发明创造申请专利的，专利权授予最先申请的人。

4. 优先权原则

申请人自发明或者实用新型在外国第一次提出专利申请之日起12个月内，或者自外观设计在外国第一次提出专利申请之日起6个月内，又在中国就相同主题提出专利申请的，可以享有优先权。申请人自发明或者实用新型在中国第一次提出专利申请之日起12个月内，或者自外观设计在中国第一次提出专利申请之日起6个月内，又向国务院专利行政部门就相同主题提出专利申请的，可以享有优先权。

（二）授予专利权的条件

1. 发明和实用新型专利授权的条件

授予专利权的发明和实用新型，应当具备新颖性、创造性和实用性。

1）新颖性

新颖性，是指该发明或者实用新型不属于现有技术；也没有任何单位或者个人就同样的发明或者实用新型在申请日以前向国务院专利行政部门提出过申请，并记载在申请日以后公布的专利申请文件或者公告的专利文件中。

> **敲黑板**
>
> 申请专利的发明创造在申请日以前6个月内，有下列情形之一的，不丧失新颖性：① 在国家出现紧急状态或者非常情况时，为公共利益目的首次公开的；② 在中国政府主办或者承认的国际展览会上首次展出的；③ 在规定的学术会议或者技术会议上首次发表的；④ 他人未经申请人同意而泄露其内容的。

2）创造性

创造性，是指与现有技术相比，该发明具有突出的实质性特点和显著的进步，该实用新型具有实质性特点和进步。

3）实用性

实用性，是指该发明或者实用新型能够制造或者使用，并且能够产生积极效果。

2. 外观设计专利授权的条件

（1）授予专利权的外观设计，应当不属于现有设计；也没有任何单位或者个人就同样的外观设计在申请日以前向国务院专利行政部门提出过申请，并记载在申请日以后公告的专利文件中。

（2）授予专利权的外观设计与现有设计或者现有设计特征的组合相比，应当具有明显区别。

（3）授予专利权的外观设计不得与他人在申请日以前已经取得的合法权利相冲突。

> **敲黑板**
>
> 对下列各项，不授予专利权：① 科学发现；② 智力活动的规则和方法；③ 疾病的诊断和治疗方法；④ 动物和植物品种；⑤ 原子核变换方法及用原子核变换方法获得的物质；⑥ 对平面印刷品的图案、色彩或者二者的结合作出的主要起标识作用的设计。

（三）专利权的审查和批准

1. 发明专利的审查和批准

国务院专利行政部门收到发明专利申请后，经初步审查认为符合要求的，自申请日起满18个月，即行公布。国务院专利行政部门可以根据申请人的请求早日公布其申请。

发明专利申请自申请日起3年内，国务院专利行政部门可以根据申请人随时提出的请求，对其申请进行实质审查；申请人无正当理由逾期不请求实质审查的，该申请即被视为撤回。国务院专利行政部门认为必要的时候，可以自行对发明专利申请进行实质审查。

专利申请的受理、审查和批准

国务院专利行政部门对发明专利申请进行实质审查后，认为不符合规定的，应当通知申请人进行修改，经修改后仍不符合规定的，应当予以驳回。专利申请人对国务院专利行政部门驳回申请的决定不服的，可以自收到通知之日起3个月内向国务院专利行政部门请求复审。

发明专利申请经实质审查没有发现驳回理由的，由国务院专利行政部门作出授予发明专利权的决定，发给发明专利证书，同时予以登记和公告。发明专利权自公告之日起生效。

2. 实用新型和外观设计的审查和批准

实用新型和外观设计专利申请经初步审查没有发现驳回理由的，由国务院专利行政部门作出授予实用新型专利权或者外观设计专利权的决定，发给相应的专利证书，同时予以登记和公告。实用新型专利权和外观设计专利权自公告之日起生效。

四、专利权的保护

（一）专利权的期限

发明专利权的期限为20年，实用新型专利权的期限为10年，外观设计专利权的期限为15年，均自申请日起计算。超过保护期限就进入公共领域，任何人均可以使用。

（二）专利侵权行为

专利侵权行为是指未经专利权人许可而实施其专利的行为。专利侵权行为主要表现在以下几个方面。

1. 非法实施他人专利

非法实施他人专利主要是指：① 未经发明或者实用新型专利权人许可，为生产经营目的制造、使用、许诺销售、销售、进口其专利产品，或者使用其专利方法，以及使用、许诺销售、销售、进口依照该专利方法直接获得的产品；② 未经外观设计专利权人许可，为生产经营目的制造、许诺销售、销售、进口其外观设计专利产品。

2. 假冒他人专利

假冒他人专利主要是指：① 在未被授予专利权的产品或者其包装上标注专利标识，专利权被宣告无效后或者终止后继续在产品或者其包装上标注专利标识，或者未经许可在产品或者产品包装上标注他人的专利号；② 销售第①项所述产品；③ 在产品说明书等材料中将未被授予专利权的技术或者设计称为专利技术或者专利设计，将专利申请称为专利，或者未经许可使用他人的专利号，使公众将所涉及的技术或者设计误认为是专利技术或者专利设计；

④ 伪造或者变造专利证书、专利文件或者专利申请文件；⑤ 其他使公众混淆，将未被授予专利权的技术或者设计误认为是专利技术或者专利设计的行为。

> **敲黑板**
>
> 有下列情形之一的，不视为侵犯专利权：① 专利产品或者依照专利方法直接获得的产品，由专利权人或者经其许可的单位、个人售出后，使用、许诺销售、销售、进口该产品的；② 在专利申请日前已经制造相同产品、使用相同方法或者已经作好制造、使用的必要准备，并且仅在原有范围内继续制造、使用的；③ 专为科学研究和实验而使用有关专利的；④ 为提供行政审批所需要的信息，制造、使用、进口专利药品或者专利医疗器械的，以及专门为其制造、进口专利药品或者专利医疗器械的；⑤ 法律、法规规定的其他情形。

思维互动坊

甲公司于 2020 年 12 月向国务院专利行政部门提出某产品生产方法的专利申请，2021 年 4 月被授予专利权。下列未经甲公司许可而实施的行为中，属于侵犯甲公司专利权的有（　　）。
A. 技术人员张某在实验室中专为科学实验使用甲公司的专利方法
B. 乙公司购买甲公司获得专利权的产品后销售给丙公司
C. 王某购买甲公司获得专利权的产品后自行使用
D. 某网店明知是假冒甲公司专利的产品仍然销售
E. 丁公司在 2019 年 1 月已经以相同的方法生产出该种产品，在甲公司获得专利权后，丁公司在原有范围内继续使用甲公司的专利方法
F. 戊公司在专利许可协议期满后，继续使用甲公司的专利方法

（三）侵犯专利权的法律责任

未经专利权人许可，实施其专利，即侵犯其专利权，引起纠纷的，由当事人协商解决；不愿协商或者协商不成的，专利权人或者利害关系人可以向人民法院起诉，也可以请求管理专利工作的部门处理。

侵犯专利权的赔偿数额按照权利人因被侵权所受到的实际损失或者侵权人因侵权所获得的利益确定；权利人的损失或者侵权人获得的利益难以确定的，参照该专利许可使用费的倍数合理确定。对故意侵犯专利权，情节严重的，可以在按照上述方法确定数额的 1 倍以上 5 倍以下确定赔偿数额。赔偿数额还应当包括权利人为制止侵权行为所支付的合理开支。

《中华人民共和国著作权法》

假冒专利的，除依法承担民事责任外，由负责专利执法的部门责令改正并予公告，没收违法所得，可以处违法所得 5 倍以下的罚款；没有违法所得或者违法所得在 5 万元以下的，可以处 25 万元以下的罚款；构成犯罪的，依法追究刑事责任。

> **敲黑板**
>
> 销售不知道是假冒专利的产品，并且能够证明该产品合法来源的，由管理专利工作的部门责令停止销售，不予罚款，也不承担民事赔偿责任。

案例启示录

保护知识产权就是保护创新

"理赔难"是萦绕保险业的痼疾。传统医疗险采取"被保险人看病，医院治病收钱，保险公司赔付买单"的运营模式，手续烦琐，理赔时间往往超过1个月，甚至长达几个月，严重影响客户体验。

2009年，某保险集团股份有限公司（以下简称"T公司"）积极寻求与医疗机构合作，创新性推出了颠覆传统理赔模式的"健保通"服务网络，通过将公司核心业务系统与医院HIS系统直联互通，实现了客户出院即结算，最大限度简化了理赔手续，节约了患者的时间与精力。

此外，2020年，"健保通"开通住院免押金服务，客户可在健保通住院免押金医院享受"先诊疗，后付费"结算服务。住院免押金服务与"健保通"商保一站式理赔服务相结合，为客户打造了"入院免押金，出院即理赔"的闭环极致服务体验。

搭建商保支付高速路，让理赔蜕变，打通商保支付的"最后一公里"，让系统多"跑腿"，让客户真正享受到出院即理赔的便捷服务。

2014年，T公司健康险事业部启动"健保通"商标注册工作，并于2016年成功取得商标权，核定使用服务项目第36类，即保险、保险经纪、健康保险、人寿保险、保险咨询及保险信息等，以服务于"健保通"业务的拓展。

但就在T公司投入巨大人力、财力，不断完善"健保通"服务、品牌的同时，侵权行为却悄然发生。上海××健康管理有限公司、上海××典垚科技有限公司及其全资子公司杭州××健康管理有限公司（以下简称"Y公司"），分别通过其官方网站、手机App、微信公众号、微博等渠道宣传"医保通更名为健保通"，并以"健保通"对外运营，从事"直付理赔""拍照理赔""理赔外包"等保险理赔服务。造成相关用户和社会公众的混淆、误认。Y公司在启用"健保通"商标后7个月内，其公司管理资金规模由9亿元快速增长至50亿元，并与30余家保险公司联合推出"健保通"理赔服务卡。侵权行为令Y公司获得巨大非法收益。

由此，T公司多部门联动协同，进行涉及北京、武汉十余起关联案件的维权。双方一审、二审互诉，T公司最终获终审胜诉，捍卫"健保通"商标，Y公司向T公司支付赔偿款及诉讼费637万元。

启示： 创新是引领发展的第一动力，保护知识产权就是保护创新。对于市场主体来说，知识产权法律制度的意义更多地在于激励和保障。若没有这把"保护伞"，创新的动力或将明显降低。一定程度而言，如果可以随意"搭便车""走捷径"，盗取他人历经百般艰辛得到的创新成果，那么，又会有多少人愿意投入时间、精力和资金去从事创新呢？因此，我们每个人都应树立尊重知识产权、保护知识产权的法律意识。

班级_____ 姓名_____ 学号_____

学业测评

1.【单选题】发明专利权的期限为（　　）年。
　　A．10　　　　B．20　　　　C．25　　　　D．30

2.【单选题】2019年，甲公司决定由本公司科研人员张某负责组建团队进行一项发明创造。2022年4月，张某带领其团队完成了该项任务。该项发明创造申请专利的主体是（　　）。
　　A．甲公司　　　　　　　　　　B．张某
　　C．张某组建的团队　　　　　　D．张某及张某组建的团队

3.【单选题】下列各项中，不授予专利权的是（　　）。
　　A．药品的生产方法
　　B．对产品的构造提出的适于实用的新的技术方案
　　C．对平面印刷品的图案作出的主要起标识作用的设计
　　D．对产品的形状作出的富有美感并适于工业应用的新设计

4.【单选题】申请人自发明或者实用新型在中国第一次提出专利申请之日起（　　）内，又向国务院专利行政部门就相同主题提出专利申请的，可以享有优先权。
　　A．3个月　　　B．6个月　　　C．12个月　　　D．18个月

5.【单选题】申请专利的发明创造在申请日以前6个月内，存在特定情形的，不丧失新颖性。下列各项中，不属于该特定情形的是（　　）。
　　A．申请人向媒体披露其内容的
　　B．他人未经申请人同意而泄露其内容的
　　C．在规定的学术会议或者技术会议上首次发表的
　　D．在中国政府主办或者承认的国际展览会上首次展出的

6.【多选题】未经专利权人许可的下列行为中，不构成侵犯专利权的有（　　）。
　　A．丙科研院使用赵某的专利技术并专为科学研究
　　B．王某将购买的专利产品出售给李某
　　C．丁公司在专利许可协议期满后，在专利有效期内继续生产该专利产品
　　D．乙公司在甲公司申请专利之前已经制造某产品，在甲公司就相同产品获得专利权后，乙公司在原有范围内继续生产该产品

7.【多选题】专利权客体包括（　　）。
　　A．发明　　　B．发现　　　C．实用新型　　　D．外观设计

8.【多选题】授予专利权的实用新型，应当具备（　　）。
　　A．新颖性　　　B．创造性　　　C．实用性　　　D．美观性

9.【判断题】发明、实用新型和外观设计专利权的保护期限自专利权授权公告之日起计算。　　　　　　　　　　　　　　　　　　　　　　　　　　　　（　　）

10.【判断题】专利申请人可以是发明人个人，也可以是职务发明的单位。　（　　）

班级_____ 姓名_____ 学号_____

实训育才

以案说法，洞察专利侵权迷局

一、实训目标

通过实训，强化学生对专利法律制度相关知识的理解，使学生能够识别专利侵权行为，树立知识产权保护意识。

二、实训内容

阅读案例并讨论问题。

> 某医学院老师王某发明了一种教学仪器"眼球仪"，获得了国家专利局授予的专利权。其后，王某与浙江某教学仪器厂订立了专利实施的许可合同。半年后，王某发现某省教学仪器公司购买的 150 台眼球仪与自己的发明专利完全相同，但不是上述被许可厂家生产的。经调查，这批眼球仪的制造者是南京某教学仪器厂，该厂是仿照从市场上买到的浙江某教学仪器厂的产品生产的。同时，王某还发现某大学实验室也仿制了几台眼球仪，在科研中使用。
>
> 思考：
> (1) 谁侵犯了王某的专利权？请说明理由。
> (2) 王某可通过哪些途径请求保护自己的专利权？

三、实训要求

（1）提交案例讨论记录。学生以 3~5 人为一组，设组长 1 名、记录员 1 名，每组必须有小组讨论、工作分工的详细记录，以此作为评定考核成绩的依据。

（2）能够在规定的时间内完成相关的讨论，撰写文字小结。

四、实训流程

第一步：由教师介绍实训的目标、内容、要求，调动学生实训的积极性。

第二步：学生自由分组，确定各小组的组长和人员分工，制订小组实施计划，明确团队要做什么，要达到什么目的。

第三步：由教师介绍相关案例并提出问题。

第四步：各小组对教师布置的问题展开讨论，并记录小组成员的发言。

第五步：根据小组讨论记录撰写讨论小结。

第六步：各小组相互评议，教师点评、总结。

项目十

市场管理法律制度
——建立市场经济秩序的关键

项目导读

良好的市场公平竞争秩序,事关企业特别是中小企业的健康发展及人民群众权益的保护,是推动高质量发展和建设高标准市场体系的内在要求。为了建立良好的市场公平竞争秩序,制止不正当竞争行为,保护合法经营,保护经营者和消费者的合法权益,我国制定了一系列市场管理法律制度。

本项目主要介绍反不正当竞争法律制度和消费者权益保护法律制度,主要内容如图 10-1 所示。

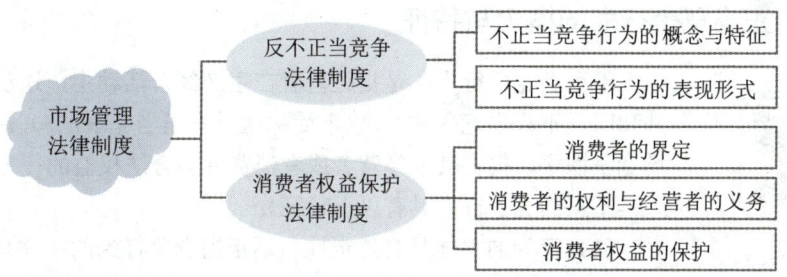

图 10-1　知识框架图

学习目标

知识目标

(1) 了解不正当竞争行为的概念与特征、消费者的含义。

(2) 熟悉不正当竞争行为的表现形式、消费者的权利与经营者的义务、侵犯消费者合法权益行为的法律责任。

(3) 掌握解决消费者权益争议的途径。

能力目标

(1) 能够正确判断消费者的权利是否受到侵害及何种权利受到了侵害。

(2) 能够按照《中华人民共和国消费者权益保护法》(以下简称《消费者权益保护法》)的规定正确行使权益。

(3) 能够识别不正当竞争行为,并采取合法手段维护市场经济秩序。

素质目标

树立消费者权益保护意识。

任务一　反不正当竞争法律制度：维护市场公平

以案启思

某商场在"十一黄金周"期间挂出一条"10月1日至10月7日在本商场购买商品达1 000元者，本商场送一份特大礼物"的横幅，结果特大礼物是一只大气球。

思考

该商场的行为是否构成不正当竞争？

法海拾贝

一、不正当竞争行为的概念与特征

《中华人民共和国反不正当竞争法》

不正当竞争行为，是指经营者在生产经营活动中，违反《中华人民共和国反不正当竞争法》（以下简称《反不正当竞争法》）规定，扰乱市场竞争秩序，损害其他经营者或者消费者的合法权益的行为。

不正当竞争行为具有以下特征。

（1）行为的主体具有特定性。不正当竞争行为的主体是经营者，即从事商品生产、经营或者提供服务（以下所称商品包括服务）的自然人、法人和非法人组织。

（2）行为的性质具有违法性。不正当竞争行为的违法性主要表现在违反了《反不正当竞争法》的规定，既包括违反该法关于禁止不正当竞争行为的各种具体规定，也包括违反该法的原则规定。经营者的某些行为虽然难以被确认为该法规定的不正当竞争行为，但只要违反了自愿、平等、公平、诚实信用的原则或者违背了法律和公认的商业道德，损害了其他经营者或者消费者的合法权益，扰乱了社会经济秩序，也应被确认为不正当竞争行为。

（3）行为的结果具有损害性。不正当竞争行为损害了其他经营者的合法权益，扰乱了社会经济秩序。

二、不正当竞争行为的表现形式

（一）混淆行为

混淆行为是指经营者实施一些"引人误认"的损害竞争对手的行为。《反不正当竞争法》规定，经营者不得实施下列混淆行为，引人误认为是他人商品或者与他人存在特定联系。

（1）擅自使用与他人有一定影响的商品名称、包装、装潢等相同或者近似的标识。

（2）擅自使用他人有一定影响的企业名称（包括简称、字号等）、社会组织名称（包括简

称等)、姓名(包括笔名、艺名、译名等)。

(3) 擅自使用他人有一定影响的域名主体部分、网站名称、网页等。

(4) 其他足以引人误认为是他人商品或者与他人存在特定联系的混淆行为。

📖 法律充电站

经营者实施上述混淆行为的,由监督检查部门责令停止违法行为,没收违法商品。违法经营额 5 万元以上的,可以并处违法经营额 5 倍以下的罚款;没有违法经营额或者违法经营额不足 5 万元的,可以并处 25 万元以下的罚款。情节严重的,吊销营业执照。

经营者登记的企业名称违反上述规定的,应当及时办理名称变更登记。

(二) 商业贿赂行为

商业贿赂行为,是指经营者为销售或购买商品而采用财物或者其他手段贿赂对方单位或个人的行为。

《反不正当竞争法》规定,经营者不得采用财物或者其他手段贿赂下列单位或者个人,以谋取交易机会或者竞争优势。

(1) 交易相对方的工作人员。

(2) 受交易相对方委托办理相关事务的单位或者个人。

(3) 利用职权或者影响力影响交易的单位或者个人。

📢 小贴士

经营者在交易活动中,可以以明示方式向交易相对方支付折扣,或者向中间人支付佣金。双方应当如实入账。

📖 法律充电站

经营者违反规定贿赂他人的,由监督检查部门没收违法所得,处 10 万元以上 300 万元以下的罚款。情节严重的,吊销营业执照。

(三) 虚假宣传行为

虚假宣传行为,是指经营者利用广告或其他方法对商品作出与其实际内容不相符的虚假信息,导致消费者误解的行为。

《反不正当竞争法》规定,经营者不得对其商品的性能、功能、质量、销售状况、用户评价、曾获荣誉等作虚假或者引人误解的商业宣传,欺骗、误导消费者。经营者不得通过组织虚假交易等方式,帮助其他经营者进行虚假或者引人误解的商业宣传。

法律充电站

经营者违反规定对其商品作虚假或者引人误解的商业宣传,或者通过组织虚假交易等方式帮助其他经营者进行虚假或者引人误解的商业宣传的,由监督检查部门责令停止违法行为,处20万元以上100万元以下的罚款;情节严重的,处100万元以上200万元以下的罚款,可以吊销营业执照。

(四)侵犯商业秘密的行为

商业秘密是指不为公众所知悉、具有商业价值并经权利人采取相应保密措施的技术信息、经营信息等商业信息。

《反不正当竞争法》规定,经营者不得实施下列侵犯商业秘密的行为。

(1)以盗窃、贿赂、欺诈、胁迫、电子侵入或者其他不正当手段获取权利人的商业秘密。

(2)披露、使用或者允许他人使用以前项手段获取的权利人的商业秘密。

(3)违反保密义务或者违反权利人有关保守商业秘密的要求,披露、使用或者允许他人使用其所掌握的商业秘密。

(4)教唆、引诱、帮助他人违反保密义务或者违反权利人有关保守商业秘密的要求,获取、披露、使用或者允许他人使用权利人的商业秘密。

 法律充电站

经营者、其他自然人、法人和非法人组织违反规定侵犯商业秘密的,由监督检查部门责令停止违法行为,没收违法所得,处10万元以上100万元以下的罚款;情节严重的,处50万元以上500万元以下的罚款。

(五)不正当有奖销售行为

不正当有奖销售行为,是指经营者在销售商品或提供服务时,以欺骗或其他不正当手段,附带性地向购买者提供物品、金钱或者其他经济上的利益,刺激消费者购买其商品或接受其服务的行为。

《反不正当竞争法》规定,经营者进行有奖销售不得存在下列情形。

(1)所设奖的种类、兑奖条件、奖金金额或者奖品等有奖销售信息不明确,影响兑奖。

(2)采用谎称有奖或者故意让内定人员中奖的欺骗方式进行有奖销售。

(3)抽奖式的有奖销售,最高奖的金额超过5万元。

 法律充电站

经营者违反规定进行有奖销售的,由监督检查部门责令停止违法行为,处5万元以上50万元以下的罚款。

（六）商业诽谤行为

商业诽谤行为，是指经营者编造、传播虚假信息或者误导性信息，损害竞争对手的商业信誉、商品声誉，诋毁、诽谤竞争对手的行为。

商业信誉和商品声誉有利于经营者开拓市场、扩大交易，关系着经营者在市场竞争中的成败。因此，《反不正当竞争法》规定，经营者不得编造、传播虚假信息或者误导性信息，损害竞争对手的商业信誉、商品声誉。

法律充电站

经营者违反规定损害竞争对手商业信誉、商品声誉的，由监督检查部门责令停止违法行为、消除影响，处10万元以上50万元以下的罚款；情节严重的，处50万元以上300万元以下的罚款。

思维互动坊

某电器销售公司甲与某电视机厂乙因货款纠纷而产生隔阂，甲不再经销乙的产品。当客户询问甲的营业人员是否有乙厂的电视机时，营业人员故意说道："乙厂的电视机质量不好，价格又贵，所以我们不再卖他们的产品了。"

思考：甲的行为是否属于不正当竞争行为？

（七）互联网不正当竞争行为

经营者利用网络从事生产经营活动，应当遵守《反不正当竞争法》的各项规定。经营者不得利用技术手段，通过影响用户选择或者其他方式，实施下列妨碍、破坏其他经营者合法提供的网络产品或者服务正常运行的行为。

（1）未经其他经营者同意，在其合法提供的网络产品或者服务中，插入链接、强制进行目标跳转。

（2）误导、欺骗、强迫用户修改、关闭、卸载其他经营者合法提供的网络产品或者服务。

《中华人民共和国网络安全法》

（3）恶意对其他经营者合法提供的网络产品或者服务实施不兼容。

（4）妨碍、破坏其他经营者合法提供的网络产品或者服务正常运行的其他行为。

法律充电站

经营者违反规定妨碍、破坏其他经营者合法提供的网络产品或者服务正常运行的，由监督检查部门责令停止违法行为，处10万元以上50万元以下的罚款；情节严重的，处50万元以上300万元以下的罚款。

班级_____ 姓名_____ 学号_____

学业测评

1. 【单选题】抽奖式的有奖销售，最高奖的金额不得超过（　　）。
   A．1 000 元　　　B．10 000 元　　　C．50 000 元　　　D．100 000 元

2. 【单选题】张某在某购物平台上运营一家网店，从事服装销售。张某在网店运营的过程中，通过刷单的方式增加网店商品的销售量，从而提高网店所销售商品的搜索排名，以此吸引消费者购买产品。经统计，张某在经营其网店的过程中，从事虚假交易共计 20 575 单，涉及商品总金额为 2 578 976 元。下列对张某的行为的表述中，正确的是（　　）。
   A．属于正常竞争行为
   B．属于虚假宣传行为，构成不正当竞争
   C．属于对消费者的欺诈行为，但不构成不正当竞争
   D．属于混淆行为，但不构成不正当竞争

3. 【单选题】中秋节前夕，××市市场监督管理局对本市市场上的月饼进行了抽查，只有两家食品厂生产的月饼合格。市场监督管理局将该情况在《××晚报》上做了报道，致使很多食品厂家生产的月饼积压卖不出去。下列说法中，表述正确的是（　　）。
   A．市场监督管理局的行为不构成不正当竞争
   B．市场监督管理局的行为虽有排挤其他经营者的意图，但并未指定消费者购买某种月饼，尚不构成不正当竞争
   C．市场监督管理局的抽查行为是履行职责的正常管理行为，但在新闻媒介上公布抽查结果是限制其他经营者的不正当竞争行为
   D．市场监督管理局抽查行为的背后是以排挤其他经营者为动机，故抽查行为与公布行为均构成不正当竞争

4. 【单选题】消费者李某欲购买具有一定影响的"太月"牌方便面，却在商场误购了商标不同而外包装十分近似的名称为"大月"牌的方便面，遂向"太月"公司投诉。"太月"公司发现，"大月"方便面的价格仅为"太月"的 1/2。如果"太月"公司起诉"大月"公司，其纠纷的性质应当属于（　　）。
   A．企业名称侵权纠纷　　　　　　　　B．混淆行为的不正当竞争纠纷
   C．低价倾销的不正当竞争纠纷　　　　D．诋毁商誉的侵权纠纷

5. 【多选题】下列选项中，属于不正当竞争行为的有（　　）。
   A．销售商品时给顾客折扣
   B．未经其他经营者同意，在其合法提供的网络产品或者服务中，插入链接、强制进行目标跳转
   C．采用谎称有奖或者故意让内定人员中奖的欺骗方式进行有奖销售
   D．在商品包装或说明书上贬低或诋毁竞争对手的同类商品

6. 【判断题】经营者在交易活动中，不得以明示方式向交易相对方支付折扣。（　　）

班级_____　　姓名_____、　　学号_____

> 实训育才

解读案例，开启法治护航之旅

一、实训目标

通过实训，强化学生对反不正当竞争法律制度相关知识的理解，使学生能够识别不正当竞争行为，并采取合法手段维护市场经济秩序。

二、实训内容

阅读案例并讨论教师布置的问题。

> 某国家一级旅行社 A 在开展国际旅游业务方面具有一定实力。另一家影响大、实力强的 B 旅行社，用高薪将 A 旅行社国际部的所有雇员全部挖到本旅行社任职。
>
> A 旅行社国际部的雇员"跳槽"时，将原 A 旅行社的业务资料等商业秘密全部拱手转让给 B 旅行社，使 A 旅行社蒙受巨大损失，业务量骤然下降，国际旅游业务一时陷入瘫痪状态。
>
> 思考：
> （1）雇员"跳槽"到 B 旅行社的行为是否属于侵犯商业秘密行为？请说明理由。
> （2）B 旅行社的行为是否属于不正当竞争行为？请说明理由。

三、实训要求

（1）提交案例讨论记录。学生以 3~5 人为一组，设组长 1 名，记录员 1 名，每组必须有小组讨论、工作分工的详细记录，以此作为评定考核成绩的依据。

（2）能够在规定的时间内完成相关的讨论，撰写文字小结。

四、实训流程

第一步：由教师介绍实训的目标、内容、要求，调动学生实训的积极性。

第二步：学生自由分组，确定各小组的组长和人员分工，制订小组实施计划，明确团队要做什么，要达到什么目的。

第三步：由教师介绍相关案例及讨论的话题。

第四步：各小组对教师布置的问题展开讨论，并记录小组成员的发言。

第五步：根据小组讨论记录撰写讨论小结。

第六步：各小组相互评议，教师点评、总结。

项目十　市场管理法律制度——建立市场经济秩序的关键

任务二　消费者权益保护法律制度：促进市场健康发展

以案启思

"双十一"购物节时，王小姐在某大型购物网站上看到一双高跟鞋，款式新颖，价格也很便宜，王小姐毫不犹豫点击了购买，并支付了货款。收到货后，王小姐觉得这双高跟鞋虽然新颖，但实物颜色跟图片上的颜色出入很大，于是便联系网店店主，要求退货，并愿意承担退货运费，但遭到店主拒绝。

思考

王小姐该如何维护自己的权益？

法海拾贝

一、消费者的界定

《消费者权益保护法》第 2 条规定："消费者为生活消费需要购买、使用商品或者接受服务，其权益受本法保护；本法未作规定的，受其他有关法律、法规保护。"由此规定可知，消费者的范围可以通过以下几个方面予以界定。

（1）消费者的消费是出于"为生活消费需要"的目的。

（2）消费者的消费客体是商品和服务。

（3）消费者的消费方式包括购买、使用商品和接受服务。其中，使用既包括本人使用，也包括他人使用。

我国《消费者权益保护法》所保护的不只是与经营者发生合同关系的消费者，还包括没有合同关系的有关的消费者。消费者主要指个人，但也包括购买生活消费品以满足本单位个人成员消费需要的组织。

二、消费者的权利与经营者的义务

（一）消费者的权利

消费者的权利是指消费者在购买、使用商品或接受服务时所依法享有的权利，它是保护消费者权益的核心问题。作为一个消费者，只有明了自己享有什么权利，才能在实际生活中维护自己的权利。消费者主要享有的权利如表 10-1 所示。

表 10-1 消费者的权利

权利	内涵
安全保障权	消费者在购买、使用商品和接受服务时享有人身、财产安全不受损害的权利。这是消费者最主要、最基本的权利
知悉真情权	消费者享有知悉其购买、使用的商品或者接受的服务的真实情况的权利。包括要求经营者提供商品的价格、产地、生产者、用途、性能、规格、等级、主要成分、生产日期、有效期限、检验合格证明、使用方法说明书、售后服务,或者服务的内容、规格、费用等有关情况
自主选择权	消费者享有自主选择商品或者服务的权利。包括自主选择提供商品或者服务的经营者,自主选择商品品种或者服务方式,自主决定购买或者不购买任何一种商品、接受或者不接受任何一项服务。消费者在自主选择商品或者服务时,有权进行比较、鉴别和挑选
公平交易权	消费者享有公平交易的权利。消费者在购买商品或者接受服务时,有权获得质量保障、价格合理、计量正确等公平交易条件,有权拒绝经营者的强制交易行为
依法求偿权	消费者因购买、使用商品或者接受服务受到人身、财产损害的,享有依法获得赔偿的权利
依法结社权	消费者享有依法成立维护自身合法权益的社会组织的权利
获得相关知识权	消费者享有获得有关消费和消费者权益保护方面的知识的权利
受尊重权	消费者在购买、使用商品和接受服务时,享有人格尊严、民族风俗习惯得到尊重的权利,享有个人信息依法得到保护的权利
监督权	消费者享有对商品、服务及保护消费者权益工作进行监督的权利

(二) 经营者的义务

经营者的义务是指经营者在经营活动中应承担的责任,即经营者依法必须作出一定作为或者抑制自己的某种行为的义务。《消费者权益保护法》对生产经营者的义务作了以下规定。

1. 履行法定义务及约定义务

经营者向消费者提供商品或者服务,应当依照《消费者权益保护法》和其他有关法律、法规的规定履行义务。经营者和消费者有约定的,应当按照约定履行义务,但双方的约定不得违背法律、法规的规定。经营者向消费者提供商品或者服务,应当恪守社会公德,诚信经营,保障消费者的合法权益;不得设定不公平、不合理的交易条件,不得强制交易。

2. 接受监督的义务

经营者应当听取消费者对其提供的商品或者服务的意见,接受消费者的监督。

3. 保障消费者的人身和财产安全的义务

经营者应当保证其提供的商品或者服务符合保障人身、财产安全的要求。对可能危及人身、财产安全的商品和服务,应当向消费者作出真实的说明和明确的警示,并说明和标明正确使用商品或者接受服务的方法及防止危害发生的方法。宾馆、商场、餐馆、银行、机场、车站、港口、影剧院等经营场所的经营者,应当对消费者尽到安全保障义务。

经营者发现其提供的商品或者服务存在缺陷,有危及人身、财产安全危险的,应当立即向有关行政部门报告和告知消费者,并采取停止销售、警示、召回、无害化处理、销毁、停止生产或者服务等措施。采取召回措施的,经营者应当承担消费者因商品被召回支出的必要费用。

4. 提供商品和服务真实信息的义务

经营者向消费者提供有关商品或者服务的质量、性能、用途、有效期限等信息，应当真实、全面，不得作虚假或者引人误解的宣传。经营者提供商品或者服务应当明码标价，对消费者就其提供的商品或者服务的质量和使用方法等问题提出的询问，应当作出真实、明确的答复。

5. 标明真实名称和标记的义务

经营者应当标明其真实名称和标记。租赁他人柜台或者场地的经营者，应当标明其真实名称和标记。只有这样，消费者才能够自主选择提供商品或者服务的经营者，才能在权益受到侵害的时候明确求偿对象。

6. 出具凭证或单据的义务

经营者提供商品或者服务，应当按照国家有关规定或者商业惯例向消费者出具发票等购货凭证或者服务单据；消费者索要发票等购货凭证或者服务单据的，经营者必须出具。

7. 保证质量的义务

经营者应当保证在正常使用商品或者接受服务的情况下其提供的商品或者服务应当具有的质量、性能、用途和有效期限；但消费者在购买该商品或者接受该服务前已经知道其存在瑕疵，且存在该瑕疵不违反法律强制性规定的除外。

8. 履行"三包"的义务

"三包"是指包修、包换、包退。经营者履行"三包"义务主要体现在以下两点。

（1）经营者提供的商品或者服务不符合质量要求的，消费者可以依照国家规定、当事人约定退货，或者要求经营者履行更换、修理等义务。没有国家规定和当事人约定的，消费者可以自收到商品之日起7日内退货；7日后符合法定解除合同条件的，消费者可以及时退货，不符合法定解除合同条件的，可以要求经营者履行更换、修理等义务。依照前述规定进行退货、更换、修理的，经营者应当承担运输等必要费用。

（2）经营者采用网络、电视、电话、邮购等方式销售商品，消费者有权自收到商品之日起7日内退货，且无须说明理由，但下列商品除外：① 消费者定做的；② 鲜活易腐的；③ 在线下载或者消费者拆封的音像制品、计算机软件等数字化商品；④ 交付的报纸、期刊；⑤ 其他根据商品性质并经消费者在购买时确认不宜退货的商品。消费者退货的商品应当完好。经营者应当自收到退回商品之日起7日内返还消费者支付的商品价款。退回商品的运费由消费者承担；经营者和消费者另有约定的，按照约定。

9. 遵守公平交易的义务

经营者不得以格式条款、通知、声明、店堂告示等方式，作出排除或者限制消费者权利、减轻或者免除经营者责任、加重消费者责任等对消费者不公平、不合理的规定，不得利用格式条款并借助技术手段强制交易。

10. 不得侵犯消费者人格权的义务

经营者不得对消费者进行侮辱、诽谤，不得搜查消费者的身体及其携带的物品，不得侵犯消费者的人身自由。

11. 提供必要信息的义务

采用网络、电视、电话、邮购等方式提供商品或者服务的经营者,以及提供证券、保险、银行等金融服务的经营者,应当向消费者提供经营地址、联系方式、商品或者服务的数量和质量、价款或者费用、履行期限和方式、安全注意事项和风险警示、售后服务、民事责任等信息。

12. 保护消费者个人信息的义务

经营者收集、使用消费者个人信息,应当遵循合法、正当、必要的原则,明示收集、使用信息的目的、方式和范围,并经消费者同意。经营者及其工作人员对收集的消费者个人信息必须严格保密,不得泄露、出售或者非法向他人提供。经营者应当采取技术措施和其他必要措施,确保信息安全,防止消费者个人信息泄露、丢失。在发生或者可能发生信息泄露、丢失的情况时,应当立即采取补救措施。此外,经营者未经消费者同意或者请求,或者消费者明确表示拒绝的,不得向其发送商业性信息。

思维互动坊

张某在某商场促销活动中购买了一台迷你冰箱,使用两个月后,冰箱内壁便出现了裂痕。张某拿着发票找到商场,但商场认为冰箱系张某人为损坏,不同意帮张某免费修理。

思考:张某应该如何维权?

三、消费者权益的保护

(一)消费者权益争议的解决途径

消费者和经营者发生消费者权益争议的,可以通过下列途径解决:① 与经营者协商和解;② 请求消费者协会或者依法成立的其他调解组织调解;③ 向有关行政部门投诉;④ 根据与经营者达成的仲裁协议提请仲裁机构仲裁;⑤ 向人民法院提起诉讼。

(二)侵犯消费者合法权益行为的法律责任

1. 民事责任

(1)经营者提供商品或者服务有下列情形之一的,除《消费者权益保护法》另有规定外,应当依照其他有关法律、法规的规定,承担民事责任:① 商品或者服务存在缺陷的;② 不具备商品应当具备的使用性能而出售时未作说明的;③ 不符合在商品或者其包装上注明采用的商品标准的;④ 不符合商品说明、实物样品等方式表明的质量状况的;⑤ 生产国家明令淘汰的商品或者销售失效、变质的商品的;⑥ 销售的商品数量不足的;⑦ 服务的内容和费用违反约定的;⑧ 对消费者提出的修理、重作、更换、退货、补足商品数量、退还货款和服务费用或者赔偿损失的要求,故意拖延或者无理拒绝的;⑨ 法律、法规规定的其他损害消费者权益的情形。

(2)经营者对消费者未尽到安全保障义务,造成消费者损害的,应当承担侵权责任。

(3)经营者提供商品或者服务,造成消费者或者其他受害人人身伤害的,应当赔偿医疗费、护理费、交通费等为治疗和康复支出的合理费用,以及因误工减少的收入。造成残疾的,还应当赔偿残疾生活辅助具费和残疾赔偿金。造成死亡的,还应当赔偿丧葬费和死亡赔偿金。

（4）经营者侵害消费者的人格尊严、侵犯消费者人身自由或者侵害消费者个人信息依法得到保护的权利的，应当停止侵害、恢复名誉、消除影响、赔礼道歉，并赔偿损失。

（5）经营者有侮辱诽谤、搜查身体、侵犯人身自由等侵害消费者或者其他受害人人身权益的行为，造成严重精神损害的，受害人可以要求精神损害赔偿。

（6）经营者提供商品或者服务，造成消费者财产损害的，应当依照法律规定或者当事人约定承担修理、重作、更换、退货、补足商品数量、退还货款和服务费用或者赔偿损失等民事责任。

（7）经营者以预收款方式提供商品或者服务的，应当按照约定提供。未按照约定提供的，应当按照消费者的要求履行约定或者退回预付款，并应当承担预付款的利息、消费者必须支付的合理费用。

（8）依法经有关行政部门认定为不合格的商品，消费者要求退货的，经营者应当负责退货。

（9）经营者提供商品或者服务有欺诈行为的，应当按照消费者的要求增加赔偿其受到的损失，增加赔偿的金额为消费者购买商品的价款或者接受服务的费用的3倍；增加赔偿的金额不足500元的，为500元。法律另有规定的，依照其规定。

  法律充电站

> 消费者在购买、使用商品或者接受服务时，其合法权益受到损害的，可以向销售者或者服务者要求赔偿。销售者赔偿后，属于生产者的责任或者属于向销售者提供商品的其他销售者的责任的，销售者有权向生产者或者其他销售者追偿。
>
> 消费者或者其他受害人因商品缺陷造成人身、财产损害的，可以向销售者要求赔偿，也可以向生产者要求赔偿。属于生产者责任的，销售者赔偿后，有权向生产者追偿。属于销售者责任的，生产者赔偿后，有权向销售者追偿。
>
> 消费者在购买、使用商品或者接受服务时，其合法权益受到损害，因原企业分立、合并的，可以向变更后承受其权利和义务的企业要求赔偿。
>
> 使用他人营业执照的违法经营者提供商品或者服务，损害消费者合法权益的，消费者可以向其要求赔偿，也可以向营业执照的持有人要求赔偿。
>
> 消费者在展销会、租赁柜台购买商品或者接受服务，其合法权益受到损害的，可以向销售者或者服务者要求赔偿。展销会结束或者柜台租赁期满后，也可以向展销会的举办者、柜台的出租者要求赔偿。展销会的举办者、柜台的出租者赔偿后，有权向销售者或者服务者追偿。
>
> 消费者通过网络交易平台购买商品或者接受服务，其合法权益受到损害的，可以向销售者或者服务者要求赔偿。网络交易平台提供者不能提供销售者或者服务者的真实名称、地址和有效联系方式的，消费者也可以向网络交易平台提供者要求赔偿；网络交易平台提供者作出更有利于消费者的承诺的，应当履行承诺。网络交易平台提供者赔偿后，有权向

销售者或者服务者追偿。

消费者因经营者利用虚假广告或者其他虚假宣传方式提供商品或者服务，其合法权益受到损害的，可以向经营者要求赔偿。广告经营者、发布者发布虚假广告的，消费者可以请求行政主管部门予以惩处。广告经营者、发布者不能提供经营者的真实名称、地址和有效联系方式的，应当承担赔偿责任。

思维互动坊

在甲公司举办的商品展销会期间，消费者李某从标明参展单位为乙公司的展位柜台购买了一台丙公司生产的家用电暖器，使用3天后发现有漏电现象，无法正常使用。由于展销会已经结束，李某先后找到甲公司、乙公司，方得知展销会期间乙公司将租赁的部分柜台转租给了丁公司，该电暖器系由丁公司卖出的。

思考：李某可以向谁要求赔偿？

2．行政责任

经营者有下列情形之一，除承担相应的民事责任外，其他有关法律、法规对处罚机关和处罚方式有规定的，依照法律、法规的规定执行；法律、法规未作规定的，由工商行政管理部门或其他有关行政部门责令改正，可以根据情节单处或者并处警告、没收违法所得、处以违法所得1倍以上10倍以下的罚款，没有违法所得的，处以50万元以下的罚款；情节严重的，责令停业整顿、吊销营业执照。

（1）提供的商品或者服务不符合保障人身、财产安全要求的。

（2）在商品中掺杂、掺假，以假充真，以次充好，或者以不合格商品冒充合格商品的。

（3）生产国家明令淘汰的商品或者销售失效、变质的商品的。

（4）伪造商品的产地，伪造或者冒用他人的厂名、厂址，篡改生产日期，伪造或者冒用认证标志等质量标志的。

（5）销售的商品应当检验、检疫而未检验、检疫或者伪造检验、检疫结果的。

（6）对商品或者服务作虚假或者引人误解的宣传的。

（7）拒绝或者拖延有关行政部门责令对缺陷商品或者服务采取停止销售、警示、召回、无害化处理、销毁、停止生产或者服务等措施的。

（8）对消费者提出的修理、重作、更换、退货、补足商品数量、退还货款和服务费用或者赔偿损失的要求，故意拖延或者无理拒绝的。

（9）侵害消费者人格尊严、侵犯消费者人身自由或者侵害消费者个人信息依法得到保护的权利的。

（10）法律、法规规定的对损害消费者权益应当予以处罚的其他情形。

3．刑事责任

经营者违反《消费者权益保护法》规定提供商品或者服务，侵害消费者合法权益，构成犯罪的，依法追究刑事责任。

项目十 市场管理法律制度——建立市场经济秩序的关键

案例启示录

新车上路出现故障　更换汽车并付赔偿

2018年10月的一天,市民吴某驾驶其新买的汽车在高速公路上行驶,车辆突然报警提示:"无法获得完全的传动功率,请至售后服务中心检查。"

该车是吴某1个月前购买的新车,当日吴某是要去给该车挂牌落户的,没想到半路发生了这样的故障。吴某立刻与其购车的4S店的工作人员联系,将车拖回店里检查。

4S店的工作人员检查后发现,该车发动机存在故障,于是更换了一台发动机,并通知吴某提车。但因4S店无法提供更换的发动机的合格证,吴某拒绝提车。因双方无法协商一致,吴某诉至人民法院,要求4S店为其更换一台同型号的新车,并赔偿其缴纳的交强险、商业保险等损失。

庭审中,4S店称,吴某没有证据证明发动机出现故障是因为车辆本身存在质量问题,有可能是驾驶人自己操作不当所致。且根据规定,发动机更换两次以上才能要求换一台新车,而吴某购车以后只更换过一次发动机,不符合换车条件。

法院审理认为,根据《消费者权益保护法》第23条规定:经营者提供的机动车、计算机、电视机、电冰箱、空调器、洗衣机等耐用商品或者装饰装修等服务,消费者自接受商品或者服务之日起6个月内发现瑕疵,发生争议的,由经营者承担有关瑕疵的举证责任。本案中,吴某购车仅1个月就发生故障,4S店如果认为出现故障不是因为其销售的车辆存在质量问题,那么4S店应该提供证据证明,而不是由吴某证明销售的车辆存在质量问题。而且4S店更换发动机亦未提供合格证,发动机属于影响车辆安全性能和使用功能的重要部件,所以吴某要求更换一台新车的诉求合情合理。同时,吴某的其他损失均系4S店的违约行为产生,所以也应得到赔偿。

法院一审判决4S店为吴某更换一台汽车,同时赔偿吴某相关损失1万余元。

启示: 在生活中,我们每一个人都是消费者,我们要懂得基本的法律知识,要有维权意识。当我们的合法权益受到侵害时,要懂得用法律武器维护自己的合法权益。

班级_____ 姓名_____ 学号_____

学业测评

1.【单选题】（　　）是消费者最主要、最基本的权利。
　　A．安全保障权　　B．知悉真情权　　C．自主选择权　　D．公平交易权

2.【单选题】消费者因经营者利用虚假广告或者其他虚假宣传方式提供商品或者服务，其合法权益受到损害的，可以向（　　）要求赔偿。
　　A．经营者　　B．广告经营者　　C．广告发布者　　D．发布广告的媒体

3.【单选题】经营者提供商品或者服务有欺诈行为的，应当按照消费者的要求增加赔偿其受到的损失，增加赔偿的金额为消费者购买商品的价款或者接受服务的费用的（　　）倍。
　　A．2　　B．3　　C．5　　D．10

4.【单选题】甲食品厂生产一种易拉罐装碳酸饮料。消费者张某从乙超市购买这种饮料后，在开启时被罐内强烈气流炸伤眼部。下列说法正确的是（　　）。
　　A．张某只能向甲食品厂索赔
　　B．张某只能向乙超市索赔
　　C．张某既可以向甲食品厂索赔，也可以向乙超市索赔
　　D．张某既不能向甲食品厂索赔，也不能向乙超市索赔

5.【单选题】经营者提供商品或者服务有欺诈行为的，应当按照消费者的要求增加赔偿其受到的损失，增加赔偿的金额最少为（　　）元。
　　A．100　　B．300　　C．500　　D．1 000

6.【单选题】消费者通过互联网从某网站上购买的下列商品中，可以自收到商品之日起7日内无理由退货的是（　　）。
　　A．樱桃　　　　　　　　　　　　B．定做的带有消费者姓名的篮球
　　C．手机　　　　　　　　　　　　D．在线下载的音视频文件

7.【多选题】消费者在购买、使用商品和接受服务时享有（　　）的权利。
　　A．人身、财产安全不受损害　　　B．自主选择
　　C．没收经营者不合格商品　　　　D．人格尊严、民族风俗习惯得到尊重

8.【多选题】消费者和经营者发生消费者权益争议时，可以通过（　　）的途径解决。
　　A．与经营者协商和解　　　　　　B．请求消费者协会调解
　　C．向有关行政部门投诉　　　　　D．向人民法院提起诉讼

9.【多选题】经营者的下列行为中，违反《消费者权益保护法》中规定的义务的有（　　）。
　　A．店堂告示"商品一旦售出概不退换"
　　B．商场销售服务没有明码标价
　　C．顾客购买袜子索要发票，商场以"小额商品，不开发票"为由加以拒绝
　　D．超市出售蛋类食品的价格随着市场供应关系经常变化

10.【判断题】消费者索要发票等购货凭证或者服务单据的，经营者必须出具。（　　）

11.【判断题】消费者购买商品后7日内无理由退货的，除经营者和消费者另有约定外，退回商品的运费由经营者承担。（　　）

班级_____ 姓名_____ 学号_____

实训育才

捍卫权益，步履不停

一、实训目标

通过实训，强化学生对《消费者权益保护法》相关知识的理解和运用，使学生树立消费者权益保护意识。

二、实训内容

根据《消费者权益保护法》的规定，制作一份消费者权益保护手册。

《中华人民共和国消费者权益保护法》

三、实训要求

（1）能够在规定的时间内完成消费者权益保护手册的制作。
（2）消费者权益保护手册的内容准确，版式精美，无知识性、文字性等错误。

四、实训流程

第一步：学生自由分成若干小组，每组6~8人，设组长1名。
第二步：各小组根据所学内容并结合《消费者权益保护法》，制作一份消费者权益保护手册，版式可自行设计。
第三步：每组组长作为代表进行作品展示。
第四步：各小组相互评议，教师点评、总结。

参考文献

[1] 郎军，刘金，张向东．经济法［M］．北京：中国轻工业出版社，2024．

[2] 周艳军．经济法［M］．3版．上海：上海财经大学出版社，2023．

[3] 中国法制出版社．中华人民共和国经济法律法规全书：含相关政策及典型案例［M］．8版．北京：中国法制出版社，2021．

[4] 财政部会计资格评价中心．经济法基础［M］．北京：经济科学出版社，2021．

[5] 张新莉．经济法基础［M］．上海：上海交通大学出版社，2015．

[6] 张良，刘霖．经济法基础与实务［M］．北京：中国轻工业出版社，2018．

[7] 刘秀英．经济法基础［M］．北京：电子工业出版社，2017．